1963:
EL COMPLOT

LA GUERRA SECRETA

Este libro forma parte de una Serie que Ocean Press publica con el nombre de "La Guerra Secreta". La serie tiene todos los ingredientes de las más atractivas novelas de espionaje: intriga internacional, agentes secretos, contactos clandestinos, planes de atentados, equipos sofisticados, pero no se trata de ficción, se trata de las acciones por destruir a la Revolución cubana ejecutadas por la CIA, y el coraje, entrega total, inteligencia y "picardía" con la que los jóvenes oficiales cubanos descubrieron y desarticularon una y cada una de esas acciones y planes.

1963: EL COMPLOT

FABIÁN ESCALANTE FONT
ARTURO RODRÍGUEZ MENDOZA

Ocean Press
Melbourne ▪ Nueva York ▪ La Habana
www.oceanbooks.com.au

Diseño de cubierta: ::maybe

ISBN 10: 1-920888-07-1
ISBN 13: 978-1-920888-07-7
Library of Congress Control Number: 2004106391
Primera edición 2004
Esta edición 2005
Impreso en Canadá

Publicado por Ocean Press
Australia: GPO Box 3279, Melbourne, Victoria 3001, Australia
          Fax: (61-3) 9329 5040 Tel: (61-3) 9326 4280
          E-mail: info@oceanbooks.com.au
EE.UU: PO Box 1186, Old Chelsea Stn., New York, NY 10113-1186, USA
Cuba: Calle 7, No. 33610, Tarará, La Habana
          E-mail: oceanhav@enet.cu

Distribuidores de Ocean Press
EE.UU y Canadá: **Consortium Book Sales and Distribution**
          Tel: 1-800-283-3572   www.cbsd.com

Gran Bretaña y Europa: **Pluto Books**
          E-mail: pluto@plutobooks.com

Australia y Nueva Zelanda: **Palgrave Macmillan**
          E-mail: customer.service@macmillan.com.au

Cuba y América Latina: **Ocean Press**
          E-mail: oceanhav@enet.cu

ocean
info@oceanbooks.com.au
www.oceanbooks.com.au

ÍNDICE

Presentación   1

PARTE PRIMERA: LA GUERRA CONTRA CUBA

Antecedentes para un complot   9

Exiliados, mafiosos y espías   16

La Agencia Central de Inteligencia   23

El Exilio   27

La Guerra se desencadena   32

La doble vía   36

Las contradicciones entre el exilio y la administración   43

AM/LASH   47

¿Quién era Rolando Cubela Secades?   53

PARTE SEGUNDA: EL ASESINATO DE UN PRESIDENTE

El asesino solitario   77

Una premonición histórica   80

La hipótesis   85

La historia de un provocador   87

Texas y Dallas   95

Nueva Orleans   97

Un "simpatizante de Castro"   99

Los cómplices   102

El episodio de México   105

Oswald y los servicios secretos cubanos   125

La inculpación   137

En busca de los asesinos   151

Epílogo   182

ANEXO I
Jack Ruby: Sus viajes a Cuba en 1959   184

ANEXO II
Cronología sobre las principales actividades subversivas
de los Estados Unidos contra Cuba en 1963   192

ANEXO III
Exiliados cubanos investigados en relación
con el asesinato del Presidente John F. Kennedy   237

Notas   240

Bibliografía consultada   244

PRESENTACIÓN

El 22 de noviembre de 1963, a los veintidós años de edad, me desempeñaba como jefe de una unidad de Contrainteligencia. El asesinato del presidente de los Estados Unidos, John F. Kennedy, me impresionó profundamente, al igual que a todos mis compañeros, a pesar de ser uno de nuestros adversarios[1] más enconados.

Recuerdo ese día particularmente, pues sosteníamos una reunión de trabajo, en la que participaban varios de los oficiales de caso[2] de nuestra unidad. Analizábamos un operativo de la Agencia Central de Inteligencia (CIA), denominado Centinelas de la Libertad, que mediante la utilización de un veterano político de la época prerrevolucionaria, Luis Conte Agüero, "La voz más alta de Oriente", como le gustaba autodenominarse, por medio de una radioemisora radicada en la ciudad de Miami, lanzaba constantes diatribas anticubanas y mezcladas con éstas, consignas para una estructura contrarrevolucionaria, que había logrado reclutar en algunas regiones del país; un operativo de espionaje masivo que se fundamentaba en solicitar la cooperación a los radioyentes, quienes debían escribir a la dirección que Conte Agüero les proporcionaba. Los que caían en la trampa, eran procesados por los reclutadores de la CIA y al poco tiempo recibían una carta con un contenido intrascendente, generalmente amoroso, en la que en uno de sus párrafos indicaba que se planchara la misiva. Cuando el aspirante a "luchador anticomunista" lo efectuaba, aparecía un mensaje en escritura secreta que le informaba ser un nuevo colaborador de la CIA, y le proporcionaba instrucciones iniciales y un buzón seguro, en algún lugar de América.

Para nuestra unidad, 1963 resultó un año particularmente complejo. La desarticulación del "frente" Resistencia Cívica Anticomunista fue una de las primeras tareas que tuvimos que enfrentar. Conectado con la Inteligencia Naval de la base naval norteamericana de Guantánamo, ese grupo se preparaba, en marzo de ese año, para desencadenar un plan terrorista en todo el país y asesinar al primer ministro cubano, comandante Fidel Castro.

Atentados terroristas, infiltraciones, exfiltraciones, alijos de armas enterrados en las costas y muchas actividades más fueron neutralizadas por aquel grupo bisoño de oficiales[3] que componían la Sección Q, a la cual pertenecíamos, responsabilizados con el enfrentamiento a las organizaciones contrarrevolucionarias y los agentes de la CIA que con su acción dentro de éstas, pretendían desestabilizar y sembrar el terror en el país.

Probablemente quien oyó la noticia del asesinato fue "Alfredo",[4] joven y talentoso compañero. A pesar de sus pocos años, tenía fama de ser un investigador ingenioso y persistente. También se encontraba "Eddy",[5] siempre con un chiste en los labios, el más joven del grupo, y "Elías",[6] el santiaguero, quien, según todos, "cantaba" cada vez que hablaba; compañeros excelentes, a los cuales aún hoy me une una amistad estrecha.

Seguramente "Alfredo" lo escuchó en la radio de nuestra secretaria, "Beba", quien tenía la cualidad de escribir a maquina y estar al tanto de todo, incluidas las noticias.

Hicimos silencio al conocer el crimen. No pude evitar que la reunión se disolviera y nos enfrascáramos en todo tipo de conjeturas. Después, al día siguiente, Fidel, hizo una comparecencia televisiva en la cual analizó pormenorizadamente el tema y concluimos que lo sucedido, era un "pase de cuenta" entre ellos mismos.

No fue hasta años más tarde y en esos mismos locales, cuando por primera vez nos pasó por la mente el involucramiento de los exiliados cubanos en el magnicidio de Dallas.

En 1965, investigábamos, con el mismo equipo operativo, las evidencias conocidas sobre el involucramiento de Rolando Cubela Secades,[7] en un complot dirigido por la CIA para asesinar a Fidel Castro y llevar a cabo un golpe interno contrarrevolucionario. Una de las informaciones a la que habíamos tenido acceso estaba relacionada con una reunión efectuada a finales de 1964, en Madrid, España, entre Cubela y el agente de la CIA, Manuel Artime Buesa, en la que se acordó el asesinato del dirigente cubano, para facilitar una mini-invasión por los comandos de Artime, que tenian sus bases en campamentos centroamericanos y que, según el proyecto, posibilitara la ocupación de una "cabeza de playa" en territorio nacional, pretexto para solicitar la intervención de la Organización de Estados Américanos (OEA) y los Estados Unidos.

La fuente, cercana a Artime agregaba que éste había comentado, después de concluir aquel encuentro, que un año antes, en 1963, el mismo complot había fracasado por las indecisiones de los políticos de Washington y del entonces jefe de la Sección Cubana en la CIA, Desmond Fitzgerald. Puntualizaba el informante que el plan referido incluía los mismos componentes que el que se encontraba en curso y que por causas por él desconocidas, en aquel momento, se había paralizado.

En los primeros días de febrero de 1966, el agente[8] infiltrado en los grupos de misiones especiales de la CIA radicados en Miami y hombre de la confianza de Artime, aprovechando un ataque terrorista contra instalaciones costeras cercanas a la ciudad de Sagua la Grande, antigua provincia de Las Villas, se lanzó al agua desde la embarcación que tripulaba, para ganar la costa y aportar nuevos elementos relacionados con ese complot. Nuevamente, se confirmaron los planes conocidos, la complicidad Cubela-Artime y el mes de marzo de 1966 como la fecha señalada para su ejecución, por lo cual la Jefatura de la Seguridad del Estado cubana decidió "operar" el caso y detener a todos los conspiradores.

Sin embargo, aquellos elementos referidos al operativo de 1963, cuando se planificó en dos tiempos el asesinato de Fidel Castro y la invasión a Cuba, lamentablemente no pudieron ser aclarados. Los propios complotados poco sabían de esto y sólo habían sido instrumentos del proyecto, según los elementos de que disponíamos.

No fue hasta la publicación, en 1975, del informe de la Comisión Church,[9] que investigó los planes de la CIA para asesinar a dirigentes políticos extranjeros, particularmente a Fidel Castro, que comenzamos a sospechar que el complot AM/LASH, podía estar relacionado con el magnicidio de Dallas y en ese sentido era probable la participación del denominado "mecanismo cubanoamericano de la CIA y la Mafia".

Más tarde, en 1978, como resultado de la visita a Cuba de varios miembros del Comité Selecto de la Cámara de Representantes de los Estados Unidos, que investigaba los asesinatos de Kennedy y Martin Luther King, nos correspondió estudiar los archivos de contrar-revolucionarios, terroristas y emigrados que se solicitaba. Para esa época, finales de los años setentas, era jefe del Departamento de Seguridad del Estado y participé en la supervisión de la encuesta, realizada a petición del referido Comité.

Recuerdo nítidamente la entrevista que Fidel les concedió y que fue decisiva para que aquel grupo de trabajo comprendiera la posición cubana y las mentiras y calumnias elaboradas para involucrar a nuestro gobierno en un crimen tan deleznable .

Años más tarde, en 1993, liberado de las responsabilidades que por más de treinta años ocupé dentro de los Servicios de seguridad y el Ministerio del Interior (MININT), propuse a esta última institución, y así se aprobó, la creación de un Centro de Estudios sobre la Seguridad, con la pretensión de preservar una historia que formaba parte de las luchas del pueblo cubano en la defensa de su Revolución y al mismo tiempo, utilizar aquella información en el combate político-ideológico contra las nuevas campañas y estrategias norteamericanas.

Esta labor me posibilitó regresar con una óptica diferente a las luchas pasadas e insertarme nuevamente en la investigación de los hechos que en aquel año convulso condujeron al magnicidio de Dallas. Conjuntamente con mi veterano compañero de armas, el coronel (r) Arturo Rodríguez Mendoza, estudiamos todos los materiales y las publicaciones disponibles, consultamos con antiguos agentes y operativos e investigamos toda la documentación accesible. Fue un trabajo arduo, que me proporcionó la satisfacción de contar con un compañero con el cual estuve vinculado por más de veinte años y quien, aunque ya no está entre nosotros, me brindó la suerte de compartir numerosos combates, emociones y, por qué no, aventuras.

Juntos participamos en dos seminarios sobre el tema, uno organizado por la periodista brasilera Claudia Furiati, en Rio de Janeiro, y otro en Nassau, Islas Bahamas, auspiciado por varias organizaciones no gubernamentales norteamericanas entre éstas el Archivo Nacional de Seguridad. En ambos defendí los puntos de vista que expongo en el presente libro.

Hoy, cuarenta años después, vuelvo a retomar el análisis de entonces y a releer antiguos apuntes y notas. No puedo evitar que la emoción me embargue al mirar al pasado. Muchos de nuestros compañeros, agentes y oficiales cayeron luchando en rincones insospechados; sin embargo, el combate prosigue. Ejemplo de esto lo constituyen Gerardo, Antonio, Fernando, René y Ramón, quienes en las cárceles del Imperio continúan la lucha contra el terrorismo de Estado, al cual nuestra nación ha estado sometida por más de cuatro décadas. Sirva este relato de homenaje a estos héroes de la Patria, que en condiciones difíciles combaten al Imperio y nos brindan uno de los ejemplos mas formidables conocidos, de patriotismo, lealtad y honorabilidad.

Además de las actividades subversivas y terroristas emprendidas por los Estados Unidos en aquel año, abordamos también el complot para asesinar a Kennedy. No es un empeño nuevo, como ya expliqué. Me percato de que en la información conocida hoy subsisten las omisiones y lagunas de antes. Lo esencial sigue oculto, lamentablemente. No es entonces mi pretensión revelar los rincones oscuros del complot, a los cuales nunca tuvimos acceso, sino narrar los elementos conocidos, los análisis realizados, con la intención de aproximarnos un poco más al nudo de la conspiración y brindar elementos que quizás otros, con más posibilidades, puedan utilizar para orientarse en ese laberinto que a propósito han creado los asesinos, enquistados en la propia administración norteamericana.

Téngase presente también que las fuentes de información de que hoy dispongo las constituyen esencialmente los recuerdos de lo que en algún momento leí o escuché, en tanto que, retirado de mis funciones anteriores, no tengo acceso a documentación alguna y, por tanto, los criterios que expreso son de mi absoluta responsabilidad.

El Autor

PARTE PRIMERA
LA GUERRA CONTRA CUBA

ANTECEDENTES PARA UN COMPLOT

El diferendo entre Cuba y los Estados Unidos tiene sus raíces históricas y su origen en las inveteradas pretensiones norteamericanas por apoderarse de la Isla durante más de dos siglos. El triunfo revolucionario del primero de enero de 1959 fue, sin dudas, un reto al sistema hegemónico norteamericano en el continente, en tanto liberó al país del sistema neocolonial a que lo tenía sometido su poderoso vecino del Norte.

Desde los primeros momentos, los Estados Unidos miraron con suspicacia e incertidumbre al nuevo régimen cubano. Un estimado de la CIA, de 13 de enero de ese año, señalaba:

> Castro ha contactado con grupos de vanguardia comunistas durante sus días universitarios y han existido informes continuos de posible filiación comunista de parte de algunos de los máximos dirigentes. Sin embargo, no existe en la actualidad una seguridad de que Castro sea comunista (...)
>
> Castro parece ser un nacionalista y algo socialista y aunque también ha criticado y alegado el apoyo de Estados Unidos a Batista, no se puede decir que personalmente es hostil a Estados Unidos (...)

Mucho más explícito al describir las relaciones entre ambos países durante aquel período fue Roy Rubottom, asistente del subsecretario de Estado para Asuntos Hemisféricos, cuando tiempo después expresó:

> (...) el período de enero a marzo (1959) puede ser caracterizado como la luna de miel con el gobierno de Castro. En abril se hizo evidente un giro descendente en las relaciones... En junio habíamos tomado la decisión de que no era posible alcanzar nuestros objetivos con Castro en el poder y acordamos acometer el programa referido por Mr. Marchant. En julio y agosto habíamos estado delineando un programa para reemplazar a Castro. No obstante, algunas compañías en Estados Unidos nos informaron durante ese tiempo que estaban alcanzando algunos progresos en las negociaciones, un factor que nos causó atraso en la implementación de nuestro programa. Las esperanzas expresadas

por estas compañías no se materializaron. Octubre fue un período de clarifi-
cación. El 31 de octubre, de acuerdo con la CIA, el Departamento sugirió al
Presidente la aprobación de un programa en correspondencia con lo referido
por Mr. Marchant. El programa aprobado nos autorizó a apoyar a los elementos
que en Cuba se oponían al gobierno de Castro, mientras se hacía que la caída
de Castro fuera vista como resultado de sus propios errores...

Y como para que desapareciera cualquier duda, el ex-presidente Dwight
Eisenhower en sus memorias, al referirse a esa etapa, la describió de la
manera siguiente: "En cuestión de semanas después que Castro entró en
La Habana, nosotros, en el gobierno, comenzamos a examinar las medidas
que podrían ser efectivas para reprimir a Castro".

Las suspicacias e indecisiones de Washington se fueron aclarando
durante ese período. Dos tendencias acerca del desarrollo de los
acontecimientos en Cuba coexistían dentro del Departamento de Estado
y la propia CIA. Por un lado, los que sospechaban de las tendencias
izquierdistas de los revolucionarios que se planteaban el derrocamiento
inmediato de la Revolución, y por otro, quienes confiaban en que los
amigos de los Estados Unidos dentro del primer gabinete presidido por
Manuel Urrutia,[10] impusieran la línea política más conservadora. El
triunfo de la tendencia revolucionaria, expresada en las medidas
económicas, políticas y sociales que implantó la Revolución desde los
primeros momentos, frustró los intentos reformistas.

Las empresas eléctrica y telefónica fueron intervenidas y rebajadas
las tarifas de esos servicios; los alquileres de las viviendas bajaron en un
cincuenta por ciento. Se creó el Instituto Nacional de Ahorro y Vivienda,
mediante el cual comenzó un vasto programa de construcción de
viviendas en todo el país. El presupuesto para la atención del Palacio
Presidencial, que hasta entonces era casi de cinco millones de pesos, se
redujo a un millón doscientos mil pesos anuales. El Consejo de Ministros
aprobó créditos para la construcción inmediata de cinco mil aulas y
doscientas escuelas; el precio de los libros de texto para la enseñanza en
general fue rebajado entre un veinticinco y un treinta por ciento, y se
fundó la Ciudad Universitaria en la antigua provincia de Oriente. Los
precios de las medicinas fueron reducidos entre un quince y un veinte
por ciento. Se creó el Departamento de Repoblación Forestal con "la
finalidad de conservar, proteger y fomentar la riqueza forestal de la
nación"; fue organizado el plan de rehabilitación de menores y se lanzó
varias campañas contra el vicio y la corrupción. Finalmente, se dictó la

Ley de Reforma Agraria. Más de cien mil títulos de propiedad de la tierra fueron entregados a los campesinos, mientras que el gobierno se comprometía a indemnizar con bonos a sus antiguos propietarios en un plazo de veinte años, con un interés del 4,5 por ciento. La mendicidad, la prostitución, el juego y la droga detuvieron bruscamente su espiral ascendente y comenzaron a decrecer. Aun para los observadores más superficiales se hizo evidente que en poco tiempo serían erradicados.

A finales de 1959, la revista *Bohemia*, la de mayor circulación en el país, informó que la popularidad de Fidel Castro abarcaba al 90,2 por ciento de la población cubana. El prestigio y la autoridad de la Revolución eran tales, que el pueblo se agrupó en torno a ésta y desarrolló una capacidad de resistencia que ha caracterizado desde entonces al fenómeno político cubano.

En diciembre de 1959, el coronel J. C. King, jefe de la División del Hemisferio Occidental de la CIA, recomendó el asesinato de Fidel Castro como el medio más expedito para derrocar el gobierno cubano. Meses más tarde, en marzo de 1960, el presidente Eisenhower daba su conformidad a un proyecto que con el criptónimo de "Pluto", ponía en marcha un vasto operativo encubierto que se propuso derrocar al gobierno cubano. Cuatro eran sus objetivos principales: organizar una oposición política "responsable" desde el exterior, que uniera a la emigración y fuera formalmente la que dirigiera la agresión planeada; desencadenar una campaña de guerra psicológica con una poderosa estación de radio a la cabeza, con el objetivo de desestabilizar al pueblo cubano para estimular el proyecto subversivo; formar cuadros paramilitares en bases extranjeras, que fueran los responsables de organizar la resistencia interna, y, estructurar dentro del país una poderosa organización clandestina encargada de derrocar al régimen.

Sin embargo, pocos meses después, el proyecto comenzó a fracasar. Tenía un defecto esencial que consistía en no contar con bases internas para su puesta en marcha, de ahí que en noviembre de 1960 se cambiara los planes y se decidiera crear una brigada de desembarco y asalto con el fin de utilizarla como vanguardia en una invasión a Cuba, en tanto era evidente para la CIA la necesidad del uso de las Fuerzas Armadas norteamericanas para lograr los objetivos propuestos.

Mientras tanto, a finales de 1960, John F. Kennedy triunfó en unas reñidas elecciones frente a su oponente, el candidato republicano Richard M. Nixon. El tema de Cuba no estuvo ajeno en los debates de las campañas electorales. Kennedy, conocedor de los planes agresivos aprobados por la administración Eisenhower, atacó públicamente a su adversario y alegó una supuesta inercia contra el régimen "comunista" de La Habana, a sabiendas de que Nixon nada podía decir sin revelar el secreto de la invasión que los Estados Unidos preparaban.

Varios días después de su elección, el 18 de noviembre, Kennedy fue informado oficialmente por los jefes de la CIA, Allen Dulles y Richard Bissell, de los planes en curso. En enero de 1961, asumió la presidencia de los Estados Unidos, se hizo cargo del operativo contra Cuba y, aprobó el desembarco de la brigada de exiliados cubanos. La invasión se inició el 17 de abril de ese año y fue derrotada en menos de setenta y dos horas.

El fracaso dividió las opiniones y provocó un cisma entre la nueva administración e importantes círculos de poder. Por una parte, Kennedy se responzabilizó con la derrota y por otra, culpó a la CIA por haberlo embarcado en una aventura sin éxito. Nombró una comisión investigadora, presidida por el general Maxwell Taylor, con el fin de esclarecer y determinar las causas y los responsables de la debacle. Mientras, por su parte, la CIA y sus aliados, la Mafia y la emigración contrarrevolucionaria, tenían la convicción de que el presidente era el principal responsable. Se argumentó entonces que éste no había brindado el apoyo aéreo y militar necesario a la brigada de exiliados, cuando éstos eran derrotados por las Fuerzas Armadas cubanas.

En realidad, ambas partes intentaban escamotear la verdad. La Brigada de Asalto 2506 no fue derrotada porque el plan de la CIA era malo o porque no hubo apoyo aéreo, al contrario. El error fue desde el principio, cuando los gobernantes norteamericanos no supieron comprender el proceso de transformaciones profundas que la Revolución había desencadenado, que galvanizó a las amplias masas populares en su entorno. Ésa fue, y no otra, la causa de la victoria cubana.

La derrota hizo que un sentimiento de decepción y amargura se extendiera entre los complotados. Años más tarde, David Atlee Phillips, uno de los operativos de la CIA en aquella aventura, relató en sus memorias cuál fue la conmoción experimentada cuando conoció, por medio de la radio, que las tropas cubanas capturaban los últimos bastiones contrarrevolucionarios:

> (...) Helen trató de prepararme algo para comer, pero no pude. Tomé un radio portátil y me fui para el patio de la casa donde escuché noticias pesimistas acerca de Cuba (...) Helen trajo un martini grande. Estaba medio borracho

cuando terminé. Repentinamente mi estómago se revolvió. Tenía náuseas. Mi cuerpo pesaba. Entonces comencé a llorar (...) Lloré durante dos horas, tenía náuseas de nuevo, estaba borracho (...)

Kennedy reaccionó con vigor y colocó a su hermano, Robert, al frente de un grupo especial en el seno del Consejo Nacional de Seguridad, que en lo adelante dirigiría la guerra contra Cuba. Designó al general Edward Lansdale, un especialista en contrainsurgencia, como jefe del Estado Mayor de "Mangosta", nombre código que llevaría el nuevo operativo anticubano que devendría la mayor guerra encubierta llevada a cabo por los Estados Unidos hasta entonces. Se trataba de desencadenar o, más bien, promover una guerra civil dentro de Cuba.

Documentos desclasificados por los Estados Unidos en años recientes muestran cuáles eran sus planes e intenciones para aquel entonces. Uno de éstos, el denominado "Proyecto Cuba", que intentaba resumir la estrategia trazada por el Consejo Nacional de Seguridad, puntualizaba las ideas siguientes:

> Básicamente la operación debe traer como consecuencia la sublevación del pueblo cubano (...) la sublevación necesita de un movimiento de acción fuertemente motivado desde el punto de vista político en Cuba, para que así se genere la rebelión, se oriente hacia el logro del objetivo y se saque provecho en el momento clímax. Las acciones políticas estarán asistidas por la guerra económica, con el objetivo de provocar que el régimen comunista fracase en la tarea de satisfacer las necesidades económicas de Cuba; serán también apoyadas por operaciones psicológicas, que harán que el resentimiento de la gente contra el régimen sea cada día mayor y estarán socorridas por los grupos militares que se encargarán de darle al movimiento popular un arma de acción para el sabotaje y la resistencia armada en apoyo a los objetivos políticos (...)
>
> (...) La fase de preparación debe culminar con la organización de las acciones políticas en los sitios claves dentro de la Isla, con sus propios medios de comunicaciones internas, su propia voz para las operaciones psicológicas y su propia arma de acción (pequeños grupos guerrilleros, de sabotajes, etc.). Éste debe contar con el apoyo favorable del pueblo cubano y hacer que el hecho se conozca en el exterior. El clímax de la sublevación vendrá como resultado de una acción amenazadora por parte del pueblo ante una acción del gobierno, (provocada por algún incidente) o como consecuencia de un agrietamiento en el sistema de cuadros de dirección dentro del régimen, o por ambas razones.
>
> (...) El movimiento popular sacará provecho de este clímax, iniciando una revuelta abierta. Se ocuparán y tomarán determinadas áreas. Si fuera necesario,

el movimiento popular pedirá ayuda a las naciones libres del hemisferio occidental. Si fuera posible, Estados Unidos, de común acuerdo con otras naciones americanas, ofrecerá un apoyo abierto a la sublevación de los cubanos; dicho apoyo incluirá la fuerza militar en lo necesario(...)

El proyecto incluía un calendario de actividades que comenzaba en marzo y concluía en octubre de 1962, cuando "el apoyo militar necesario" decidiera, según los planes, el destino de la Revolución. Otra vez volvieron a fracasar. Nunca cuajó el movimiento popular que precondicionaba el éxito, por el contrario, la reacción revolucionaria de las masas determinó que la *Operación Mangosta* fuera derrotada.

En octubre de 1962, los Estados Unidos descubrieron la presencia de misiles soviéticos en Cuba y se desencadenó la denominada "Crisis de Octubre", que culminó con la salida de ese armamento de la Isla y el compromiso tácito de los Estados Unidos de no agredirla militarmente.

En esos días, cuando el mundo se veía estremecido ante el peligro del holocausto nuclear, la CIA, en violación de las propias órdenes del gobierno para paralizar cualquier operativo en curso, había infiltrado en Cuba un equipo de hombres con el jefe de sus Grupos de Misiones Especiales a la cabeza, con el propósito de volar una gran instalación minera en la provincia de Pinar del Río y alimentar los fuegos del conflicto, a la vez que otro grupo mercenario atacaría Puerto Cabezas, Nicaragua, para argumentar una expansión comunista extracontinental, mientras era tomado militarmente Cayo Coco, en la costa norte cubana, donde un gobierno provisional solicitaría la intervención militar norteamericana. Este equipo de terroristas fue capturado y por sus propias declaraciones la opinión pública internacional conoció cuáles eran los objetivos del operativo. Sin proponérselo, la CIA había brindado la posibilidad de propinarle a "Mangosta" el golpe de gracia y semanas más tarde, en los albores de 1963, se emitió la orden ejecutiva para desactivarla. Por tanto, en los fuegos de la Crisis de Octubre se culminó la derrota del operativo encubierto norteamericano que pretendió desencadenar una guerra civil. La contrarrevolución interna en la Isla fue derrotada y se encontraba en desbandada.

El sentimiento de frustración que embargó a los exiliados cubanos y sus jefes de la CIA y la Mafia cuando la derrota en Playa Girón, cobró nuevos bríos, y concluyó esta vez en que Kennedy era un traidor a los intereses de los Estados Unidos, incapaz de lidiar con sus enemigos.

En realidad, el presidente norteamericano persistía en sus objetivos estratégicos de derrocar al régimen cubano, sólo que trataba de llevarlos adelante por senderos diferentes. Convencido de que una agresión militar empantanaría al Ejército norteamericano en una guerra larga y costosa, al igual que posteriormente lo fue en Viet Nam, orientó, a principios de 1963, una nueva estrategia, que se denominó de "doble vía", y que como su nombre lo indica, establecía dos líneas de acción: una, incrementar el bloqueo político y económico y las acciones subversivas que en corto plazo destruyeran el potencial energético-industrial del país, y la otra, explorar las posibilidades de negociar con Cuba en el momento en que los planes anteriores estuvieran a punto, de manera tal que al gobierno de La Habana no le quedara más remedio que aceptar las condiciones que se le impusieran.

Ellos se percataban de las contradicciones profundas surgidas entre la Unión Soviética y Cuba por la actitud del gobierno de aquel país durante la Crisis de Octubre, cuando inició conversaciones con los Estados Unidos sin tener en cuenta siquiera las opiniones del gobierno cubano. Precisamente, el fracaso final de esas negociaciones y la escalada subversiva posterior de los Estados Unidos contra Cuba fueron las consecuencias de aquellos errores soviéticos.

Por tanto, "separar a Castro del abrazo del oso ruso", como era denominada por los estrategas de Washington, fue la base de la nueva política que la administración comenzó a delinear, donde el pragmatismo kennedyano preveía incluso la alternativa, en el caso de que sus condiciones fueran aceptadas, de olvidar las humillaciones sufridas por sus derrotas pasadas.

EXILIADOS, MAFIOSOS Y ESPÍAS

Desde los primeros días de enero de 1959, funcionarios venales, torturadores y asesinos del régimen batistiano huyeron de Cuba y buscaron refugio en los Estados Unidos a fin de evadir la justicia revolucionaria. De tal manera comenzó a estructurarse un nuevo exilio político, que inmediatamente se organizó en varios grupos que pretendían recuperar el poder. No estaban solos en sus empeños y pronto se vieron ayudados por poderosos aliados, entre los que se encontraban la Mafia, representada por los dueños de los antiguos casinos de juego de La Habana, la Agencia Central de Inteligencia (CIA) y el Departamento de Estado.

El dinero comenzó a fluir y en pocas semanas emergieron varias organizaciones exiliadas que contaban con el respaldo de los nuevos emigrados, encabezadas por La Rosa Blanca, que agrupó a la mayoría de los batistianos, los que complotados con el dictador dominicano Rafael Leónidas Trujillo, preparaban para aquel mismo año un ejército mercenario en la República Dominicana, con el cual pretendían invadir Cuba.

La radicalización del proceso revolucionario, cuyo momento culminante fue la promulgación, el 17 de mayo de 1959, de la Ley de Reforma Agraria y el fracaso de la intentona batistiano-trujillista en agosto de ese año, estimularon nuevas categorías de emigrados, esta vez procedentes de la filas revolucionarias y de la mediana y pequeña burguesías, que veían en las medidas tomadas por el gobierno cubano un peligro inminente para sus intereses económicos. Con ellos también marchó la vieja clase política, que se organizó rápidamente en los Estados Unidos, y brindaron una imagen menos comprometida con la dictadura de Fulgencio Batista, repudiada por la mayoría del pueblo cubano y por la opinión pública latinoamericana.

Fue así que se integró la contrarrevolución. Fue un parto *contra natura*, en el que se conjugaron elementos de raíces disímiles. Muy pronto se vieron tomados de la mano antiguos torturadores con sus víctimas del pasado. El anticomunismo fue su bandera de combate, unido a profundas convicciones conservadoras y reaccionarias. Muestra de esto fue el rechazo de estas organizaciones a grupos y personas de ideas social-demócratas y liberales que pretendieron unírseles en algún momento.

El Frente Revolucionario Democrático (FRD) fue el primer intento de la CIA y el Departamento de Estado por organizar "la responsable oposición política" que por instrucciones del presidente Eisenhower debía derrocar al gobierno de Fidel Castro. El FRD tuvo una composición compleja que reflejó las distintas vertientes del exilio. Fueron sus dirigentes Manuel Antonio de Varona, ex-primer ministro del gobierno en Cuba y asociado de la Mafia, que representaba al grupo Rescate, integrado por los seguidores del ex-presidente Carlos Prío Socarrás; Manuel Artime, fundador del Movimiento de Recuperación Revolucionaria (MRR), era la cabeza dirigente del sector juvenil católico; Aureliano Sánchez Arango, un ex-ministro en Cuba y veterano político, representaba a un sector del Partido Auténtico, denominado Agrupación Auténtica Armada, (Triple A); José Ignacio Rasco, dirigente del Movimiento Demócrata Cristiano, representaba a la alta jerarquía católica, y Justo Carrillo, otro viejo politiquero, jefe de un grupúsculo integrado principalmente por sus familiares dirigía la Agrupación Montecristi. Los batistianos fueron desplazados de esa cúpula política, pero quedaron reservados para el mando del ejército que se proyectaba.

Howard Hunt, uno de los oficiales de la CIA que engendraron aquella criatura, expresó en *Give Us This Day*, uno de sus numerosos libros autobiográficos, que su organización entregaba inicialmente más de cien mil dólares mensuales para la sobrevivencia del FRD, cifra que llegaría a ascender a tres millones de dólares anuales. Nada más caracterizador del ambiente que se respiraba en la nueva estructura de exiliados, que las palabras de Justo Carrillo, uno de sus fundadores:

De las primeras reuniones del FRD pude deducir que salvo algunas intervenciones de Aureliano Sánchez Arango, el criterio predominante era el estilo del viejo molde político cubano, sin comprensión alguna del fenómeno sociológico que se estaba desarrollando en Cuba y típicamente contrarrevolucionario, entendiendo por tal actitud mental la de revocar tan pronto fuese posible la legislación revolucionaria que estaba siendo dictada en Cuba.

Sin embargo, esos políticos y los que después se integraron en el denominado Consejo Revolucionario Cubano (CRC), una especie de metamorfosis del FRD, diseñado por la CIA para desempeñarse como gobierno en armas en el momento de la invasión, sólo estaban destinados a proporcionarle una imagen pública al operativo encubierto, que consistía en el desembarco en Cuba de un pequeño ejército de exiliados, entrenados y armados con los equipos más modernos, que debían, en unión de una poderosa "quinta columna" que la CIA pensaba haber estructurado en la Isla, arrebatarles el poder a los revolucionarios.

Mucho se ha escrito y comentado sobre las dimensiones de aquel ejército, del plan de desembarco, de la actuación de la quinta columna, del negado apoyo aéreo norteamericano, causa —según muchos exiliados— del fracaso de la invasión. En realidad, todas eran justificaciones. Desde el punto de vista operativo, la idea estaba bien concebida, las armas y los hombres eran suficientes, la cobertura diplomática e informativa era óptima y la preparación y el armamento de los grupos clandestinos también resultaron adecuados; sólo les faltó contar con el pueblo cubano, que fue el actor fundamental de esa derrota. Si Fidel Castro hubiera contado con una centésima parte de aquel potencial, la guerra contra Batista seguramente habría acabado en cuestión de días.

Sin embargo, todo aquel enorme operativo de subversión comenzó a proporcionar grandes dividendos desde sus inicios. Las armas y los pertrechos militares eran suministrados por arsenales clandestinos inagotables, controlados como bien se conoce por la Mafia. Los aviones cargados con estos suministros y otros, que volaban de los Estados Unidos a Centroamérica, regresaban cargados con los productos más diversos, desde whisky hasta drogas de las más diversas variedades, descargados en aeropuertos militares norteamericanos y luego comercializados por un nuevo *trust* integrado por mafiosos, oficiales de la CIA y exiliados cubanos, que rápidamente se enriquecieron al compás de la guerra sucia contra Cuba. Ellos fueron los mismos que ya se habían repartido el nuevo gobierno que integrarían cuando su causa triunfase, los que vendieron las acciones de los casinos de juego que antes había en La Habana, los que habían decidido quitarles las tierras a los campesinos, los que pactaron grandes compras de máquinas de juego para el futuro promisorio, los que, en definitiva, querían darle marcha atrás al reloj de la historia cubana.

Fue de esa unidad que nació una criatura que hemos denominado "el mecanismo cubanoamericano de la CIA", que, con vida propia, después de la derrota en Bahía de Cochinos, responsabilizaría al presidente John F. Kennedy con el fracaso y ocuparía desde entonces un lugar preponderante en los destinos de la vida política de los Estados Unidos.

El interés por apoderarse de Cuba no estaba solamente representado por el capital monopolista norteamericano y su gobierno desde épocas pretéritas; también otros intereses se conjugaron en el empeño. Hay evidencias de la participación del crimen organizado de los Estados Unidos, desde los años veintes, cuando parte del azúcar cubano se utilizaba para la fabricación ilegal de bebidas alcohólicas, un negocio lucrativo que desarrolló fortunas enormes. Años más tarde, durante la década de los cuarentas, Salvatore Lucania, *Lucky Luciano*, "el *capo* de todos los *capos*" norteamericanos, se estableció en La Habana para, desde allí, dirigir sus negocios millonarios en los Estados Unidos. Sin embargo, no es hasta después del golpe de Estado de Fulgencio Batista, en 1952, que los mafiosos proyectaron convertir la Isla en un emporio del juego organizado. Meyer Lansky, Santo Traficante, *Jr.* y una legión de tahúres y delincuentes de todos los confines de la Unión, arribaron al país para materializar sus planes. Nuevos hoteles, casinos de juego, casas de prostitución y otras instituciones relacionadas con ese negocio, abrieron sus puertas, bajo la mirada cómplice de la dictadura. El tráfico de drogas adquirió un auge inusitado. Todo estaba listo, cuando la Revolución llegó al poder, para hacer de La Habana un paraíso de la corrupción. Una idea de lo que proporcionaba esa actividad lucrativa la muestran las ganancias del casino de juego del hotel *Havana Riviera*, que en 1958 alcanzaron la cifra de un millón de dólares.

Fue, por tanto, un golpe rudo el que recibieron los mafiosos cuando la Revolución les cerró sus casinos, comenzó un programa contra la corrupción y detuvo y expulsó del país a todos sus representantes. Por tales razones, entre los primeros contrarrevolucionarios se encontraban los *capos* de las principales familias del crimen organizado. Ellos se unieron rápidamente a la CIA, con la cual ya habían realizado trabajos conjuntos "en interés de la seguridad nacional", para derrocar al gobierno cubano. Varios de sus asociados íntimos, entre los cuales se encontraban Batista, Carlos Prío —el ex-presidente derrocado por el primero—, Manuel Antonio de Varona, Rolando Masferrer,[11] y otros dirigentes de las agrupaciones en el exilio, recibieron grandes sumas de dinero para la campaña contrarrevolucionaria que comenzaba.

Más tarde, cuando surgió el imperativo de asesinar a Fidel Castro "como el medio más expedito de derrocar al gobierno cubano", tanto los exiliados como sus jefes en la CIA recurrieron a ellos para hacer "un contrato" para acabar con la vida del dirigente cubano.

Los archivos cubanos contienen una información cuantiosa acerca de esos planes contra la vida del presidente Fidel Castro. Entre los primeros complots se encuentra el realizado en marzo de 1959, cuando Batista, Trujillo y un grupo de contrarrevolucionarios solicitaron ayuda a Meyer Lansky para ese propósito. Más tarde, en noviembre de ese año, un mafioso, Richard Cain, por órdenes de *Sam* Giancana, viajó a La Habana para estudiar sobre el terreno la manera de eliminar al dirigente cubano. A comienzos de 1960, agentes de la CIA que actuaban desde la propia Embajada norteamericana en La Habana fueron sorprendidos en esos menesteres. Meses más tarde, y en vista de los fracasos recibidos, la CIA contrató los servicios de John Rosselli, uno de los gángsters más connotados de la familia mafiosa de Chicago, y lo incorporó al proyecto *ZR/Rifle*, un operativo oficial para asesinatos políticos estructurado dentro de la Agencia. Bombas, fusiles de alta precisión, venenos poderosos, ataques aéreos, en fin, todo el arsenal de que se pudo disponer, fueron puestos en función de este servicio. La obsesión por el derrocamiento del régimen revolucionario y el asesinato de Fidel Castro selló una alianza que se convertiría con el devenir de los años en muy íntima. La Mafia, por derecho propio, pasó a formar parte del "mecanismo cubano-americano de la CIA".

La CIA también había sufrido duras pérdidas con el triunfo de la Revolución Cubana. La Habana de Batista era una plaza segura de su accionar para el hemisferio occidental. Howard Hunt, en sus memorias referidas, se encarga de narrarlo, y agrega, de paso, cuáles eran los sentimientos generalizados de ellos sobre Fidel Castro y el movimiento político que encabezaba:

> Veinte de nosotros estábamos sentados alrededor de la espaciosa oficina del honorable Arthur Gardner, embajador de Estados Unidos en Cuba. A través de las altas ventanas podíamos mirar hacia el mar y ver los yates y botes de pesca mecerse en el Caribe. Debajo, en el malecón habanero, autos del último modelo pasaban rápidamente entre los turistas que paseaban con sus coloridas ropas de vacaciones. El aire era frío en aquella mañana de diciembre de 1956,

pero el sol era brillante y muchos de nosotros deseábamos pasar la tarde nadando en las playas de Marianao.

A excepción del embajador Gardner, todos éramos oficiales CIA, salvo algunos funcionarios del cuartel general, jefes de estaciones en América Latina y el Caribe. Durante tres días habíamos estado participando en una reunión regional, cuyo lugar de celebración anual era escogido sobre la base de la accesibilidad de los participantes, así como de la ausencia de embajadas comunistas. Nuestra reunión anual llegaba a su fin y asistíamos a una invitación de cortesía del embajador.

Nuestro jefe de División, el coronel J. C. King daba al diplomático los puntos de vista de la CIA, cuando un ayudante de la Embajada entró y le susurró algo a éste. Al retirarse, el mismo Gardner nos dijo que el presidente Batista le había informado que un bote cargado de revolucionarios había sido hundido en la provincia de Oriente y que los sobrevivientes eran perseguidos por el Ejército y la Fuerza Aérea. El líder de la banda era el antiguo agitador Fidel Castro, quien estaba entre los muertos.

Virándose hacia King, Gardner dijo: "Ese nombre me es familiar... ¿no estuvo Castro involucrado en las revueltas de Bogotá?

"Profundamente involucrado", *asintió King.* "El famoso Bogotazo" (...) Al día siguiente cuando regresábamos separadamente a nuestras respectivas estaciones(...) leí un breve recuento en un periódico habanero (...) de los 83 hombres sólo dieciséis sobrevivieron, pero fueron capaces de derrocar a Batista y hacer de Cuba el primer satélite soviético del hemisferio norte...

En Cuba había una poderosa Estación de la CIA al mando de William Caldwell, un oficial experimentado, que antes se había desempeñado en Chile. Numerosos agentes de cubierta profunda estaban colocados en importantes cargos gubernamentales y de empresas privadas, desde los cuales reportaban todos los sucesos políticos que ocurrían en el país. El más destacado de ellos, David A. Phillips, un experto en desinformación y propaganda, tendría, en los años sucesivos, un lugar primordial en la guerra contra Cuba.

Un año antes, cuando se había hecho evidente para los observadores en Washington que el gobierno de Batista se tambaleaba, Allen Dulles envió como mensajero a la Isla a su inspector general, Lyman Kirkpatrick, para aconsejar al tirano que se marchara y constituyera un gobierno provisional con personas escogidas por ellos, que tendría como misión principal, neutralizar al movimiento de Fidel Castro.

No era una idea nueva. La CIA y sus agentes locales estaban trabajando activamente desde 1957 en la consecución de ese proyecto.

Sin embargo, el triunfo del 1 de enero de 1959 desmanteló sus pretensiones y semanas después comenzaron a dirigir un programa que también fracasó para mediatizar el proceso revolucionario.

Entre los oficiales de la Estación de la CIA en La Habana se encontraba uno muy conocido por los servicios de Seguridad cubanos, David Sánchez Morales, quien también años más tarde llegaría a ocupar un alto cargo en el operativo anticubano, y que por entonces era el oficial que atendía a Phillips y manejaba a los agentes encubiertos Frank Fiorini (*Frank Sturgis*) y Patrick Gerry Hemmings, dos soldados de fortuna infiltrados en la Fuerza Aérea Revolucionaria y que después, en La Florida, serían líderes de grupos paramilitares al servicio de los planes de la CIA contra la Isla.

La historia operativa de la Estación de la CIA en La Habana hasta enero de 1961, fecha en que los Estados Unidos rompieron las relaciones diplomáticas con Cuba, fue un desastre. Aun cuando cambiaron a su jefe por uno más competente, James Noel, sus operativos fueron sorprendidos en varias ocasiones de manera flagrante, tres de éstos en 1960, cuando comenzó el programa de Eisenhower para derrocar al gobierno cubano. En enero, el trabajo subversivo del mayor Robert van Horn, agregado militar a la Embajada norteamericana, fue penetrado por agentes cubanos, quienes conocieron y desmantelaron un vasto plan que tenía entre sus fines asesinar a Fidel Castro. En junio, los "diplomáticos" Edwin L. Sweet y William G. Friedman, fueron detenidos mientras dirigían una reunión contrarrevolucionaria, y varios meses después, en septiembre, fueron capturados tres espías de origen norteamericano, un agente encubierto y Marjorie Lennox, una secretaria de la Embajada de los Estados Unidos en La Habana, mientras intentaban colocar micrófonos ocultos en los locales de un apartamento que debía ocupar la agencia de prensa china *Sinjua*.

En esa época, en la capital cubana van a coincidir intereses y personajes de los orígenes más variados, entre los que se encontraba a figuras prominentes del crimen organizado, los negocios transnacionales y el espionaje, que después estarían relacionadas íntimamente con el proyecto contrarrevolucionario, los planes para asesinar a Fidel Castro y la formación de lo que hemos denominado "el mecanismo cubanoamericano de la CIA y la Mafia".

LA AGENCIA CENTRAL DE INTELIGENCIA

Inmediatamente después de la Crisis de Octubre, también denominada Crisis de los Misiles, en las postrimerías de 1962, el Grupo Especial Ampliado del Consejo Nacional de Seguridad, decidió "descontinuar" el plan *Mangosta*, el operativo que por casi un año había pretendido desencadenar una guerra civil dentro de Cuba. Su último acto, y la "Operación Cupido", iniciada con la infiltración de Miguel A. Orozco,[12] antes referida, había fracasado estrepitosamente con la captura de sus dirigentes principales y pertrechos.

Ese año, el presupuesto subversivo que los Estados Unidos dedicaron a la guerra secreta fue de aproximadamente cien millones de dólares, que fueron ingeniosamente invertidos en formar no menos de cincuenta y cinco empresas que brindaran la cobertura necesaria para los proyectos en marcha. Fueron emprendidas operaciones comerciales en bienes raíces, compañías aéreas y navieras, renta de autos, bancos, tiendas de abastos, mercados, farmacias, en fin, todo aquello que pudiera necesitarse para la aventura y que representaba una jugosa inversión en la perspectiva. No es de extrañar que muchos de los gerentes comerciales designados amasaran fortunas importantes y rápidas en la manipulación de presupuestos de los cuales no tenían que rendir cuentas.

Por otra parte, el puesto de mando del operativo anticubano fue reorganizado. Al igual que cuando el fracaso de Bahía de Cochinos, que le costó el cargo a los jefes principales de la CIA, en este caso pagó William Harvey, jefe de la *Fuerza de Tarea W* y del proyecto *ZR/Rifle*, quien fue transferido a un cómodo retiro en la Estación de la CIA en Roma, Italia. La reorganización fue esta vez profunda. Una nueva División fue creada para la atención de los Asuntos Domésticos y ya desde entonces "el asunto cubano" se encuadró dentro de la agenda de política interna en los Estados Unidos. En el Servicio de Asuntos Especiales, o SAS, su abreviatura en lengua inglesa, se designó al frente a Desmond Fitzgerald, un operativo que hasta entonces estaba a cargo de la Estación de la CIA en la India, mientras que la jefatura de la División fue ocupada por el veterano Tracy Barnes, un protegido de Richard Helms, director de Operaciones.

Completaba aquel tinglado la base operativa de Miami, denominada JM/WAVE, ubicada en las inmediaciones de la Universidad local bajo la cobertura de *Zenith Technical Enterprise, Inc.*, con cuatrocientos oficiales de caso y unos cuatro mil agentes de origen cubano.

Un operativo de la época, el capitán del Ejército, Bardley Ayers, a cargo de la preparación de los comandos, recordaba años más tarde:

> Me di cuenta de que no se le había escapado un solo detalle en la creación de la fachada de la Zenith. Se hacían ventanas falsas y había controles de producción en las paredes, así como licencias comerciales de los gobiernos estatal y federal. En un aviso a los vendedores colocado cerca de la puerta, se les informaba de las horas de visitas a los distintos departamentos. Un toque final, era el certificado de premio otorgado por la United Givers Fund a la Zenith, por su destacada participación en la campaña anual para la recaudación de fondos...[13]

La estructura de la Base incluía varias secciones, cada cual con una misión específica. Entre éstas destacaban la Marítima, a cargo de los barcos, los grupos de infiltración, remolcadores, astilleros etc.; la de Operaciones, responsable por el planeamiento de las acciones y el manejo de los grupos de acción y redes de agentes dentro y fuera de Cuba; la Aérea, que controlaba la flotilla de pequeños y medianos aviones, sus aeropuertos, bases de reparación y todo lo que hiciera falta; la de Logística, que como su nombre lo indica, abastecía a todos los operativos, y manipulaba las empresas creadas, y fabricaba los documentos falsos necesarios, y así otras más. Por supuesto, las más importantes eran las encargadas de las operaciones y la logística, porque allí era donde se decidía las inversiones y quiénes eran sus beneficiarios. No es de extrañar entonces, las fortunas que se amasaron y una de las causas principales del florecimiento de Miami y su condado Dade.

Pero había algo más. Dentro de ese mecanismo y controlándolo unas veces como directiva y otras como suministradora segura y discreta, se movía la Mafia. John Rosselli, segundo de la "familia" de Chicago, fue el designado para representar los intereses del crimen organizado, que controlaba por derecho propio el operativo que pretendía, entre otros objetivos, regresarles sus casinos de juego en La Habana y el control del tráfico de drogas y la prostitución, que una vez tuvieron en la Cuba prerrevolucionaria. Sus redes se extendían por todos los estados norteamericanos con costas hacia el Golfo de México, y controlaban el tráfico de armas, de bebidas alcohólicas, pasta básica de cocaína e incluso plasma sanguíneo, los que introducían en los Estados Unidos en aviones de la propia Agencia.

Dos estaciones de la CIA fueron puestas al servicio de la nueva estrategia desestabilizadora que comenzó a nacer en los comienzos de 1963, una en Ciudad México y otra en Madrid. Para la primera fue designado el veterano espía David Phillips y para la segunda, James Noel, el mismo que fue el último jefe de la Estación de la CIA en La Habana, antes del rompimiento de las relaciones diplomáticas.

La comunidad cubana exiliada, dividida en cientos de grupos y organizaciones que pretendían el retorno a la Isla, bajo la sombrilla de los *marines*, fue reordenada nuevamente dentro del denominado Consejo Revolucionario Cubano, presidido por José Miró Cardona y Manuel Antonio de Varona Loredo, quienes viajaban frecuentemente a Washington a entrevistarse con los dignatarios norteamericanos y que, por supuesto, eran controlados por oficiales de la CIA.

Para esa fecha también, habían sido reclutados por las fuerzas militares norteamericanas cientos de cubanos que en varios campamentos se entrenaban en diferentes armas, para formar las unidades élite que un día -por lo menos así pensaban- encabezarían la "cruzada libertadora" contra su propia patria, a la que sumirían trágicamente en el caos, el luto y la sangre de sus propios conciudadanos.

Un aparato policíaco, represivo y de inteligencia completaba el cuadro. Se trataba de la conocida "Operación 40", formada al calor de la invasión por Bahía de Cochinos para "limpiar" de comunistas las localidades que los invasores capturaran. Lamentable o afortunadamente, no pudieron desembarcar y cuando observaron lo que sucedía en la playa, emprendieron una fuga veloz. Una idea del potencial y la preponderancia que alcanzó aquel operativo, lo demuestra el informe del inspector general de la CIA, Lyman Kirkpatrick, en su análisis sobre la derrota en Playa Girón cuando explicaba:

Sin embargo, en ciertos aspectos, el FRD[14] demostró ser un instrumento útil.

Un ejemplo de ello fue el servicio de contrainteligencia y seguridad que, bajo estrecho control del Proyecto, se convirtió en eficiente y valiosa unidad de apoyo a la Base de Miami y al Proyecto. A mediados de marzo del 61 esta organización de seguridad comprendía 86 empleados de los cuales 37 fueron entrenados como oficiales de casos. El servicio graduó cuatro clases en su propio centro de entrenamiento, cuyo jefe de instrucción era un policía...

"Ilustres" miembros de este cónclave fueron, entre otros: Orlando Piedra, Joaquín Sanjenís, Bernard Barker, los hermanos Guillermo e Ignacio Novo Sampol, Armando López Estrada, José Dionisio Suárez, Félix Rodríguez Mendigutía, Gustavo Villoldo, Luis Posada Carriles y otros muchos más, que por más de cuatro décadas han estado responsabilizados con el terrorismo emprendido desde entonces por los Estados Unidos contra Cuba.

Y, como *free lancers*, actuaban los paramilitares, o soldados de fortuna o, como se les define con propiedad, mercenarios, que cual auras tiñosas o buitres revoloteaban sobre la víctima eventual. Organizaciones como *Interpem*, de Patrick Gerry Hemmings, y Brigadas Internacionales Anticomunistas, de Frank Fiorini (*Frank Sturgis*), se pusieron incondicionalmente y bajo una paga jugosa, al servicio de aquella nueva etapa de la guerra que se aprestaba.

Finalmente, organizaciones "creadas" por particulares nativos "interesados en la libertad de Cuba", aparecieron en varias capitales norteamericanas, encargadas de buscar el financiamiento adicional e ilegal, destinado a satisfacer los enormes gastos de la guerra y al *lobby* político en Washington. George Bush, padre, en su natal Texas, fue uno de esos "destacados" norteamericanos, seguido por el almirante Arleigh Burke con su Comité Norteamericano para una Cuba Libre, y la influyente Amigos de la Cuba Democrática, que desde Nueva Orleans manipulaban los mafiosos, constituyeron los grupos más influyentes.

EL EXILIO

En 1963, un conglomerado de organizaciones contrarrevolucionarias se asentaba en los territorios del sur estadounidense, particularmente en las ciudades de Miami, Nueva Orleans y Dallas. Fueron aquellas la cantera de donde la CIA seleccionó a los grupos que utilizaría dentro del nuevo concepto operativo de operaciones autónomas. Tendrían la misión de representar una corriente "militante e independiente" dentro de la emigración, no comprometida en el esquema oficial de la Agencia. Debe recordarse que la filosofía operativa de entonces radicaba en fijar los objetivos de ataque, entregar los recursos necesarios y controlar los resultados. No importaba los medios que se utilizara y mucho menos los costos.

Fragmentos de un documento desclasificado por la CIA se encargan de esclarecer el carácter de tales operativos: "el programa de acción encubierta aprobado por la más alta autoridad en junio de 1963, otorga el apoyo a los grupos autónomos anticastro para la ayuda y la asistencia en la liberación de Cuba".

Fueron incorporadas varias reglas al Manual[15] que normaba las relaciones entre la CIA y estos grupos, entre las que se destacaban:

> estas operaciones autónomas serán ejecutadas exclusivamente por nacionales cubanos, motivados por la convicción...el esfuerzo, probablemente costará muchas vidas cubanas...el gobierno de Estados Unidos debe estar preparado para negar públicamente cualquier participación en estos actos...el oficial asignado dará información general (al grupo), y el apoyo material necesario. Él deberá influir pero no controlar el camino de las operaciones...

Fue en ese marco en el que comenzó un proceso de reorganización del exilio. Si antes fueron "carne de cañón" para formar la Brigada de Asalto 2506 y después los instrumentos para fomentar una guerra civil en Cuba, en ese año devendrían mecanismo del terrorismo de Estado y el narcotráfico, que unidos de manera indisoluble conformarían una empresa lucrativa al servicio del proyecto anticubano de los Estados Unidos y el llamado Sindicato del Crimen Organizado de ese país.

Probablemente lo que hoy se denomina comúnmente "la mafia cubana de Miami" vio la luz en esa época, que al dejar de ser instrumento desechable del proyecto anticubano, había adquirido voz y voto y una cantidad de recursos y medios de los cuales no tenía que responder ante administración alguna y que en manos de "emprendedores hombres de negocios", profesionales de la guerra sucia, rendiría beneficios financieros extraordinarios, como el tiempo demostraría.

Sin embargo, no todos los grupos aludidos se dedicaron a las mismas faenas. La especialización se impuso, según vocación y experiencia. Varios siguieron la línea de las acciones terroristas; otros, los denominados políticos, la propaganda negra —desinformación, medidas activas y manipulaciones—, a realizar cabildeos en los puntos claves de la administración, y muchos a luchar contra la Revolución desde una mesa de dominó en "La Pequeña Habana".

Entre los primeros se encontraba el Movimiento de Recuperación Revolucionaria (MRR), de Manuel Artime, el que, desde febrero de 1963, financiado por la CIA y con la aprobación gubernamental, comenzó a entrenar una fuerza de comandos en Nicaragua con las pretensiones de hostigar el comercio marítimo con la Isla y contar con una fuerza militar capacitada, que en un momento determinado pudiera utilizarse para descargar un golpe contra el gobierno cubano.

Otra organización beneficiada por "el hada madrina" de la administración, fue la Junta Revolucionaria en el Exterior (JURE), encabezada por Manuel Ray, un ex-ministro del primer gabinete de la Revolución, a la que había traicionado y disfrutaba de las simpatías de los asesores del presidente norteamericano. Cuando la invasión por Bahía de Cochinos, la CIA lo marginó por sus contradicciones políticas con los restantes dirigentes exiliados, pero ahora, esa misma imagen antes denigrada resultaba la adecuada para fomentar un nuevo "frente político" no comprometido con los batistianos. Probablemente, pensaban los analistas de la administración, llegado el caso, podría representar una alternativa política a Fidel Castro o una carta para negociar con él, según las circunstancias.

El Movimiento Insurreccional de Recuperación Revolucionaria (MIRR), resultó un desprendimiento del MRR ya citado. Fundado por un grupo de renegados al movimiento revolucionario, se había asentado a la sombra de la mafia dominante en la ciudad de Nueva Orleans. Su líder era el architerrorista Orlando Bosch Ávila, un médico enajenado, que años más tarde sería conocido tristemente por el asesinato de setenta y tres personas cuando ordenó el sabotaje de un avión de pasajeros cubano en pleno vuelo. Sólo en ese año se realizó once bombardeos a instalaciones fabriles y comunitarias en la Isla. En 1978, una comisión investigadora del Congreso norteamericano, definió al grupo de la manera siguiente:

> el Comité no pudo explicarse como el MIRR era capaz de financiar sus costosas operaciones; además, Bosch no especificó fuente alguna. Bosch le dijo al comité que su asociación con Frank Sturgis fue con el propósito de organizar once ataques aéreos a Cuba... los fondos eran inicialmente suministrados al MIRR por el exiliado cubano radicado en Chicago, Paulino Sierra Martínez, quien decía recolectar el dinero procedente de los intereses del "juego organizado"...

En otra dirección se proyectaba el denominado Directorio Revolucionario Estudiantil (DRE), el cual se había formado en la ciudad de La Habana durante 1960 como un desprendimiento del movimiento laico catolico, que desde los primeros momentos del triunfo revolucionario se puso al lado de la reacción y el capital. Desde sus primeros pasos, fue manipulado por el oficial de la CIA, David Phillips, quien utilizaba a Manuel Salvat, su denominado líder, como intermediario con las recién formadas células clandestinas. Como los restantes grupos, fue arrasado por la marea revolucionaria y a sus jefes no les quedó otra alternativa que emigrar a la guarida de sus patrones. Desde allí, actuaron en dos direcciones: una, la organización de ataques terroristas a la Isla, mediante la utilización de lanchas artilladas, y la segunda, por medio de la propaganda política contra la Revolución en América Latina.

Alpha 66 — Segundo Frente Nacional del Escambray surgió como resultado de la unión de esas dos agrupaciones, la primera comandada por Antonio Veciana Blanch, veterano agente de la CIA, y la segunda por un traidor, Eloy Gutiérrez Menoyo, ex-comandante del Ejército Rebelde cubano. El terrorismo sería su especialidad y con un campamento en la República Dominicana, esperaban incursionar en el Oriente cubano.

Probablemente, el proyecto global consistía en atacar a la Isla desde sus flancos para, en su momento, iniciar la guerra de desgaste planeada o si las condiciones se dieran, encabezar a las tropas norteamericanas en una invasión directa. Sus bases operativas se asentaron en el corredor Nueva Orleans-Dallas. Veciana, desde un inicio, fue un agente activo y un terrorista responsable de numerosos proyectos de asesinatos contra el presidente cubano y uno de los mercenarios que participaron en el operativo que asesinó al comandante Ernesto Che Guevara.

Otro grupo activo lo fue el denominado Frente Unido de Liberación Nacional (FULN), comandado por Aureliano Sánchez Arango, un veterano político de la Cuba prerrevolucionaria, aliado de Felipe Vidal Santiago,[16] un ex-oficial batistiano, que había organizado varias entidades cívico-sociales en el exilio, tales como la Cámara de Comercio, el Frente Unido de los Trabajadores, la Asociación de Mujeres, el Frente Estudiantil, etc., con los fines de agrupar al exilio por todos los medios. Vidal Santiago, según sus declaraciones a las autoridades cubanas, actuaba bajo las órdenes del oficial de la CIA, William Bishop. La vida política del FULN fue efímera y en los comienzos de 1963 encabezó una campaña que denunciaba al presidente Kennedy de traicionar la causa cubana. En el mes de noviembre de 1963, según las confesiones de Vidal, en la ciudad de Dallas, Bishop recibió de manos del multimillonario Howard Hughes una suma importante de dinero como contribución a la causa de los exiliados con la condición de que conjugaran sus esfuerzos contrarrevolucionarios con los relacionados a la eliminación del "rosado de la Casa Blanca", en clara alusión al presidente Kennedy.

Los Comandos L, fundados por Antonio Cuesta Valle, era un desprendimiento de Alpha 66, a causa de las discrepancias surgidas en torno a la repartición de las remesas de la CIA. Eran terroristas manipulados por el *capo* de la mafia local en Nueva Orleans, que combinaban contrabandos con ataques a numerosas instalaciones costeras en la Isla, hasta que en 1966 Cuesta fue capturado, en el curso de una de esas misiones.

Los Comandos Mambises, dirigidos por Manuel Villafaña, ex-jefe de la fuerza aérea de la Brigada de Asalto 2506 con base en Nueva Orleans, y el Movimiento Cubano de Liberación, capitaneado por Rolando Masferrer Rojas, integraban los grupos "estrellas" de la CIA, dentro de su nuevo concepto de operaciones autónomas. Los primeros debían sustituir a los desarticulados Grupos de Misiones Especiales, y los segundos estaban responsabilizados con el orden interno dentro de la comunidad cubana exiliada, en la cual no debían permitir el surgimiento de factores de disidencia.

Sin embargo, eran muchos más los grupos contrarrevolucionarios, todos con la pretensión de tomar algo de la tajada, que ofrecía el Imperio por sembrar el luto y la guerra en la tierra de sus ancestros.

En abril de 1963 se disolvió el denominado Consejo Revolucionario Cubano, dirigido por José Miró Cardona, después de discrepancias agudas con la administración a causa de su proyectada política anticubana, y apareció en el escenario del exilio cubano la Junta de Gobierno Cubana en el Exilio (JGCE), presidida por Carlos Prío Socarrás y un gángster, Paulino Sierra Martínez, que decía representar los intereses de los antiguos dueños de casinos de juego en La Habana. En 1978 fueron descubiertos por los investigadores de la Cámara de Representantes de los Estados Unidos viajes en 1963 a Nicaragua para entrevistas con el dictador Luis Somoza y Manuel Artime, visitas a los campamentos en la República Dominicana, reuniones con Bosch y Salvat en Nueva Orleans, adquisición de grandes cantidades de armas y elementos bélicos, reuniones con *capos* mafiosos, en fin, una agitada "vida social". Un párrafo de su informe confirma lo explicado:

El grupo estuvo gastando dinero en armas y equipos para fines del verano de 1963. Rich Lauchli, un conocido comerciante de armas, estuvo en contacto con Sierra en el mes de agosto para adquirir armas. Sierra le solicitó a Steve Wilson, un soldado de fortuna asociado a Gerry Hemmings, que les enviara armas a Miami. El FBI recibió información de que Sierra había estado comprando armas en Detroit acompañado por José Cardoso por valor de 6 ó 7 mil dólares. Sierra estuvo también sosteniendo discusiones con varios grupos de acción para la asistencia de una operación contra Cuba. Entre los contactados, estuvieron de acuerdo para actuar conjuntamente: Aldo Vera Serafín del grupo MAPA, Eloy Gutiérrez y Antonio Veciana de Alfa 66, Santiago Álvarez y Antonio Cuesta de Comandos L, Eduardo Mir Ruiz y Orlando Bosch del MIRR.

Informaciones de esas mismas fuentes citan que en noviembre de 1963, el Servicio Secreto norteamericano disponía de elementos de que un representante de Sierra en Chicago, Homero Echevarría, se encontraba contratando armas y pertrechos de guerra, para iniciar una segunda invasión a Cuba.

LA GUERRA SE DESENCADENA

El mes de enero de 1963, comenzó con una reunión supersecreta entre Robert Kennedy, fiscal general y responsable del operativo anticubano, y los exiliados y agentes de la CIA, Manuel Artime Buesa y Enrique Ruiz Williams, dos dirigentes de la aniquilada Brigada de Asalto 2506 que regresaban de Cuba después de cumplir un año de prisión y haber sido intercambiados por alimentos para niños. Allí se habló de todo y de todos. Kennedy estaba interesado en conocer los detalles de los últimos fracasos de la guerra subversiva. Después de varias horas y de un almuerzo suculento, mientras tomaban el café, el fiscal general les explicó a los cubanos los cambios orientados en la administración para el derrocamiento del gobierno cubano. La idea era relativamente sencilla, por lo menos la parte que a ellos les correspondía. Se trataba de formar dos nuevos contingentes militares para propósitos múltiples relacionados desde el terrorismo marítimo hasta constituir la vanguardia de una invasión estadounidense a la Isla. Uno de los campamentos estaría bajo los auspicios del dictador Luis Somoza, en Nicaragua, y el otro en la República Dominicana, respaldado por Joaquin Balaguer, el nuevo presidente y heredero del dictador Rafael Leónidas Trujillo.

Ambos proyectos serían conceptuados como operativos autónomos y supervisados por los oficiales de la CIA, Howard Hunt y James McCordy, futuros "plomeros" de Watergate, con un presupuesto inicial de doscientos cincuenta mil dólares cada uno, además de las armas y los pertrechos que "donaría" el enclave militar norteamericano en Panamá.

Semanas más tarde, Robert Kennedy nuevamente se reunió con otro líder prominente del exilio cubano. Se trataba esta vez de Manuel Ray Rivero, que tendría la misión de formar una organización de corte socialdemócrata, para actuar en el terreno político en Latinoamérica, con la perspectiva de, en caso de que las condiciones se presentaran, ser una alternativa de gobierno en la Cuba postrevolucionaria. El grupo se denominaría Junta Revolucionaria en el Exterior.

Por otra parte, el Grupo Especial (SAG), que dentro del Consejo Nacional de Seguridad atendía el operativo anticubano, fue renovado por otro comité, también dirigido por Robert Kennedy, que desagregó las tareas subversivas dentro del nuevo proyecto entre cada departamento, según le correspondiera. Así, el Departamento de Comercio llevaba a cabo un proyecto denominado "Detectives Globales" que perseguían por todo el mundo a quienes se atrevieran a desafiar la prohibición de comerciar con Cuba. La Agencia de Información de los Estados Unidos (USIA, por sus siglas en inglés) estaba responsabilizada por una feroz campaña para completar el aislamiento político de la Isla y desacreditar a sus dirigentes en escala continental, mientras que el Pentágono organizaba planes de contingencias, por si se requería su concurso. El 2 de enero comenzaron unas maniobras denominadas *Springhard 63* en las cuales participaban cuarenta mil hombres, ciento diez buques de guerra y más de cien aviones de combate en el Caribe Occidental, muy cerca de Puerto Rico, y los que se extenderían hasta el mes de marzo.

Un recorrido por los hechos que fueron noticias por aquellos días demuestra claramente cuáles eran los preparativos. El 8 de enero, en vísperas de un Consejo de la OEA, Adlai Stevenson, secretario de Estado, declaró que los Estados Unidos podían invocar el Tratado de Río de Janeiro para obtener una acción contra Cuba. Al mes siguiente, el presidente John Kennedy se reunió con los mandatarios centroamericanos para analizar como punto central de la agenda, "la solución del caso cubano". También en ese mes, José Miró Carona presidente del CRC, explicó en conferencia de prensa que el Departamento de Defensa había decidido integrar con veteranos de la Brigada de Asalto 2506 el núcleo central del ejército latinoamericano que proyectaban y añadió que los tres mil cubanos que habían sido reclutados recientemente por el Ejército formaban parte de ese plan. Mientras, una comisión de la Cámara de Representantes comenzó una investigación sobre la "subversión comunista" en el continente y, finalmente, ese mes concluyó con una reunión de la Junta de Jefes de Estados Mayores de las Fuerzas Armadas convocada para realizar un estudio de las acciones a emprender en caso de una "sublevación en Cuba", con el objetivo de aprovechar a tiempo los efectos que pudiera causar ese hecho sobre las fuerzas revolucionarias.

Por su parte la CIA, con sus denominados Comandos Mambises iniciaba una serie de infiltraciones en la Isla con dos propósitos definidos: abastecer de pertrechos a sus agentes internos y sabotear el sistema energético del país. Varios operativos encubiertos importantes estaban en marcha, uno de éstos, AM/TRUNK, que pretendía reclutar a oficiales de las Fuerzas Armadas cubanas para alentarlos a encabezar un golpe militar. Ted Shackley, por entonces jefe de la Base de la CIA en Miami, se refirió posteriormente a este proyecto: La existencia de este operativo tenía como finalidad reclutar oficiales cubanos militares para promover un golpe de Estado.

Por su parte, José Ricardo Rabel Núñez, un ex-capitán del Ejército Rebelde, agente principal del proyecto, capturado años más tarde por la Seguridad del Estado cubana, refirió:

> Desde el 1 de enero de 1963 se me asignó por la CIA un salario mensual y se facilitó un documento denominado "proyecto para el rescate de la revolución traicionada", que consistía en la creación de un nuevo grupo en torno a ex-oficiales del ejército rebelde, que contarían con una emisora radial. La segunda fase del plan estaría dirigida al reclutamiento de elementos que pudieran infiltrarse en la Isla para reclutar a los militares seleccionados y la última fase consistía en presionar un cambio en la estrategia política del gobierno y si no, alzarse en armas...

El segundo operativo aludido, tenía el nombre código de AM/LASH y sus objetivos eran más abarcadores. Por un lado se planeaba asesinar a Fidel Castro y por otro, servir de quinta columna a los elementos de Artime y Ruiz, cuando éstos, dirigidos por la CIA, desembarcaran en Cuba para derrocar a su gobierno.

Los elementos contrarrevolucionarios del patio, en medio de toda esta alharaca, envalentonados por las declaraciones de sus jefes en "el norte", emprendieron acciones de todo tipo. El mismo 9 de enero, un grupo de bandidos,[17] atacó la finca "Los Dolores", en el término municipal de San Antonio de los Baños, en la provincia de La Habana, donde resultó muerto un menor y herido el campesino Agapito González. Mientras, en la región centro-oriental del país, otra banda asesinó a la familia del campesino Oliverio Morín Valdivia, por su filiación política.

En agosto y dentro del contexto de todo el programa subversivo enunciado, en Ciudad Guatemala el exiliado cubano Rafael Martínez Pupo informaba a la prensa que los Comandos Mambises, en un ataque sorpresivo al puerto de Casilda, en la provincia de Las Villas, habían destruido tanques de petróleo que contenían ocho mil galones y días más tarde, destruyeron las instalaciones del puerto de Santa Lucía, en la provincia de Pinar del Río.

Una idea de las acciones emprendidas contra Cuba en aquellos meses la brindan varios documentos desclasificados en los Estados Unidos[18] donde se señalaba que el presidente Kennedy aprobó entre junio y septiembre de ese año más de veinte proyectos de sabotajes, a efectuarse dentro de la Isla por personal norteamericano. En esa fecha, valiéndose de las relaciones circunstanciales establecidas entre el abogado norteamericano James Donovan[19] con el comandante Fidel Castro, intentaron utilizarlo para obsequiarle un traje de buzo impregnado en sustancias tóxicas que le ocasionaran la muerte.

Una de las tareas priorizadas por la CIA, dentro de esa estrategia, consistía en la eliminación física del líder cubano. Entre los planes ideados entonces, uno tuvo como objeto colocar dentro de un caracol marino explosivos activados por control remoto, y el que sería ubicado en una zona de pesca frecuentada por el dirigente cubano, mientras que otro fracasaría al no concretarse el intento de envenenar al primer ministro durante una de sus visitas frecuentes al hotel *Habana Hilton* (hoy *Habana Libre*). En esos mismos meses, aprovechando un acto en la Plaza de la Revolución, un ex-gángster manipulado por la Agencia, planeó también la eliminación del dirigente revolucionario. En ese tiempo, Mike McLaney, un ex-operador de casinos de juego en la Habana prerrevolucionaria, planeó bombardear con aviones con base en Nueva Orleans, la residencia de Fidel Castro en las afueras de la capital.

Sólo en ese año, por auspicio de la CIA o por su inspiración, se fraguó un total de dieciocho complots de atentados contra la vida del Jefe de la Revolución.

LA DOBLE VÍA

La llamada Crisis de los Misiles, en octubre de 1962, fue sin dudas un momento de reflexión para el presidente Kennedy y sus colaboradores, sobre los peligros que aquella confrontación habría podido significar. El exterminio de la humanidad por medio del arma nuclear, donde no resultara ganador ninguno de los dos bandos, fue sin dudas la principal experiencia obtenida. La famosa "paridad nuclear", como reconoció años más tarde Robert McNamara, secretario de Defensa de entonces, no estaba dada en la cantidad de cohetes que cada cual poseía, sino en el simple hecho de que un solo misil fuera disparado.

Probablemente tales razones, unidas al compromiso tácito de no agredir militarmente a Cuba, llevó a los consejeros y al propio presidente a rediseñar su estrategia contra la Revolución Cubana. Había además otros asuntos vitales que preocupaban a los gobernantes norteamericanos.

El programa nacional de "La Nueva Frontera" no contaba con la aceptación de sectores políticos y económicos importantes, fundamentalmente del sur de los Estados Unidos. La integración racial, la ayuda a la educación y la atención médica a los ancianos eran cuestionadas constantemente. Los burócratas, los mafiosos y los representantes de los *trusts*, se habían convertido en enemigos irreconciliables del presidente, en tanto su programa de gobierno afectaba sus intereses. Los propios católicos, encabezados por el cardenal Francis Spellman, amigo personal de Richard Nixon y archirreaccionario director espiritual de la Iglesia, lo criticaban por haberse negado a nombrar un embajador ante El Vaticano y rechazar la idea de una "guerra santa" contra la Unión Soviética.

En 1963, mientras el desempleo de los blancos seguía aumentando, en el de la población negra había disminuido de un 11 por ciento a un 10,9. En las universidades y escuelas preparatorias estudiaban doscientos setenta mil negros, algo imposible de aceptar por la reacción sureña. El

10 de junio, después de que Kennedy pronunciara un discurso importante sobre los derechos civiles, estallaron conflictos raciales en varios estados. El pánico recorrió el sur del país.

Entre 1961 y 1963, el Congreso aprobó por iniciativa de la administración siete leyes contra el crimen, que constituyeron la legislación anticriminal más importante de cuantas se habían promulgado desde 1954. Durante los primeros seis meses de 1961 fueron condenados ciento setenta y un mafiosos contra solamente cuatro sancionados en 1960. Muchas organizaciones ilegales de juego fueron cerradas. Sólo una de ellas, en Detroit, reportaba ingresos anuales por más de veinte millones de dólares. En octubre, el fiscal general, Robert Kennedy, persuadió al mafioso *Joe* Valacchi para que declarara sobre las actividades de la Cosa Nostra y toda la nación pudo conocer por primera vez las actividades criminales de esa organización.

En abril de 1962, durante una conferencia de prensa, Kennedy había declarado: "...al pueblo americano, al igual que a mí, le será difícil aceptar una situación en la cual un pequeñísimo grupo de directivos industriales del acero, cuyos deseos de beneficios y de poder privados exceden su sentido de responsabilidad pública, pueda mostrar un desprecio tan absoluto hacia los intereses de ciento ochenta y cinco millones de americanos".

El Pentágono no era sólo el comprador más importante de armas, sino también el consorcio más grande del mundo. En 1960, sus activos eran de sesenta mil millones de dólares y contaba con la propiedad de treinta y dos millones de acres de tierra en los Estados Unidos y más de dos millones en el extranjero, donde se asentaban sus bases. Las contradicciones entre los militares y su presidente llegaron a un extremo tal que el general Edwin Walker declaró: "debemos echar a los traidores y, si ello no es posible, organizar la resistencia armada para destruir los designios de los usurpadores y contribuir al retorno de un gobierno constitucional". El periódico *The New York Times* escribía: "El Pentágono está teniendo problemas con los derechistas de uniforme. Gran número de oficiales de mediano y alto grado, están adoctrinando a sus hombres y a la población civil cercana a sus bases con teorías semejantes a la de la *John Birch Society.*"

El 30 de marzo de 1963 se decidió cerrar cincuenta y dos instalaciones militares en los Estados Unidos, además de veintiuna bases dislocadas en países extranjeros. Por si todo fuera poco, un acuerdo sobre la prohibición de las pruebas nucleares, fue firmado —a mediados de ese año— con la Unión Soviética.

La "respuesta flexible", teoría militar diseñada para enfrentar las guerras de liberación nacional que estremecían muchos de los países del llamado Tercer Mundo, fue vista por los uniformados y los grandes negociantes de armas, como un signo de debilidad. El conflicto en Viet Nam se intensificó con la participación activa de los Estados Unidos, y encontró en el presidente una actitud cautelosa, quien se negó a aumentar el apoyo norteamericano aconsejado por los jefes militares, que para entonces ya alcanzaba los veinte mil efectivos.

Por otra parte, la política hacia Latinoamérica y su Alianza para el Progreso, la cual, aunque no proyectaba la solución de los agudos problemas sociales y económicos del continente, era cuestionada por las transnacionales más importantes. ¿Qué era eso de hacer reformas agrarias?, se preguntaban muchos de los ejecutivos de éstas, para los que estaba claro que la entrega de la tierra a los campesinos era algo propio de los comunistas.

En fin, el país se estremecía y muchas de sus instituciones resistían los cambios que aquel grupo de políticos y académicos que rodeaban al presidente Kennedy propugnaban, sobre la base de que los Estados Unidos adecuaran sus políticas a los desafíos de las últimas décadas del siglo; apuntalar el poderío norteamericano, debilitado por conceptos ultraconservadores originados con la Guerra Fría. Resultaba una paradoja que la nación que se decía campeona de la democracia y la igualdad no permitiera a los negros estudiar en sus universidades, o que los ancianos no tuvieran aseguramiento médico, o que los embajadores norteamericanos en América Latina u otros confines del Tercer Mundo apoyaran las dictaduras y los golpes de Estado. Probablemente, ésos fueron los orígenes del conflicto entre Kennedy y sus detractores internos, quienes no supieron o no desearon comprender las nuevas estrategias de la administración.

Cuba era un tema importante dentro de la agenda política norteamericana. Lo fue desde el principio. La famosa Doctrina de Seguridad Nacional siempre incluyó a la isla caribeña como parte de sus asuntos internos. Constituía Cuba su frontera. Kennedy probablemente comprendió —en base a las experiencias pasadas— que un enfrentamiento militar, no resolvería el "asunto cubano", tampoco lo haría una campaña de subversión generalizada. Ambos intentos habían fracasado, y fueron causas directas de la Crisis de los Misiles; por tanto, era necesario diseñar una nueva política, una política que al buscar los mismos fines de destruir la Revolución, transitara por caminos diferentes, y sacara a la CIA y a otras agencias del monopolio de la política cubana, para asegurar su dirección al propio presidente. Ése fue el objetivo que comenzó a imple-mentarse en los inicios de 1963.

La administración estudió nuevas formas para tratar con Cuba. Los fracasos de Bahía de Cochinos y Mangosta, con los resultados de la Crisis de los Misiles, la hacían comprender que se andaba por un camino equivocado. No se trataba, como algunos han pretendido, de hacer las paces con el régimen cubano, sino buscar una vía que, al evitar la confrontación militar, posibilitara a mediano plazo disolver la Revolución desde adentro. Nacía así, la denominada estrategia de la "corrosión progresiva", también conocida como "destrucción desde adentro", donde los valores ideológicos, políticos, éticos y morales iban a ser privilegiados con fines subversivos, dentro de un nuevo tipo de guerra, la guerra psicológica.

Las presiones de todo tipo serían incrementadas, combinándolas con otras medidas políticas subversivas entre éstas el bloqueo económico y político que se había establecido un año antes.

Varios programas de acciones subversivas recibieron "luz verde" de la administración. Robert Kennedy dio instrucciones a la CIA de concentrar a los ex-brigadistas que estuvieron presos en Cuba en nuevos campamentos situados en América Central y el Caribe. Se reorganizó los grupos de misiones especiales para sabotajes en la profundidad del territorio nacional y se seleccionó los blancos, que no eran otros que los objetivos fundamentales de la economía cubana. Se trataba, en fin, de arrasar el país, estrangular su economía, aislarlo políticamente, desacreditarlo, para después, cuando el hambre y la destrucción reinaran, proponerle negociaciones, en las que, suponían, Cuba tendría que aceptar las condiciones que se le impusieran. Ésa fue la nueva versión de la archiconocida "estrategia del garrote y la zanahoria".

Un vistazo al informe de la Comisión Church, que en 1975 investigó en nombre del Senado de los Estados Unidos, los intentos de la CIA para asesinar a Fidel Castro, así lo demuestra.

La Operación Mongoose se disolvió inmediatamente después de la crisis cubana de los misiles y se creó un "Comité Cubano de Coordinación", dentro del Departamento de Estado, con la participación de diversas agencias, con la responsabilidad de fomentar proposiciones de acciones clandestinas. Se disolvió el SAG y el Grupo Permanente presidido por McGeorge Bundy, reasumió la responsabilidad de revisar y aprobar las acciones clandestinas contra Cuba.

El Grupo Permanente del Consejo Nacional de Seguridad, sucesor del Comité Ejecutivo, incluía también a Robert Kennedy, John McCone, y Theodore Sorensen.

Los teóricos de la administración insistían en que, si se avanzaba en una dirección inteligente podrían, aprovechando las contradicciones surgidas entre la Unión Soviética y Cuba a causa del final de la Crisis de Octubre, dividir al movimiento revolucionario cubano, y excluir del gobierno a los viejos comunistas, los que, suponían, responderían a la línea conservadora de Moscú. Un segundo paso consistiría en escalar la guerra subversiva, para estrangular económicamente al país y aniquilar su potencial enérgetico.

En la primavera de 1963, Bundy entregó al Grupo Permanente un memorándum titulado "Alternativas sobre Cuba", que analizaba varias direcciones posibles para la política norteamericana hacia la Isla.

Los documentos del Grupo Permanente indican que éste continuaba manteniendo el deseo de hostigar a Cuba, pero admitían que se disponía de pocas medidas prácticas que los Estados Unidos pudieran tomar para lograr el derrocamiento de Fidel Castro.

En el memorándum, de 21 de abril, sobre "Alternativas Cubanas", Bundy identificó tres variantes posibles:

> 1. Imponer en Cuba una solución no comunista por todos los medios que fuesen necesarios;
>
> 2. Insistir en fines mayores pero limitados, y
>
> 3. Avanzar en la dirección de un desarrollo gradual de alguna forma de arreglo con Fidel Castro.

Estas alternativas fueron discutidas en las reuniones del 23 de abril y del 28 de mayo. John McCone propuso en esta última un grupo de medidas para "aumentar las dificultades económicas" en Cuba, que se complementarían con sabotajes para "crear una situación en Cuba en la cual fuese posible subvertir a los dirigentes militares hasta el punto de que actuaran para derrocar a Castro." McNamara expresó, por su parte, que el sabotaje no sería decisivo y sugirió que se estudiase "presiones económicas que alterasen a Castro". Robert Kennedy manifestó: "Estados Unidos debe hacer algo contra Castro, aunque no creemos que nuestras acciones lo derrocarán." Bundy resumió al decir que la tarea era la de decidir ahora qué acciones se podía tomar contra Fidel Castro, y reconocía "que las medidas prácticas a tomar por nosotros no darán el resultado de su derrocamiento".

Después de la aprobación inicial, fueron sometidos operativos específicos de Inteligencia y sabotaje al Grupo Especial para su aprobación posterior. El 3 de octubre, el Grupo Especial aprobó nueve operativos en Cuba, varios de los cuales implicaban el sabotaje. El 24 de octubre, lo fueron trece operativos más, todos éstos de gran envergadura, que incluían la destrucción de una planta eléctrica, una refinería de petróleo y un central azucarero.

En otro memorándum de Bundy, fechado el 7 de abril de 1964, se enumeraba siete aspectos del programa de acción clandestina que se había realizado en el periodo anterior. Éstos fueron:

1. La acumulación de Inteligencia;

2. La propaganda clandestina para estimular formas de resistencia activa y pasiva que entrañaran riesgos pequeños;

3. La cooperación con otras agencias en la negativa económica;

4. Identificar y establecer contactos con los elementos disidentes potenciales dentro de Cuba;

5. El sabotaje económico indirecto;

6. Las acciones de sabotaje dirigidas por la CIA, y

7. Las operaciones autónomas.

En una reunión posterior, el 3 de junio, el Grupo Especial acordó que sería un "esfuerzo útil" explorar "las variadas posibilidades para establecer canales de comunicaciones con Castro".

En el otoño de aquel año, William Atwood, consejero especial de la delegación de los Estados Unidos ante la Organización de Naciones Unidas (ONU), con el rango de embajador, inició esos contactos.

Atwood declaró a la Comisión Church que desde septiembre hasta noviembre de 1963 sostuvo una serie de conversaciones con el embajador cubano ante aquella organización para discutir el comienzo de las negociaciones para un arreglo entre Fidel Castro y los Estados Unidos.

Atwood dijo que al inicio él informó a Robert Kennedy de esas conversaciones y que se le dijo que "valía la pena continuarlas". Atwood manifestó también que había informado regularmente sobre las conversaciones a la Casa Blanca y a Adlai Stevenson, su jefe en la ONU.

Declaró que Bundy le manifestó que el presidente Kennedy estaba en favor de "inclinarse a abrir una brecha con Cuba, sacar a Castro del abrazo soviético y quizás olvidarse de Bahía de Cochinos y hacer volver todo a su estado normal".

Atwood dijo que las únicas personas que conocían acerca de su contacto con los cubanos eran el presidente, el embajador Averell Harriman, el embajador Adlai Stevenson, el procurador general Robert Kennedy, McGeorge Bundy, su asistente y la periodista Lisa Howard. También declaró que él había arreglado las cosas para que el periodista francés Jean Daniel, visitara la Casa Blanca antes de su viaje programado para entrevistarse con Fidel Castro.

El 18 de noviembre de 1963, Atwood habló por teléfono con un miembro del personal de Fidel Castro en Cuba. De acuerdo con las instrucciones de la Casa Blanca, él le informó a su interlocutor que los Estados Unidos favorecían las conversaciones preliminares en la sede de Naciones Unidas en lugar de Cuba, como proponían los cubanos, y que deseaban elaborar una agenda para las conversaciones. Atwood informó de estas conversaciones a Bundy, quien le dijo que después de que se recibiera la agenda cubana, el presidente Kennedy quería conversar con él (Atwood) para "decidir lo que se iba a decir y si se iría o lo que debíamos hacer después". Bundy le dijo a Atwood que el presidente quería verlo "para después de un corto viaje a Dallas" tratar sobre los próximos pasos..."

LAS CONTRADICCIONES ENTRE EL EXILIO Y LA ADMINISTRACIÓN

Las contradicciones entre la administración y la dirigencia del exilio cubano durante el primer trimestre de 1963 se hicieron antagónicas. Por un lado, la primera exigía que se cumpliera la estrategia anticubana diseñada recientemente, y los otros, al percatarse de la pérdida de poder que esto representaba, se resistían violentamente: el conflicto no tardó en detonar.

En esos días, José Miró Cardona, dirigente máximo del CRC, declaraba al regreso de un viaje a Washington: "La política del gobierno norte-americano ha cambiado brusca, violenta e inesperadamente de manera peligrosa, al igual que en aquella triste ocasión de Bahía de Cochinos, sin la menor razonable explicación... frente a esta situación que destruyó en un minuto la paciente labor de los dos años de que he disfrutado la confianza del Consejo, no encuentro otra alternativa que la renuncia..." La dimisión le fue aceptada rápidamente por la administración, que tal parecía que la esperaba.

Y en efecto, así era. Desde los comienzos de aquel año, varios funcion-arios cercanos a Kennedy se habían entrevistado con Manuel Ray Rivero, un ex-ministro desertor del Gobierno Revolucionario, con ropaje de social-demócrata. Le fue orientado reorganizar al exilio y para esto creó la Junta Revolucionaria en el Exilio (JURE), que proyectaba una propuesta seudor-revolucionaria que se fundamentaba en el reconocimiento de los avances socioeconómicos del gobierno de la Isla, pero que criticaba acremente el socialismo y la figura de Fidel Castro.

Mientras, otro personaje del exilio y agente de la CIA, Felipe Vidal Santiago[20] hacia detonar una bomba política en Miami, al denunciar haber conocido de una presunta negociación entre los Kennedy y el gobierno cubano, a espaldas del exilio. Según Vidal, encontrándose en Washington, conoció por medio de Marshall Diggs, un abogado conocido y dueño de un prominente bufete, que el Departamento de Estado se encontraba preparando una reunión con Blas Roca, dirigente cubano, en Berlín Oriental, donde se analizaría alternativas de negociación entre los dos gobiernos.

Esta información, manipulada hábilmente, fue diseminada por todos los confines del exilio, el que rápidamente llegó a la conclusión de que por tercera vez, la administración Kennedy le había virado las espaldas.

En tal escenario, ese mismo mes, el conocido terrorista Orlando Bosch Ávila publicó en Nueva Orleans un panfleto denominado "La tragedia de Cuba", donde acusaba directamente a Kennedy de haber traicionado al exilio y tratar de hacer un pacto con Fidel Castro.

Al unísono y como si se tratara de una obra de teatro, apareció un personaje de origen cubano, Paulino Sierra Martínez, quien decía representar "poderosos intereses del sindicato del juego organizado" (ex-dueños de casinos en La Habana), los que estaban dispuestos a financiar al exilio en una nueva agresión contra Cuba. Al lado de Sierra apareció el veterano ex-presidente cubano Carlos Prío Socarrás y otro terrorista connotado, Felipe Rivero.

La noticia que portaban estos nuevos "heraldos de la libertad" cayó como un regalo de fin de año en los medios exiliados. Pronto se dio a conocer una formación política denominada Junta de Gobierno Cubana en el Exilio (JGCE), con la pretensión de unir al espectro político cubano-americano. Allí se afiliaron desde el MRR, de Manuel Artime, hasta el MIRR de Orlando Bosch. La Junta de Gobierno resultaba ser la respuesta de la CIA y la Mafia al JURE apadrinado por los hermanos Kennedy.

De inmediato la Junta de Gobierno se puso a trabajar y realizó una gira por los Estados Unidos, América Central y el Caribe, para comprobar sus efectivos. La Mafia había dado un anticipo de los cincuenta millones de dólares prometidos a cambio de sus casinos, y era necesario efectuar las primeras reparticiones, además de comprobar si era cierto todo lo que decía cada grupo contrarrevolucionario.

En mayo, según el relato de un operativo de la CIA,[21] aterrizó una avioneta en el islote de Bimini, perteneciente al archipiélago de las Islas Bahamas y muy cerca de La Florida. Era su ultimo viaje y en ése y los anteriores había trasladado a varios personajes conocidos, entre ellos a: Carlos Prío, dirigente de la Junta recién creada; John Rosselli el *capo* mafioso; William Carr, ayudante del coronel J. C. King, jefe de la División del Hemisferio Occidental de la CIA, y Robert Rogers oficial de caso. El objetivo del cónclave era el análisis del caso cubano y las nuevas posiciones de la administración con respecto a éste.

Por otra parte, encontramos una información proveniente de una fuente de Inteligencia, que durante el mismo período habia reportado que "muy cerca de Nassau", capital de Bahamas, se produjo una reunión con la participación de Carlos Prío, la Mafia y la CIA, en la cual se decidió asesinar a Fidel Castro, presionar al máximo al presidente Kennedy para que abandonara su política proyectada hacia Cuba y organizar un incidente, entiéndase provocación, entre los gobiernos de los Estados Unidos y Cuba que le brindara al primero la alternativa de agredir militarmente a la Isla.

En esos meses (mayo-septiembre) informaciones similares fueron reportadas por otras fuentes de Inteligencia radicadas en los Estados Unidos, sólo que de manera dispersa y poco concreta, en alusión a comentarios que llegaban a éstos de manera indirecta y donde se manifestaba la realización de reuniones con propósitos similares. Se enumeraba entre sus participantes a elementos terroristas tales como Frank Sturgis, Howard Hunt, Orlando Piedra, Antonio Cuesta, Eladio del Valle, Joaquín Sanjenís, Luis Posada Carriles, Manuel Artime, Orlando Bosch, Antonio Veciana, los hermanos Novo Sampol y varios más.

Sin embargo, a pesar de los esfuerzos realizados por los oficiales cubanos, nada pudo ser confirmado. Debe tenerse en cuenta que en aquella época, los servicios de Inteligencia cubanos eran muy reducidos y se abastecían de informaciones principalmente por medio de personas, muchas de éstas residentes en los Estados Unidos, que por solidaridad alertaban de los complots que se tramaban contra la joven revolución.

Cuarenta años después, a la luz de los hechos pasados, se evidencia que probablemente en esos meses se comenzó a gestar un complot de dimensiones internacionales que se apoyaba en tres ejes: el asesinato de Fidel Castro; la invasión norteamericana a Cuba, y la eliminación "por todos los medios posibles" de la política recién diseñada por administración de Kennedy hacia Cuba.

Por primera vez, el exilio, la Mafia y la CIA que los dirigía, se decidieron a actuar solos, independientemente de la administración, en pos de objetivos propios.

Se habían preparado para no ser nuevamente traicionados o marginados. Ésa fue la decisión y comenzó a formarse y a tomar cuerpo un engendro compuesto por exiliados cubanos, norteamericanos y elementos del crimen organizado (lo que hoy se denomina comúnmente "la mafia cubana de Miami", que con vida propia planearía sus propias políticas y así lo haría cuando conviniera cambiar legisladores, elegir gobernadores o eliminar presidentes.

La fecha fija de cuándo comenzó el proyecto de asesinato y cómo se fue conformando, no la conocemos; Es probable que se encuentre en algún archivo de la CIA. Posiblemente, se inició como un operativo autónomo de los tantos que se crearon por esos días, pero, según los hechos conocidos y analizados, uno de sus primeros pasos fue el traslado de Lee Oswald a la ciudad de Nueva Orleans, en abril de 1963, donde conformaría su disfraz de "simpatizante de Castro"; después, la referida reunión en Bahamas, donde se acordó el asesinato de Fidel Castro y la organización de una provocación que posibilitara involucrar al gobierno de los Estados Unidos en una agresión directa contra Cuba y probablemente, en los meses siguientes, se sumara el proyecto contra Kennedy.

El "mecanismo" o la hoy conocida mafia cubana de Miami no estaba dispuesta, como lo ha demostrado, a pasar nuevamente por las humillaciones del pasado, cuando tuvo que aceptar la derrota de Playa Girón, el desenlace no militar de la Crisis de Octubre y, sobre todo, el cambio por medicamentos y compotas de la Brigada de Asalto 2506, su ejército derrotado en Bahía de Cochinos, prisionero en Cuba.

AM/LASH

El teatro de las operaciones se encontraba listo, según la apreciación de los estrategas del "mecanismo cubanoamericano de la CIA y la Mafia". Kennedy tendría que abjurar de su política cubana con vistas a su reelección o, en caso contrario, sería barrido por los republicanos, encabezados por el antiguo amigo de los exiliados, Richard Nixon.

Ellos estaban al tanto de la mayoría de los operativos subversivos contra Cuba, bien porque participaban activamente o a causa de los informes oportunos de los oficiales que los atendían.

Ése fue el caso de la Operación AM/LASH, probablemente el complot más elaborado hasta entonces de la CIA contra la Revolución.

Originalmente, se trataba de combinar el asesinato de Fidel Castro con un golpe interno provocado por elementos disidentes dentro del Ejército Rebelde y las filas revolucionarias. Más tarde el complot, con el concurso y la participación de la mafia de Miami, derivó en una serie de planes de asesinatos a dirigentes cubanos, mezclados con una invasión de exiliados que pretendían apoderarse de una porción de territorio cubano, con la supuesta finalidad de instalar un "gobierno provisional" que solicitara ayuda a los Estados Unidos, según el libreto elaborado, para "pacificar" la Isla.

En 1975, el Comité Selecto del Senado que investigó los planes de la CIA para "la eliminación de líderes políticos hostiles a las políticas de los Estados Unidos", puso al descubierto por primera vez, aunque de forma muy limitada, los planes para asesinar al presidente cubano. Precisamente, durante esas sesiones del Comité, fue donde se mencionó por primera vez el caso AM/LASH, sin revelar su identidad, y sin que se diera a la publicidad de forma íntegra el informe que el inspector general de la CIA había presentado acerca de esos proyectos homicidas.

En sus conclusiones, este Comité, conocido también como Comisión

Church señaló: "(...) en 1967, la Agencia Central de Inteligencia había hecho un estudio interno sobre los alegatos de asesinato de Castro, Trujillo y Diem.[22] Este estudio fue muy útil. Desafortunadamente, los documentos relacionados con esa investigación fueron destruidos al terminarse el informe, siguiendo instrucciones de Richard Helms, director de la CIA". Esas notas fueron destruidas por a su carácter delicado y porque la información que contenían, según se argumentó, había sido incorporada ya al informe. Sigue expresando el informe:

> Algunas ambigüedades en la evidencia provienen de la práctica de esconder al mundo las operaciones clandestinas de la CIA y realizarlas en una forma tal que en caso de descubrirse pueda ser plausiblemente negado el papel de Estados Unidos. Una prolongación de la doctrina de la "negación plausible" tuvo como consecuencia que los mensajes entre la Agencia y altos funcionarios de la Administración eran a menudo imprecisos y retorcidos (...)

La Comisión Senatorial calificó la Operación AM/LASH como "verdaderamente diferente" a las conspiraciones conjuntas de la CIA y el hampa. "Esta conspiración se encontraba aún vigente en el momento del magnicidio y podía ser seguida fácilmente por la CIA con la idea de que la muerte de Castro fuera una consecuencia." Sin embargo, la Comisión Senatorial encontró que no había pruebas de que Fidel Castro y otros dirigentes del gobierno cubano conspiraran en el asesinato del presidente Kennedy, en represalia por las actividades de los Estados Unidos contra Cuba.

Años más tarde, el informe del Comité Selecto de la Cámara de Representantes señaló al respecto:

> (...) Sin embargo, la comisión senatorial dejó las puertas abiertas al establecer que la investigación deberá continuar en ciertas esferas, y por esa razón (la Comisión) no adopta ninguna conclusión.

El informe de la Comisión Church fue publicado el 20 de noviembre de 1975 y dos años más tarde, en 1977, en respuesta a su informe, se le asignó a una agrupación especial de fuerzas internas de la CIA la investigación y evaluación de las cuestiones críticas que habían surgido, y estas fuerzas considerarían en primer lugar la tesis de la venganza.

El informe de las Fuerzas Operativas (FO) de la CIA, en 1977, respondió específicamente a la Comisión Senatorial en relación con la Operación AM/LASH, al afirmar:

> Que cualquiera que fuera la relación con AM/LASH, después de la muerte

del Presidente, existen todos los indicios de que durante la vida de Kennedy, AM/LASH no tenía fundamentos para pensar que contaba con el apoyo de la CIA en lo más mínimo. Ya se hubiera tratado de un provocador que informaba a Castro, o si sencillamente de un descuido que dejaba filtrar lo que sabía, no tenía una base objetiva para divulgar o informar sobre ningún plan real de la CIA contra Castro.

El 17 de septiembre de 1976, se le encomendó a un Comité Selecto de la Cámara de Representantes de los Estados Unidos la misión de hallar respuesta a la polémica sobre una conspiración en el asesinato de Kennedy e investigar, entre otras alegaciones, la supuesta complicidad cubana en éste, la cual no había sido definitivamente resuelta por los procesos que le antecedieron.

El Comité, en su informe conclusivo de 1978, al analizar los resultados del trabajo de la Comisión Church, señalaba:

> El Comité reconoció que la revisión de la CIA en 1967 pudo ser correcta pero el informe de 1977[23] no respaldó con pruebas (...) por ejemplo, no proporcionó un resumen detallado de los antecedentes, los oficiales de caso de la CIA, los cubanos, y las personalidades de la Mafia que conspiraban para asesinar a Castro. No hay ningún punto en el informe que trate de las actividades de los conspiradores contrarios a Castro durante el segundo semestre de 1963.

El Comité concluyó que el informe de la Fuerza Operativa de la CIA en 1977 era sólo un intento para rechazar las críticas del Comité Especial del Senado y además consideró que la opinión de Richard Helms en relación con que "la operación AM/LASH no estaba destinada a ser un complot de asesinato", así como otras, eran "caracterizaciones irrelevantes y servían sólo a los intereses de sus autores".

En sus declaraciones, ante el Comité de la Cámara, Joseph Langosch, jefe de Contrainteligencia del personal de Misiones Especiales de la CIA en 1963, recordó que era muy posible que en 1962 la Inteligencia cubana conociera ya de AM/LASH y de su asociación con la CIA. Sin embargo, el Comité concluyó que no pudo determinar si esa posibilidad era una realidad.

El gobierno cubano informó al Comité de la Cámara en ese entonces que había llegado a creer que AM/LASH era en realidad Rolando Cubela a partir de los datos hechos públicos por la Comisión Senatorial, extremo que el Comité no corroboró, y además manifestó desconocer las intenciones de Cubela hasta abril de 1965. Sin embargo, el Comité "no pudo aceptar o rechazar con confianza la afirmación del gobierno cubano

(...) Si el gobierno cubano hubiera declarado que conocía de estos planes, hubiera contribuido a la credibilidad de las teorías del Senado sobre la posible participación de Cuba en el asesinato como un acto de venganza".

Una delegación del Comité de la Cámara que visitó Cuba en 1978 entrevistó a Rolando Cubela, mientras se encontraba en prisión cumpliendo su sentencia, y confirmó las declaraciones del Gobierno Revolucionario referentes a que el propio Cubela no había dado a las autoridades cubanas ninguna información que lo hubiera llevado a pensar que la CIA estaba involucrada en un complot contra la vida de Fidel Castro en 1963. Sin embargo, al considerar el testimonio de Cubela, el Comité tomó en cuenta la posible influencia de su confinamiento.

El Comité concluyó finalmente que el complot AM/LASH debió haberse informado a la Comisión Warren no sólo porque "la posibilidad de que las conspiraciones hubieran podido aumentar la motivación de Castro para conspirar contra la vida del presidente Kennedy (asumiendo que, de hecho, él tenía conocimiento del complot antes del 22 de noviembre de 1963) sino también debido a que el conocimiento de la existencia del complot de AM/LASH pudo haber aumentado el interés de la CIA, el FBI y la Comisión Warren en una investigación más profunda de la conspiración cubana".

En sus conclusiones finales, el Comité señaló que: "no pudo presentar pruebas de que el presidente Kennedy fue asesinado producto de una venganza por las actividades de Estados Unidos contra Castro (...) El Comité determinó, sobre la base de las pruebas de que dispone, que el gobierno cubano no estaba involucrado en el asesinato del presidente Kennedy".

Es obvio que las conclusiones del Comité de la Cámara, último esfuerzo oficial de los Estados Unidos por esclarecer el asesinato, tampoco fueron categóricas en exonerar al gobierno cubano de la conjura, puesto que no apoyó el alegato de éste acerca de su desconocimiento de la actividad conspirativa de Rolando Cubela antes de 1965, ni las propias declaraciones del convicto, que lo corroboraban.

No esclareció el Comité cuál era la misteriosa conexión entre el asesinato del presidente Kennedy y el complot contra la vida de Fidel Castro. Aunque la teoría de la "venganza" fue analizada, no fueron explicadas sus causas, así como las motivaciones verdaderas por las que la CIA o elementos de ésta, retuvieron a Cubela en París hasta el 22 de noviembre, y le entregaran un artefacto diseñado especialmente para asesinar a Fidel Castro, presumiblemente en un acto público, donde el asesino, mezclado con el público, pudiera rozar al dirigente con la aguja envenenada.

Es por esto que nos propusimos investigar este episodio, con el fin de demostrar la validez de las informaciones aportadas por Cuba en 1978, las que de una forma u otra el Comité se abstuvo de avalar. Además, intentaría responder a una serie de interrogantes surgidas alrededor del tratamiento dado por la CIA al caso AM/LASH y que tendían a conformar la idea de que éste pudo haber sido parte del proyecto de inculpación de Cuba en el magnicidio de Dallas.

Algunas de las interrogantes que nos planteamos eran las siguientes:

- ¿Por qué fueron distorsionadas las palabras del presidente cubano Fidel Castro en su conversación ocasional del otoño de 1963, con el corresponsal de la agencia *Associated Press*, Daniel Harker?

- ¿Por qué un periódico local en Nueva Orleans se hizo eco de la noticia de Harker, precisamente una ciudad que sería la sede de los acontecimientos vinculados al presunto asesino de Kennedy?

- ¿Por qué aparecieron otros despachos de prensa con informaciones inciertas que implicaban a Cuba en el crimen?

- ¿Cómo y por qué surgió nuevamente una campaña de prensa en 1967 que sugería la tesis de la implicación cubana con el magnicidio, por venganza?

- ¿Por qué el Richard Helms, director de la CIA, justificó su informe a partir de lo publicado por la prensa en 1967 y ordenó destruir todos los documentos que fueron utilizados para elaborarlo, entre otros, el caso AM/LASH?

- ¿Por qué la CIA le pide a AM/LASH-Cubela que permanezca en París hasta el propio día del asesinato del presidente Kennedy y aun después de éste?

- ¿Por qué la CIA le ofrece a AM/LASH un avanzado dispositivo para dar muerte al presidente cubano, sin que se hubiera hecho una solicitud sobre semejante artefacto por parte de Cubela?

- ¿Por qué Rolando Cubela aparecía en una lista de personas en contacto con oficiales de Inteligencia de la Embajada soviética en México, proporcionada por la Estación de la CIA en esa ciudad, si esto era absolutamente falso?

- ¿Cuál era la conexión entre el asesinato de Kennedy y el de Fidel Castro, que tendría que ocurrir necesariamente después de la ejecución del primero? ¿Había otros planes?

Para hallar respuesta a estas interrogantes se consultó toda la documentación y las fuentes a las que tuvimos acceso, que abarcó el período 1959-1963. La información resultante fue comparada con el informe del inspector general de la CIA, lo que permitió corroborar extremos del caso, hallar imprecisiones y desinformaciones intencionadas contenidas en este último documento.

Rolando Cubela Secades fue juzgado y sancionado en la Causa No. 108 del año 1966 por el delito de atentar contra los poderes del Estado. Junto con él fueron juzgados sus cómplices más cercanos: Ramón Guín Díaz, ex-comandante del Ejército Rebelde; José Luis González Gallarreta, Alberto Blanco Romariz, Juan Hilario Alsina Navarro, Guillermo Cunill Álvarez y Ángel Herrero Véliz. El 11 de marzo del propio año fue dictada la sentencia. Cubela y Guín fueron sancionados a veinticinco años de privación de libertad; Gallarreta y Blanco a veinte años y Alsina a diez años. Cunill y Herrero fueron absueltos.

Dos días antes de que se dictara sentencia, el primer ministro del Gobierno Revolucionario, Fidel Castro Ruz, había enviado una carta al Tribunal, en la que sugería no se solicitara la pena capital para ninguno de los acusados. Las conclusiones del Tribunal tuvieron en cuenta su recomendación.

¿QUIÉN ERA ROLANDO CUBELA SECADES?

Rolando Cubela Secades nació en la ciudad de Placetas, en 1932, y luego fue a residir a la ciudad de Cárdenas, provincia de Matanzas, donde realizó sus estudios hasta el bachillerato. Posteriormente, ingresó en la Universidad de La Habana donde participó activamente en la lucha contra la tiranía de Batista. Llegó a ocupar el cargo de jefe militar del Directorio Revolucionario Estudiantil Universitario y fue detenido en varias ocasiones por tales actividades.

A fines de 1956, después de participar en el ajusticiamiento del coronel Antonio Blanco Rico, jefe de la Inteligencia Militar (SIM) de la tiranía de Batista, emigró hacia Miami.

A principios de 1958, regresó a Cuba en una expedición del Directorio Revolucionario Estudiantil (DRE) y se alzó en armas, en la zona montañosa de El Escambray, entonces provincia de Las Villas. Allí formó parte de una guerrilla que combatió a la tiranía de Fulgencio Batista, hasta el triunfo revolucionario del primero de enero de 1959. Por sus acciones y méritos fue ascendido al grado militar de comandante del Ejército Rebelde.

Durante los primeros meses de 1959, ocupó el cargo de vicesecretario de Gobernación, además de ser el vicesecretario general del Directorio Revolucionario 13 de Marzo. En septiembre de 1959, Cubela renunció al cargo en Gobernación y a fines del mes siguiente fue elegido presidente de la Federación Estudiantil Universitaria (FEU) de Cuba.

Desde los primeros meses de 1959, Cubela comenzó a llevar una vida licenciosa y se dedicó a compartir con un grupo de amistades selectas, muchas de las cuales eran vínculos anteriores a enero de 1959. Abusaba de las bebidas alcohólicas y frecuentaba asiduamente *night clubs* y cabarets, lugares éstos en donde estuvo envuelto en diversas alteraciones del orden público.

Su conducta desajustada no sólo se puso de manifiesto en Cuba sino durante sus viajes frecuentes al exterior, en razón de los cargos ocupados.

Cubela era una persona voluble, inestable y ambiciosa, con un falso concepto arraigado de la amistad que no le permitía apreciar los defectos de quienes lo rodeaban y alentaban en sus concepciones, en particular de algunos de sus antiguos amigos del Partido Auténtico,[24] que prácticamente combatieron a la Revolución desde sus inicios. Era también inestable en sus ideas políticas, las que sostenía contradictoriamente según su estado anímico del momento.

Tanto esa conducta como las características de su personalidad fueron conocidas entonces por los incipientes órganos de Seguridad cubanos, los que en esos primeros años, tomando en cuenta su trayectoria revolucionaria, no las valoraron como un peligro para la estabilidad del país; de ahí, que haya podido actuar con una impunidad relativa durante varios años y que cuando fuera juzgado, en 1966, esto se hiciera con las pruebas obtenidas mediante la investigación iniciada en abril de 1965. Este proceso no logró reunir evidencias como para sospechar entonces que el inicio de su actividad conspirativa se extendiera a los primeros años del triunfo revolucionario. Cubela y sus asociados comprendieron esa limitación y sólo reconocieron lo que se hizo irrefutable a partir de 1964.

La extensión de sus actividades en el período 1959-1963 sólo fue posible comenzar a conformarla cuando, en 1975, el Comité del Senado de los Estados Unidos (Comisión Church), que investigó la actividad de las agencias de Inteligencia de ese país, reveló una serie de evidencias con respecto a los operativos destinados al asesinato de líderes extranjeros. Es allí donde por primera vez se habló del proyecto AM/LASH, como parte de los esfuerzos letales contra el máximo líder cubano, Fidel Castro.

Análisis realizados entonces permitieron suponer, y más tarde comprobar, que el nombre código AM/LASH correspondía al operativo que en torno a Rolando Cubela Secades se había organizado. Esto posibilitó iniciar un proceso investigativo más abarcador que incluyó, entre otras medidas, una serie de entrevistas voluntarias con él y la búsqueda de todas las informaciones fragmentadas disponibles en fuentes diversas y que estuvieran vinculadas directa o indirectamente con los sancionados. Esto permitió corroborar la extensión de sus actividades a ese período, y obtener gran cantidad de evidencias para lograr completar la verdadera historia del caso.

Un análisis que realizamos el 16 de julio de 1976 define los aspectos coincidentes entre lo publicado sobre AM/LASH por la Comisión Church y el caso de Rolando Cubela Secades:

> 1. En ambos casos se trata de un funcionario de alta jerarquía que disfrutaba, en 1961, de la confianza y el acceso al presidente Fidel Castro.
>
> 2. También, el deseo de quedarse a vivir en el exterior.
>
> 3. En ambos casos coinciden las fechas de estancias en el exterior, y particularmente en Francia a fines de 1963.
>
> 4. En el período de fines de 1963 a principios de 1964 no se efectuaron contactos entre la CIA y AM/LASH y coincidentemente Cubela estuvo en Cuba.
>
> 5. En ambos casos se reanuda el contacto con la CIA a fines de 1964.
>
> 6. En ambos casos coincide que la CIA lo pone en contacto con un tercero para encubrir la participación de los Estados Unidos en el operativo.
>
> 7. Tanto el agente AM/LASH como Rolando Cubela presentan un carácter o temperamento inestable, con variaciones constantes en sus decisiones.

También fue revisada la primera declaración oficial de Rolando Cubela Secades ante las autoridades cubanas en marzo de 1966, donde indica su primer vínculo con la CIA en 1964. Otras declaraciones realizadas durante ese proceso, demuestran lo mismo.

Al revisar la documentación contenida en la instrucción judicial del caso, se halló la información original que dio origen a la investigación por parte de las autoridades cubanas, que expresaba lo siguiente:

> El 9 de abril de 1965, el oficial de la Inteligencia cubana "Benito,"[25] elaboró un informe, donde señalaba que una de sus fuentes, residente en París, le había informando: que Rolando Cubela se encontraba trabajando contra Cuba (...) que su fuente no había informado anteriormente del asunto por no tener los elementos de juicio necesarios, pero que desde hacia tiempo sospechaba de Cubela (...) Que éste no se había franqueado, pero eran muchos los elementos que estaban en su poder. Que durante su estancia en ese país, hacía ver ante los ojos de los demás que no tenía un centavo, lo cual era incierto ya que viajaba continuamente y gastaba mucho en juergas y cabarets (...) bebía mucho y cuando lo hacía, se manifestaba en terminos violentos contra Fidel (...) Viajó en dos ocasiones a Ginebra, algunas veces inmediatamente después de llamadas que recibía de Jorge Robreño, un contrarrevolucionario cubano residente en España. Que también había llamado en varias ocasiones a Carlos

> Tepedino, un agente de la CIA que vive en Estados Unidos y que tenía negocios de joyería en Nueva York (...) Que Cubela le insinuó en varias ocasiones que estaba en gran tensión y que muchos amigos estaban jugándose la vida pero no llegaba a decirle de qué se trataba. Que además mostraba algunas conductas de que se estaba cuidando (...) La fuente también dijo conocer que la periodista norteamericana Nancy Byrne tenía gran intimidad con Cubela y estaba asociada a sus actividades sospechosas, así como otro sujeto conocido residente en la ciudad de Miami, conocido por "Musculito".

"Benito" valoraba que su fuente podía tener varios motivos para informar sobre aquellos hechos, que a su juicio conocía de antes, y pensaba sobre la posibilidad de que hubiera razones personales, además del deseo de alertar a Cuba sobre un complot en su contra.Esta información cotejada con otras, relativas a su conducta díscola y de manifestaciones esporádicas contrarias a la Revolución, sirvieron de fundamento para investigar a Cubela y esclarecer lo que de sustantivo había en todo lo conocido.

El operativo, que incluyó acciones diversas y el trabajo con agentes tanto en Cuba como en el exterior, por espacio de casi un año, condujo finalmente a la comprobación de la información originaria relativa al complot de asesinato y a la detención y el procesamiento de los complotados.

Todo lo que pudo ser determinado sobre la información antes aludida fue hecho público en el juicio seguido contra los inculpados mediante diversos órganos de prensa cubanos y extranjeros, por lo que, a los efectos del relato, no es necesario reiterarlo. Años más tarde, en 1976, después de las revelaciones de la Comisión Church, que calificaban a Cubela como el agente AM/LASH, nos dimos a la tarea de reconstruir la historia verdadera en la que, por cierto, contamos con la información brindada por el propio Cubela, que aún se encontraba cumpliendo su sanción y que saldría en libertad dos años después.

El primer elemento que obtuvimos provino del norteamericano, agente de la CIA, John Maples Spiritto, capturado por las fuerzas de Seguridad cubanas en 1961 y quien se encontraba también en prisión. Éste aseveró que en 1958 la Agencia lo involucró en un proyecto que incluía alzarse en armas con un grupo de disidentes de la dictadura de Batista que accionaba en las serranias de El Escambray, en el centro montañoso del país. Recordó que una de las tareas que cumplió fue el estudio y la caracterización de varios dirigentes de ese grupo, denominado Segundo Frente Nacional del Escambray y de la guerrilla de Cubela, que también actuaba en el mismo territorio.

También supimos que, en 1953, Cubela había conocido a un próspero comerciante, Carlos Tepedino, de origen italiano, dueño de una joyería. Por esa época, Tepedino se relacionaba con grupos contrarios a la dictadura, los que utilizaban el local de su joyería para reunirse y planear sus actividades.

En 1956, tras el atentado al jefe de la Inteligencia Militar, coronel Antonio Blanco Rico, Cubela fue a residir a Miami y se hospedó en el hotel *Trade Winds*, propiedad de José Alemán Gutiérrez,[26] al cual lo unia una antigua amistad.

En el *Trade Winds*, Cubela hizo contactos con antiguos conocidos de Cuba, entre ellos, Eugenio Martínez, alias "Musculito"; Víctor Espinosa y Alberto Blanco Romariz, quienes más tarde serían reclutados por la CIA.

En 1959, a su regreso a La Habana, tras la etapa guerrillera, Cubela se relacionó nuevamente con Tepedino. Para entonces, éste tenía su joyería situada en el hotel *Habana Hilton*, de la capital, y era amigo de Santo Traficante, *Jr.*, quien en ese entonces mantenía oficinas frente a su negocio, en el citado hotel. Allí Cubela conoció a Abelardo Martínez, abogado y esgrimista que asistía regularmente al baño-sauna de la instalación.

Ese mismo año, Cubela volvió a ver a José Alemán en La Habana, antes de que éste se marchara definitivamente hacia los Estados Unidos. Fue un año difícil, reconocería años más tarde, pues se sentía preterido, al no ocupar un cargo de relevancia en el gobierno, como suponía merecer. Por esa época, ya había expresado a varias de sus amistades su disgusto con la Revolución y las medidas que se tomaba.

En la primera mitad de 1959, Cubela fue nombrado vicesecretario del Ministerio de Gobernación, después de declinar una posible designación como agregado militar en una embajada en un país de Europa Occidental.

El 9 de junio de 1959, como parte de la ofensiva revolucionaria contra los vicios y las lacras del pasado, Santo Trafficante, *Jr.*, fue detenido y, según algunas fuentes, varios de sus amigos intercedieron por su persona ante las autoridades de Inmigración, entre ellos Cubela, con el fin de que se le otorgara un permiso especial, para que el hampón participara en la boda de una de sus hijas. Dos meses más tarde, el 18 de agosto, Trafficante fue liberado condicionalmente, hasta su expulsión definitiva del país, en los comienzos del año siguiente.

En agosto de 1960, en ocasión de un viaje en razón de sus actividades al frente de la organización estudiantil, Cubela se encontró con

CarlosTepedino en Suiza e Italia. La cita había sido concertada desde Cuba. En Roma, Tepedino lo invitó sorpresivamente a almorzar con un antiguo conocido de ambos, Abelardo Martínez, quien ya por entonces era agente de la CIA. Según el propio Cubela, Martínez trató de influenciarlo en contra de la Revolución, en el contexto de una conversación "política y amistosa" sin que se llegara a acuerdos, según afirmaría más tarde. A principios de 1961, Cubela volvió a encontrarse con Carlos Tepedino, en México, cuando asistía como invitado a un congreso en representación del estudiantado cubano. Cubela llamó por teléfono a Tepedino a Nueva York, para comunicarle su llegada a la capital mexicana. El italiano viajó inmediatamente allí para encontrarlo y plantearle que había una persona que deseaba conversar con él, "para informarle de una serie de cosas que estaban sucediendo en Cuba".

El encuentro tuvo lugar en un restaurante en Ciudad México; el sujeto le fue presentado a Cubela por Tepedino como miembro de una "institución regional encargada de analizar la influencia comunista en el área". Esa persona fue descrita por Cubela como un hombre alto, de tipo anglosajón, de más de cuarenta años, esbelto, con un poco de entradas, dientes grandes, ojeras, de buenas maneras, bien vestido, muy sociable y que hablaba perfectamente el español.

La plática durante el almuerzo versó sobre la infiltración comunista en Cuba y Cubela se percató de que lo trataban de reclutar pero -según expresó- no se llegó a plantear de manera abierta y, de hecho, afirmó, no se materializó. Cubela declaró, en 1976, que aunque ese individuo no le fue presentado como un funcionario de la CIA, por la forma en que le había hablado, era muy posible que lo fuera.

El informe del inspector general de la CIA, ya aludido, relata que una persona, que no identifica, había ofrecido sus servicios al FBI para colaborar en la deserción de Cubela. Esa misma persona informó al Buró del encuentro con Cubela, en marzo de 1961, con otra persona que no identifican, en Ciudad México. El FBI le dijo a la persona que se había propuesto para colaborar en la deserción de Cubela, que su solicitud sería trasladada a la CIA e informó a su representante en París. Otro memorándum revelado en el informe del inspector general de la CIA, dice:

> Oficial CIA contacta con Cubela (oficial del Centro Legal de la CIA en Ciudad México) para conocer criterio sobre la revolución cubana. Cubela había asistido a la Conferencia Latinoamericana sobre la Soberanía Nacional, la Emancipación

y la Paz, auspiciada por fuerzas de izquierda, que se celebró en Ciudad México del 5 al 8 de marzo. El contacto fue preparado por AM/WHIP, un viejo amigo de Cubela. Cubela conocía casualmente a (CENSURADO)[27] de La Habana, en donde (CENSURADO) había estado asignado, y en donde se había planificado un contacto similar que no se había logrado llevar a cabo.

Probablemente, la persona que se brindó a colaborar para lograr la deserción o el reclutamiento de Cubela para otros fines podría haber sido Carlos Tepedino, quien ya había sido reclutado por la CIA y cuyo nombre clave todo hace indicar que era AM/WHIP, en tanto, según el relato de Cubela a las autoridades cubanas en 1976, Tepedino fue la persona que lo esperó en México y quien le presentó al especialista en asuntos "comunistas", quien él presumió era de la CIA.

Si bien la declaración de Cubela y la información revelada por la CIA coinciden en señalar que el contacto de marzo de 1961 no produjo resultados concretos, algunos acontecimientos posteriores hacen dudar de tal afirmación, en tanto se ha encontrado evidencias sobre la participación de aquel, en un complot organizado por la CIA y la Mafia para asesinar a Fidel Castro en vísperas de la invasión por Bahía de Cochinos.

A los pocos días de su regreso de México, Cubela estuvo visitando y pernoctando con asiduidad una casa de botes situada en la localidad de Casablanca, sobre la bahía habanera. Esta información se encontró dentro de un cúmulo de otras, referidas a una conspiración de marineros que habían pertenecido a la institución en los años de la tiranía. En éstas se puntualizaba la reparación y puesta en marcha -durante esos días- de una embarcación de gasolina y el trasiego de varias armas que eran guardadas allí, además de la realización de llamadas telefónicas constantes a distintas provincias del país.

Otro elemento lo brindó Margarito Espinosa, un sujeto que se encontraba prófugo de la justicia revolucionaria, quien manifestó a una fuente, el 28 de marzo de 1961, que Cubela era uno de los elementos con que contaba la contrarrevolución para encabezar su movimiento en vísperas del ataque por Bahía de Cochinos.

Por su parte, la propia CIA, en el informe antes aludido, ofrece un motivo que podría explicar los preparativos de Cubela para una evasión del país por vía marítima.

El memorándum revelado expresaba: "28 de marzo de 1961. Una fuente de la Estación de Miami informó que Rolando Cubela y Juan Orta deseaban desertar y necesitaban ayuda para huir". El memorándum continuaba exponiendo: "El centro principal expresó su interés en exfiltrar a Orta y Cubela. El intento de exfiltración fue suspendido a consecuencia de un informe que expresaba que la policía cubana conocía del deseo de Cubela de desertar y sus planes de salida."

Esta información corrobora las intenciones de deserción de Cubela pero a su vez introduce un nuevo elemento, al relacionarlo con Juan Orta Córdova, por entonces secretario de las Oficinas del Primer Ministro, y de quien años más tarde se conocería que estuvo involucrado en un esfuerzo conjunto con la Mafia para envenenar al dirigente cubano.

El comentario del inspector general de la CIA sobre el memorándum de 28 de marzo de 1961 expresa: "Éste es uno de los tres hombres (refiriéndose a Juan Orta) que hemos encontrado en el expediente de AM/LASH que vinculan a Rolando Cubela con personas implicadas en los hechos del Sindicato del Juego. Los otros dos vínculos son inclusive más dudosos que éste."

El 8 de septiembre de 1961, Cubela viajó rumbo a París, lugar donde permanecería por espacio de una semana.

Un memorándum, de 14 de agosto del propio año, según el informe del inspector general de la CIA, señalaba que la Agencia recibió la información de que Cubela proyectaba asistir al Festival Central de la Unión Nacional Estudiantil Francesa y que había enviado un mensaje a una persona en el que pedía hablar con un amigo de alguien no especificado en París. El mensaje fue transmitido por una aeromoza y la CIA autorizó a una persona, de la cual no menciona su nombre, a encontrarse con Cubela, pero, según dice el informe, no aparece expresado en el expediente si el contacto se materializó.

Es probable que fuera nuevamente Carlos Tepedino a quien la CIA autorizara a entrevistar a Cubela. Nada conocimos de lo tratado allí, aunque Cubela insistió, en sus declaraciones de 1976, en que nada se concretó y que sólo se dedicaron a conversar sobre "los peligros comunistas".

A principios de 1962, Cubela viajó, junto con un grupo de veinte hombres uniformados, a una zona montañosa de El Escambray, en la antigua provincia de Las Villas. Permaneció en casa de un campesino durante dos o tres días, hasta que regresó a La Habana, pero sin los hombres que lo acompañaban, a los que dejó en el lugar. En esa zona, en varias ocasiones habían sido sorprendidos accionando grupos de bandidos contrarrevolucionarios, que cometían todo tipo de abusos y desmanes contra la población campesina. La comitiva permaneció en el lugar durante unos veinte días, sin contratiempos. No fue ésa la única ocasión en que Cubela iría a esa zona, antiguo teatro de acciones cuando él se encontraba en la guerrilla, y donde disfrutaba de la confianza y el apoyo de algunos campesinos.

Tal vez los propósitos de esos viajes formaban parte de los preparativos de alzamiento, como alternativa al atentado que ya entonces se fraguaba contra la vida del presidente Fidel Castro.

Un memorándum incluido en el informe ya citado señala que, para mediados de junio de 1962, la estación JM/WAVE [28] conoció que Cubela salió de Cuba con destino a Helsinki para asistir al Festival Mundial de la Juventud y los Estudiantes. Los padres de una persona no identificada, a los que Cubela despidió en La Habana el 9 de junio, expresaron a otra persona que Cubela deseaba desertar y que al regreso de Helsinki viajaría a París donde esperaba encontrar a un viejo amigo.

Otro memorándum, de 27 de junio de 1962, refiere que el FBI trasladó a la CIA un informe sobre el contacto con un informante del FBI en Miami el 11 de junio. El informante comunicó el viaje de Cubela a Helsinki y el deseo de éste de desertar. El Buró hizo un memorándum detallado al trasladar la información a la CIA. Allí se identificó a su fuente como un antiguo contacto de la CIA que había ofrecido sus servicios al FBI para colaborar en la deserción de Cubela. El FBI dijo que se le había manifestado a esa fuente que su propuesta "sería trasladada a la agencia correspondiente de los Estados Unidos..."

De nuevo es probable que la persona que Cubela deseaba contactar en París, era su amigo Carlos Tepedino. Así lo confirma otro memorándum de 8 de julio de 1962, contenido en el informe del inspector general de la CIA, donde se señalaba que AM/WHIP manifestó: "que se acercó al FBI en Miami disgustado por la forma en que la CIA manejó la 'deserción planificada' de Cubela en París en agosto de 1961". Por otra parte, el informe aludido expone que, el 13 y 14 de julio de 1962 una persona del centro principal se reunió con otra en la ciudad de Nueva York. La persona del centro principal estuvo de acuerdo en contactar a la otra en Helsinki, y viajar a otro lugar si fuera necesario para ayudar en el intento de deserción de Cubela. A la persona de Nueva York se le define como un exitoso exiliado cubano que rechazó la oferta de pagarle sus gastos totales, aceptando sólo el reembolso del pasaje en avión y los gastos de hotel.

¿Quién, si no Tepedino, era para ese entonces un "exitoso hombre de negocios"?

El 30 de julio de 1962, prosigue el informe, el oficial de la CIA del Centro Principal y alguien no identificado —que suponemos haya sido Tepedino— se encuentran en Helsinki y allí se produce el primer contacto con Cubela entre el primero y el 6 de agosto. El oficial de la CIA decidió modificar la deserción por su reclutamiento en el lugar del contacto. Según un informe del oficial de la CIA a su Centro Principal, Cubela había estado de acuerdo en regresar a Cuba para llevar a cabo la lucha allí. Dijo que:

> No estaba dispuesto a arriesgar su vida por una empresa insignificante, si le daban un papel importante, él y otros en Cuba en quienes él confiaba participarían. Que Cubela había expresado sus planes de volar una refinería de petróleo, planear la ejecución de Carlos Rafael Rodríguez,[29] el embajador soviético y a Fidel si fuera necesario. El reclutador no hizo compromisos ni planes.

No parece probable la afirmación que se expone en el informe de que ésa fuera la fecha del reclutamiento de Cubela, y mucho menos de que su reclutador no haya hecho compromisos ni planes. ¿Para qué, entonces, desestimuló a Cubela a desertar y regresar a Cuba? Allí, probablemente, se acordó acciones de diversa índole, pero que como parte de la práctica de la "negación plausible", la CIA los achacó a la iniciativa de Cubela. Otras informaciones reveladas en su informe por el inspector general corroboran que sí se hizo compromisos y planes con el reclutado.

Entre el 8 y el 9 de agosto de 1962 se produjeron otros contactos con Cubela en Estocolmo y Copenhague. Probablemente Tepedino haya estado presente en las discusiones que se sostuvieron con Cubela en cuanto al plan de atentar contra la vida de Fidel Castro. La información revelada sobre esos encuentros por el inspector general señala que "en un momento se empleó la palabra asesinar y después supieron que Cubela objetaba esta palabra y se le veía visiblemente afectado. No se opone al acto sino a la selección de la palabra usada. Para discutirlo dijo 'eliminar' era aceptable".

Entre el 14 y el 23 de agosto de 1962 Cubela estuvo en París y allí un oficial de la CIA de habla hispana lo entrenó en el uso de la escritura secreta mediante el correo y se le hizo entrega de los medios para establecer ese tipo de comunicación.

El informe ya citado recoge el contenido de una comunicación enviada al Centro Principal de la CIA, los días 17 y 18 de agosto de 1962, en la que se dice que un oficial no identificado informó: "no tengo la intención de dar a Cubela la misión de la eliminación física, pero reconozco que es algo que él pudiera estar en condiciones de realizar por iniciativa propia".

Cubela permaneció en París hasta el 29 de agosto de 1962, en que regresó a La Habana. Unos días antes de su regreso, el 20 de ese mes, el informe del inspector general lo situaba en las afueras de la ciudad en prácticas de demolición. También decía que le intentaron aplicar el polígrafo pero que Cubela se negó.

Como se observará, en los acontecimientos reproducidos con antelación al intercambio de mensajes entre el oficial de la CIA no identificado y su jefatura, se evidencia que sí se analizó la idea de la eliminación física del presidente cubano y además que a Cubela se le entrenó en demolición, es decir, en el uso de explosivos, por lo que estos medios pudieron estar asociados a la variante elegida entonces para llevar a cabo el plan.

Ya en Cuba, durante los meses de septiembre y octubre del propio año, Cubela incursionó en la zona de Dos Arroyos, en El Escambray, y más tarde fue a la ciudad de Placetas, ubicadas ambas en la central provincia de Las Villas. Allí se reunió con los mismos campesinos con quienes se había encontrado a principios de año, y dio así probablemente continuidad a los preparativos que venía realizando.

Durante el mes de octubre tuvo lugar la Crisis de los Misiles y Cubela se encontraba pasando el Curso Básico de Oficiales de las Fuerzas Armadas. Al concluir éste, se le propuso el cargo de Jefe de Información de un Ejército, pero no lo aceptó. Poco tiempo después, causó baja de las Fuerzas Armadas.

En sus declaraciones a las autoridades cubanas acerca de esa época, manifestó: "La inestabilidad vuelve a estar presente en mi actitud y trato de buscar refugio saliendo en viaje para el exterior, como en otras ocasiones anteriores había hecho. En esta oportunidad la intención que tenía era más definitiva pues pensaba quedarme en Francia."

En 1963, trabajó como médico en el hospital Comandante Manuel Fajardo, de la capital habanera.

Cubela partió hacia Brasil el 27 de agosto de 1963, invitado a los Juegos Escolares de Porto Alegre. Al llegar —según sus propias declaraciones— solicitó un visado para Francia y obtuvo dinero para el pasaje mediante un venezolano conocido, a quien le prometió que después se lo pagaría en Cuba. Añadió que desde Brasil llamó a un empleado cubano, perteneciente a nuestra Embajada en Francia, nombrado Luis Enrique Trasancos, para que le buscara una habitación donde quedarse y que también habló con Carlos Tepedino en Nueva York, a quien le había expresado su intención de quedarse en Francia.

Una información contenida en el informe del inspector general, fechada entre el 5 y el 8 de septiembre de 1963, dice que Cubela se entrevistó en Brasil con dos personas y un oficial de habla hispana procedente del Centro Principal, quien actuó posteriormente como oficial de caso de Cubela. La misma información del inspector general dice en una de sus partes ...

> Que Cubela analizó en el encuentro con el oficial de habla hispana, acerca de un grupo de oficiales que eran conocidos por él, y posibles vías de acercamiento. El problema era, explicaba él, que aunque muchos de ellos eran anticomunistas, eran leales a Fidel o le tenían tanto miedo que no estaban dispuestos a discutir cualquier conspiración por temor a que pudiera tratarse de provocaciones. Cubela expresó que tenía una elevada opinión de AM/TRUNK que estaba ocultando a una persona de la cual no se da su nombre. Que otra persona que no se menciona había sido enviada a Cuba a reclutar a otra de la cual tampoco se menciona su nombre en el lugar de la entrevista, y lo había logrado. Cubela dijo que pensó utilizar a alguien que no se menciona pero estaba preocupado por su estado psíquico y por el hecho de que hablaba en exceso. Que se le pidió a Cubela que ayudara a alguien que no se menciona, en tareas de inteligencia, pero no ayudar a otro, que tampoco se menciona, a abandonar Cuba, como propuso Cubela.

Concluimos que AM/TRUNK era el operativo de Inteligencia dirigido a reclutar oficiales cubanos y que Ramón Guín Díaz, uno de sus objetivos, estaba ocultando a Manuel Díaz Isalgué, quien había sido enviado a Cuba a reclutarlo y lo había logrado. Cubela pensó en utilizar a Guín. Su oficial le orientó ayudarlo en sus tareas de Inteligencia pero que no ayudara a Isalgué a abandonar Cuba. Así pudiera quedar armado el rompecabezas.

Cubela fue también contactado por la CIA en septiembre. Sin embargo, en el análisis de sus declaraciones a las autoridades cubanas y lo expuesto en el informe del inspector general hay una contradicción crucial. Cubela afirmó que sólo se entrevistó con oficiales de la CIA en París, mientras que el informe del inspector general plantea que esa primera reunión fue en Brasil.

Según la reconstrucción de los viajes de Cubela al exterior, el 13 de septiembre de 1963 salió de Brasil hacia París. En el informe del inspector general consta su llegada a esa ciudad al día siguiente y significa que "estaba allí aparentemente para asistir a la Alianza Francesa, pero que en realidad iba a coger unas vacaciones prolongadas, de las que informaría al presidente cubano a su regreso".

El informe del inspector general revela además que el 16 de septiembre

Cubela le escribió a AM/WHIP en Nueva York lo siguiente: "No tengo la intención de ver (o ser entrevistado) por tu amigo nuevamente, lo que deberías informárselo a ellos, de manera que no hagan el viaje. Deseo distanciarme de la política completamente..."

Por supuesto, la información revelada por el inspector general censura la identidad del destinatario de la carta, aunque para nosotros no pudo ser otro que el mencionado Tepedino.

El deseo manifiesto de Cubela de no volver a entrevistarse con la CIA demuestra que en Brasil o se negó a continuar colaborando, o en realidad aquella reunión no tuvo lugar, lo que significaría que los contactos que el inspector general menciona no se corresponden con lo que sucedió realmente y que la referencia en el informe, busca una finalidad determinada, probablemente justificar las preocupaciones de la Contrainteligencia de la CIA relativas al supuesto carácter de agente doble de Cubela.

Según las declaraciones de este último, al llegar a París, el 14 de septiembre de 1963, contactó con Tepedino y le reiteró su idea de quedarse en Francia. Por indicaciones de la CIA, éste lo convenció de que hablara "con un segundo oficial CIA de habla hispana", porque si en definitiva quería entrar después a los Estados Unidos, esa gente lo podría ayudar. Cubela aceptó y la entrevista se realizó en un apartamento situado en la zona céntrica de París.

El oficial de habla hispana que lo contactó pudo ser identificado como David Sánchez Morales por medio de una foto suya de que disponíamos y en condiciones realmente casuales. En 1978, en ocasión de celebrarse en Cuba el XI Festival Mundial de las Juventudes y los Estudiantes, Cubela se brindó a realizar un explicación pública de las actividades de la CIA contra la Revolución y en esa oportunidad tuvo acceso a un tabloide que habíamos preparado, en el que se denunciaba actividades pasadas de la Agencia y donde aparecían las fotos de todos los diplomáticos-espías, que actuaban en La Habana en 1960, entre las cuales se encontraba la de Morales, que Cubela identificó plenamente.

Aquello era realmente algo muy extraño, pues Morales, en aquel entonces, aparentemente, nada tenía que ver con ese caso y, según nuestras informaciones, en ese tiempo, se encontraba involucrado en un complot, que desde Miami y conjuntamente con el mafioso John Rosselli, proyectaba asesinar a Fidel Castro.

La vinculación de Morales al caso AM/LASH introduce un elemento novedoso que induce a pensar en una manipulación probable por éste del caso, al margen del plan elaborado por el Centro Principal. Es necesario recordar las contradicciones que había entre la Contra-inteligencia de la CIA y la Sección de Asuntos Especiales (SAS), que era la que llevaba adelante el operativo AM/LASH. Si los primeros sospechaban que Cubela era un agente doble, sería posible que otros agentes, como en el caso de Morales, que nada tenía que hacer allí, intentaran utilizar a Cubela en beneficio de sus propios proyectos.

En aquella entrevista Cubela insistía, según sus declaraciones, "en que la única forma que él veía de solucionar el problema cubano era eliminando a Fidel. Que con su eliminación se producirían divisiones dentro del gobierno y eso provocaría una caída del régimen". El oficial (Morales, según la identificación de Cubela) le comunicó que lo iba a informar a Washington. Mientras regresaba del viaje, lo puso en contacto con otro oficial, al cual Cubela describe como un hombre alto, de tipo americano, rubio, que no hablaba el español y que no le agradaba porque era muy déspota.

Según Cubela, en esos días se encontró con "Bichi" Bernal,[30] quien le habló de los contactos que él había tenido con oficiales de la CIA. Cubela le expresó su desagrado con respecto al oficial que lo estaba atendiendo provisionalmente. Bernal lo puso entonces en contacto con otro oficial de la CIA, un hombre mayor, que residía con su familia en un barrio aristocrático de París, a quien Cubela le explicó sus deseos de hablar con un funcionario responsable del gobierno norteamericano. En esa reunión obtuvo el compromiso de comunicar sus deseos y la seguridad de que se resolverían. Aparentemente, ese oficial era el jefe de la Estación de la CIA en París.

El dominio de los contactos de Cubela con la CIA por parte de "Bichi" Bernal no pudieron ser casuales. Esta información nos permitió suponer que ya éste formaba parte de los planes en marcha. Bernal tendría un lugar destacado en la organización del contacto de Cubela con Manuel Artime, en 1964.

La información siguiente, revelada también en el informe del inspector general, plantea que "el 11 de octubre de 1963 una persona envió un cable en el que señalaba que Cubela insistía en reunirse con un dirigente norteamericano, preferentemente Robert F. Kennedy, para obtener seguridades del apoyo moral de Estados Unidos en cualquier actividad que Cubela desarrollara en Cuba". Se argumentaba además en el cable "que la respuesta que Cubela recibiera sería decisiva para la relación de la CIA con él". La misma persona recomendó que "se realizara la más profunda y elevada consideración" pues los que estaban en contacto con Cubela "valoraban que éste estaba determinado a operar contra Castro con o sin el apoyo de los Estados Unidos".

Otro cable, contenido en el mismo informe, de fecha 13 de octubre, aunque mutilado y confuso, evidencia que Desmond Fitzgerald, jefe de la Sección de Asuntos Especiales, mandó a buscar al Centro Principal a una persona, cuyo nombre aparece censurado, para discutir los detalles finales del intercambio con AM/LASH.

El 29 de octubre de 1963, según declaraciones de Cubela, se efectuó la entrevista con el funcionario del gobierno norteamericano, el cual se presentó ante él como senador y enviado por Robert Kennedy. Por su parte, el informe del inspector general expone que la entrevista tuvo lugar en la misma casa del jefe de la Estación de la CIA en París.

Cubela explicó posteriormente que el enviado le dijo que él era un político que había venido a decirle, en nombre de Robert Kennedy, que el gobierno norteamericano estaba en disposición de ayudarlo y respaldarlo en cualquier situación que hubiera en Cuba, como un levantamiento, que era lo que ellos planeaban, o cualquier otra cosa. Cubela recuerda haber insistido en la necesidad de un fusil de alta potencia y de una mira telescópica para llevar a cabo su plan de atentar a distancia contra Fidel Castro, así como otros pertrechos, los cuales unas semanas después se acordó situárselos en Cuba por mediación de Ramón Guín (AM/TRUNK), quien tenía una finca cercana al mar, en la costa norte de la provincia de Matanzas. El informe del inspector general, relata este encuentro, de 29 de octubre de 1963, de la forma siguiente:

> Desmond Fitzgerald, Jefe del SAS, sostiene un encuentro en la casa del Jefe de la Estación CIA en París. Fitzgerald utilizó el alias... (CENSURADO) actuó como intérprete. (CENSURADO) no estuvo presente en la reunión. (CENSURADO) escribió un memorándum el 13 de noviembre para el registro de la reunión. Dice en parte así: Fitzgerald informó a Cubela que Estados Unidos estaba en condiciones de ofrecer cualquier ayuda necesaria a cualquier movimiento anticomunista cubano que logre neutralizar a la actual dirigencia cubana y asuma el control suficiente para propiciar que Estados Unidos ofrezca la ayuda que está dispuesto a ofrecer. Se hizo énfasis en que el apoyo anteriormente señalado será efectivo sólo después que se haya realizado un golpe verdadero y el movimiento participante esté en una posición que le permita solicitar el reconocimiento de Estados Unidos, así como apoyo. Se aclaró que Estados Unidos no estaba preparado para comprometerse en un levantamiento aislado, pues semejante levantamiento puede ser eliminado en cuestión de horas si el actual gobierno tiene todavía el control de La Habana...

En cuanto al período después del golpe, Estados Unidos no desea que el reloj de la política retroceda sino que apoyará las reformas políticas y económicas que beneficiarán a la mayoría del pueblo cubano.

En el propio informe del inspector general se aclara que el plan del contacto de Fitzgerald con Cubela preveía presentarse como representante de Robert F. Kennedy, y que viajó a París con el propósito específico de contactar a Cubela y ofrecerle seguridades del apoyo total de los Estados Unidos en el caso de ocurrir un cambio en el gobierno de Cuba.

Según Fitzgerald, él discutió con el subdirector de Planes, Richard Helms, el contacto planificado, quien decidió que no era necesario solicitar la aprobación de *Bob* Kennedy para que Fitzgerald hablara en su nombre.

El 14 de noviembre de 1963 —según el informe— una persona no identificada reveló la reacción de Cubela al contacto con Fitzgerald en lo relativo a que había quedado complacido en el aspecto político, pero no así en cuanto a que no le hubiesen entregado el armamento solicitado. Esta persona fue José Luis González Gallarreta, quien actuaba como contacto del caso Cubela desde Madrid y que en esos días lo había entrevistado.

Nos resultó significativa en sí misma la entrevista entre Cubela y Fitzgerald. Por un lado, no hubo una solicitud de autorización expresa al subdirector Helms para utilizar el nombre del fiscal general; por otro, se evidenció que en aquella entrevista se conversó sobre los planes para asesinar a Fidel Castro.

¿Es que acaso alguien tenía la intención de que Cubela se quedara con la impresión de que Robert Kennedy y su hermano, el presidente de los Estados Unidos, estaban aprobando un plan de asesinato contra el dirigente cubano? Un elemento que nos llamó particularmente la atención fue una información relativa a la reacción de Fitzgerald después que conoció la noticia del asesinato de Kennedy. Según una fuente de la CIA, quedó anonadado:

> estaba bajo un terrible stress ese otoño (...) Antes de partir hacia París a encontrarse con AM/LASH había puesto en venta su casa de Georgetown y vendido su Jaguar (...) ese stress aumentó ese fin de semana de noviembre.
>
> Los expertos de Contrainteligencia de la CIA estaban trabajando día y noche para ver quién además de Oswald, se había reunido recientemente con Kostikov, el agente del KGB en Ciudad México. Uno de los nombres de la lista era Rolando Cubela (...) En el almuerzo del domingo, Fitzgerald estaba en su casa viendo la televisión cuando Ruby mató a Oswald (...) Su esposa

Bárbara se choqueó al ver a su esposo llorando (...) Ahora, dijo Des, nunca sabremos (...)

En el informe del inspector general aparece un memorándum, de fecha 19 de noviembre de 1963, en el que se comunicaba: "(...) El Jefe de Sección de Operaciones Especiales (Fitzgerald) aprobó que se le informara a Cubela que se le haría un depósito en Cuba. El depósito podía, si lo solicitaba, incluir (...) rifles de alto poder de fuego con miras telescópicas... Fitzgerald solicitó se mantuviera al mínimo (estrictamente compartimentado), los informes sobre la Operación AM/LASH".

En sus declaraciones a las autoridades cubanas, Cubela manifestó que el 19 de noviembre recibió orientaciones del oficial que lo atendía de postergar su viaje de regreso a Cuba hasta el día 22 del propio mes para una reunión con él que se efectuaría en esa fecha, "casualmente" el mismo día en que asesinaron al presidente Kennedy.

El pasaporte de Cubela muestra que desde el 19 de noviembre había sido visado para viajar a Praga. Cubela aceptó quedarse en París hasta el día 22 de ese mes. La fecha de la solicitud de su oficial de caso, coincide con la oficialización documental de Fitzgerald de proporcionarle el fusil de alta potencia y la mira telescópica. Sin embargo, algo distinto le sería ofrecido.

Según las declaraciones de Cubela, el 22 de noviembre de 1963, al caer la tarde, se entrevistó con el oficial de caso, quien le explicó que había ido a Washington, y le mostró una planta transmisora que le quería entregar, por lo cual le manifestó que él no era un espía y que no sabía nada de datos económicos; "también me quería entregar un lapicero que disparaba balas y me enseñaron una aguja hipodérmica que tenía veneno, ambas cosas para el atentado". Sigue manifestando Cubela: "en medio de la entrevista lo llaman por teléfono (se refiere al oficial de caso). Cuando regresa me dice: 'Acaban de matar al presidente, acaban de matar a Kennedy. Hay una orden de postergar la entrevista hasta nuevo aviso', y que debía mantenerme en París en espera de nuevas orientaciones".

El inspector general de la CIA, según su informe, logró reconstruir algunos momentos asociados al proyecto AM/LASH a partir del 20 de noviembre de 1963, por medio de testimonios del doctor Gunn —jefe de la División de Servicios Técnicos de la CIA— y de otras personas que relaciona. La información obtenida es la siguiente:

(CENSURADO) dice que, mientras que Cubela estaba ansioso por eliminar a Castro, no estaba dispuesto a cambiar su vida por la de Castro. Lo que Cubela quería en realidad era un fusil de alta potencia con silenciador con un alcance de fuego de cientos o miles de yardas. Cubela finalmente expresó, que como doctor en medicina (su profesión), estaba casi seguro que nosotros podíamos diseñar algunos medios técnicos para hacer el trabajo y que no provocara automáticamente que él perdiera la vida en el intento.

Samuel Halpern y (CENSURADO) se acercan al Dr. Gunn solicitando ayuda técnica. Aunque ninguno de los participantes así lo manifestó, se infiere que estaban solicitando un medio para realizar un asesinato, del tipo que Cubela, razonablemente, hubiera sido capaz de diseñar.

Lo que decidieron emplear fue Black Leaf 40, un insecticida fácil de obtener que contiene 40 por ciento de sulfito de nicotina. La nicotina es un veneno mortal... El Plan alcanzó su clímax cuando Halpern y (CENSURADO) contactaron a Gunn otra vez el 20 de noviembre y le dijeron que la pieza para administrar el veneno (un bolígrafo preparado con una jeringuilla hipodérmica) tenía que estar preparada en tiempo para que (CENSURADO) tomara el avión al mediodía del día siguiente (...) Entregó la pieza a (CENSURADO) a la mañana siguiente y conservó dos muestras del último prototipo. Afirma que aún se encuentran en su bóveda. Desconoce el destino de la pieza que entregó a (CENSURADO), no recuerda si se la devolvieron. Cree que se le dijo que Cubela se negó a aceptar la pieza. Dice que no pudiera diferenciar ahora entre la última pluma de los prototipos anteriores que están en su bóveda.

De la reunión del 22 de noviembre de 1963, el informe del inspector general relata:

(CENSURADO) llegó a París en la mañana del 22 de noviembre y se encontró con Cubela tarde en la tarde. (CENSURADO) afirma que le mostró a Cubela la pluma-jeringuilla y le explicó su uso. No está seguro, pero cree que Cubela aceptó la pieza, pero dijo que no la llevaría consigo a Cuba. Halpern recuerda claramente que a Cubela no le interesó mucho la pieza. Dijo como médico, que él conocía todo sobre el Black Leaf 40 y suponía que nosotros vendríamos con algo más sofisticado que eso.

Cubela dijo que regresaba a Cuba plenamente determinado a proseguir sus planes para iniciar un golpe contra Castro...

(CENSURADO) reiteró las seguridades dadas a Cubela por Fitzgerald de apoyo si un verdadero golpe contra Castro fuese exitoso. Cubela solicitó que se le incluyeran las siguientes cosas en el depósito dentro de Cuba: 20 granadas de mano, dos fusiles con mira telescópica de alto poder y aproximadamente 20 libras de explosivo C-4 y equipo afín. Cubela sugirió que el mejor lugar para el depósito era una finca administrada por su amigo (CENSURADO).

Como quiera que regresaba a Cuba vía Praga, no quería materiales de escritura secreta y otros comprometedores. Cuando la entrevista llegaba a su final, (CENSURADO) (CENSURADO), fueron informados que el presidente Kennedy había sido asesinado. La noticia afectó visiblemente a Cubela. Preguntó, "¿por qué le pasan esas cosas a la gente buena?" El informe del contacto no especifica ni la hora ni la duración de la entrevista con Cubela (...) pero es probable que en el momento en que Kennedy era asesinado, un oficial CIA se estaba entrevistando con un agente cubano en París y le entregaba un objeto para el asesinato de Fidel Castro.

(CENSURADO) afirma que recibió un cable de Fitzgerald esa noche o temprano informándole que todo estaba cancelado. No encontramos el cable en el expediente de AM/LASH. Hay un registro en el expediente que informa que (CENSURADO) debía estar de regreso en Washington a las 18:10 p.m. del 23 de noviembre.

Por todos los elementos analizados parece razonable pensar que el informe trata de ocultar o escamotear evidencias que podían resultar fundamentales en la investigación, tales como:

1. Se omite en el informe aludido, toda referencia a la pluma o al veneno,

2. Se ignoran la hora y la duración de la entrevista,

3. No se aclara si Cubela recibió la "pluma" y cual era el plan específico acordado para su utilización, y

4. No se hace alusión al cable enviado por Fitzgerald al oficial del caso con las instrucciones concretas para actuar.

Un comentario del inspector general en el informe citado señala que :

(....) el proyecto AM/LASH fue tan ampliamente conocido dentro de los servicios clandestinos como cualquier otro proyecto de naturaleza similar. Sin embargo, sólo podemos identificar cuatro personas que conocían el episodio anteriormente descrito sobre la jeringuilla hipodérmica y el Black Leaf 40. (CENSURADO) conocía toda la historia, Halpern la mayor parte y Gunn mucho de ella. Fitzgerald no mencionó este aspecto de la Operación Cubela cuando nos informó por primera vez. Cuando más tarde volvimos con preguntas específicas, dijo que recordaba algo acerca de Black Leaf 40, pero nada sobre un objeto para administrarlo. Gunn dijo que tenía la impresión de que sabía de la operación, pero "no quería conocer nada". (CENSURADO) dice Fitzgerald, conocía que él y Halpern estaban viendo a Gunn. Halpern está de acuerdo, pero añade que Fitzgerald no conocía las especificidades de la fabricación de un objeto para asesinar (...).

Consideramos, que además de las personas aludidas en el comentario mencionado, Richard Helms conoció de la fabricación de ese sofisticado instrumento de muerte y que estuvo al tanto del plan de manipulación que se seguía con Cubela, con la finalidad probable de utilizarlo en el momento oportuno. Es posible que la referencia a quien conocía todo el plan, hecha por el inspector general, se tratara del propio Helms.

El domingo 24 de noviembre, el oficial del caso AM/LASH llegaría al Centro Principal de la CIA en Washington y ese mismo día la Estación de la CIA en Ciudad México, en respuesta a una solicitud de ese Centro Principal sobre todos los nombres de los contactos conocidos de los oficiales de Inteligencia soviéticos en esa ciudad, envió una lista de nombres donde aparecía incluido el de Rolando Cubela Secades.

En Ciudad México radicaba David Atlee Phillips, quien como ya es conocido, ocupaba la jefatura del grupo operativo anticubano. Él fue uno de los autores de toda la desinformación que, tras la muerte de Kennedy, se propagó desde esa Estación de la CIA con respecto a la visita de Lee Harvey Oswald a los consulados cubano y soviético y el probable autor intelectual de las campañas mediáticas que trataban de inculpar a Cuba en el magnicidio. Probablemente, también fue él quien envió la información de que Cubela estaba en contacto con oficiales de Inteligencia soviéticos. Así quedaba una constancia escrita y archivada de un informe que en el futuro indujera la duda acerca del complot Cubela-CIA durante esa misma fecha, pero en otro lugar bien distinto: Francia.

Otro elemento importante a tener en cuenta, es que David Sánchez Morales, "El Indio", era el jefe de operaciones de JM/WAVE, "punta de lanza" del proyecto agresivo contra Cuba, y, por consiguiente, coordinador de las acciones de Phillips en México.

De ser así, la historia sería otra distinta a la contada por el inspector general de la CIA en su informe, en la que se pretendió minimizar el proyecto de asesinato a Fidel Castro con la "pluma".

¿Es que acaso ese operativo estaba enlazado con el asesinato del presidente Kennedy y con otros empeños posteriores de la CIA contra Cuba, que por razones desconocidas tuvo contratiempos o fracasó? Probablemente, todas las dilaciones para que Cubela regresara a Cuba, debían relacionarse con esto.

Cubela regresó a La Habana por la vía de Praga, el 28 de noviembre de 1963, y no volvería a salir hasta principios de noviembre de 1964, cuando viajaría a París para entrar en contacto con su oficial de caso, el 6 y 7 de diciembre de ese año y, posteriormente, con Manuel Artime, que como parte de un operativo autónomo, rediseñaría los planes magnicidas y contrarrevolucionarios que concluirían con su desmantelamiento por las fuerzas de Seguridad cubanas, en 1966.

PARTE SEGUNDA
EL ASESINATO DE UN PRESIDENTE

EL ASESINO SOLITARIO

Desde los primeros momentos posteriores al asesinato del presidente Kennedy se hizo evidente que determinadas fuerzas políticas en los Estados Unidos pretendían responsabilizar públicamente a Cuba con el suceso. Casi de inmediato, saltó a los medios de prensa en aquel país que el presunto magnicida era "un simpatizante castrista con largo historial de aspirante a comunista."

También, como siguiendo un libreto preelaborado, se reprodujo un artículo del periodista de la agencia *Associated Press*, Daniel Harker, donde se insinuaba la complicidad cubana. También la Unión Soviética recibió su cuota de responsabilidad con el suceso, pero era evidente, que la balanza se inclinaba hacia la denominada "responsabilidad castro-comunista" en el magnicidio.

La respuesta cubana fue contundente y en una intervención, el 23 de noviembre, Fidel Castro denunciaba los entresijos de aquella calumnia y cuáles eran sus pretensiones. Nuevamente, al igual que después de los actos terroristas del 11 de septiembre de 2001 en Nueva York y Washington, Cuba exponía al mundo su posición transparente y denunciaba a los presuntos culpables.

Precisamente por esas razones, nos dimos a la tarea de reconstruir las actividades subversivas de los Estados Unidos y la mafia cubana de Miami en ese período, incluido el complot para asesinar a Fidel Castro y su relación con el magnicidio de Dallas.

Años más tarde, después de las investigaciones de la Comisión Church y las de la Cámara de Representantes de los Estados Unidos en 1978, varios investigadores norteamericanos importantes cuestionaron, desde diversos ángulos, los resultados conclusivos de la Comisión Warren y su teoría del asesino solitario, y aportaron nuevos elementos y pistas, algunos de éstos que señalaban a los servicios de Inteligencia norteamericanos y al exilio cubano como sospechosos importantes en el complot criminal. Esos elementos valiosos, analizados y estudiados, nos posibilitaron adentrarnos en esta investigación y conocer nuevas pistas para avanzar en ese laberinto, aún sin develar. Probablemente, algún día, cuando los Estados Unidos desclasifiquen las informaciones relacionadas con ese laberinto, la opinión pública conocerá la verdad de cómo uno de los componentes del asesinato de Kennedy fue la agresión a Cuba y a su Revolución.

Desde los primeros momentos del crimen de Dallas, surgió la figura de Lee Harvey Oswald como la del asesino solitario y la pretendida venganza de Fidel Castro, para "desquitarse" por las decenas de proyectos homicidas descubiertos y neutralizados en Cuba contra su persona y auspiciados por la Agencia Central de Inteligencia de los Estados Unidos, muchos con la aquiescencia de los niveles más altos de la administración norteamericana.

Declaraciones a la prensa que aseguraban que Oswald era un veterano comunista; "evidencias" sobre una visita de éste a la Embajada cubana en México; cartas procedentes de Cuba que comprometían al señalado "asesino" como un ejecutor a las órdenes de La Habana, y "pruebas" que lo vinculaban al Partido Comunista norteamericano y a la organización solidaria Comité Pro Trato Justo para Cuba, fueron publicadas en los medios de difusión principales en los Estados Unidos, con la finalidad evidente de demostrar la existencia de un complot de Fidel Castro para asesinar al presidente norteamericano y del cual Oswald había sido un instrumento.

Después de analizar las causas y los orígenes de esa campaña, llegamos a la conclusión de que no era ajena al plan que acabó con la vida del presidente Kennedy y que en realidad estaba vinculada indisolublemente a éste.

En consecuencia, Lee Harvey Oswald constituyó desde los primeros momentos parte medular de nuestro interés investigativo, a partir de su regreso de la Unión Soviética, en 1962, y hasta su muerte, el 24 de noviembre de 1963, en Dallas, Texas. Al decidir reabrir la investigación, se analizó todo lo concerniente a sus difundidas "vinculaciones" con Cuba y a sus actividades pasadas. De todo esto surgieron las hipótesis siguientes:

1. Oswald fue un agente de los servicios de Inteligencia norteamericanos, infiltrado en la Unión Soviética para cumplimentar una misión.

2. Oswald, cuando regresó de la Unión Soviética, continuó trabajando para los servicios de Seguridad norteamericanos.

3. Oswald se trasladó a Nueva Orleans en abril de 1963 y se vinculó con organizaciones y exiliados cubanos.

4. Oswald recibió instrucciones en Nueva Orleans de "convertirse" en simpatizante de la Revolución Cubana.

5. Oswald, entre los meses de julio y septiembre de 1963, dejó indicios de encontrarse involucrado en un complot relacionado con Cuba.

6. Oswald se reunió en Dallas, Texas, durante el otoño de 1963, con dos elementos de la CIA, un oficial y un agente de origen cubano, para planear un operativo encubierto relacionado con Cuba.

7. Oswald, en septiembre de 1963, se reunió con el grupo Alpha 66 de Dallas y trató de comprometer a la exiliada cubana Silvia Odio.

8. Oswald intentó viajar a Cuba desde México.

9. Oswald debía recibir correspondencia comprometedora desde La Habana que lo vinculara con los servicios de Inteligencia cubanos.

10. Los medios masivos de difusión, orientados por la CIA y su mecanismo cubano, debían desatar una amplia campaña que demostrara a la opinión pública que Cuba y Fidel Castro eran los responsables del magnicidio.

La investigación de tales supuestos proporcionó elementos, informaciones y evidencias numerosos que corroboraron el paralelismo de los proyectos de agresión contra Cuba con el asesinato de Kennedy.

UNA PREMONICIÓN HISTÓRICA

El 22 de noviembre de 1963, a las 12:30 p.m., el presidente de los Estados Unidos de Norteamérica, John Fitzgerald Kennedy, caía asesinado en la plaza Dealey de la ciudad de Dallas, Texas.

Minutos más tarde era abatido a balazos el policía J. D. Tippit cuando realizaba un recorrido de rutina con su patrullero. Poco tiempo después, entre la 1:45 p.m. y la 1:55 p.m., las sirenas de la policía se dirigían hacia el *Texas Theatre,* donde resultaría detenido Lee Harvey Oswald, a quien se le acusaría de ser el asesino solitario del presidente Kennedy.

A los dos días, el 24 de noviembre a las 11:21 p.m., Oswald era asesinado por un gángster, Jack Ruby,[31] quien le disparó en los sótanos del cuartel general de la policía de Dallas, desde donde se disponían a trasladarlo a la cárcel del Condado. Ruby alegaría en su defensa que tal acto lo cometió para evitarle sufrimientos mayores a la viuda de Kennedy, cuando tuviera que declarar en el juicio que se celebraría por el asesinato de su esposo.

A partir de ese momento se desató una campaña descomunal en los medios de difusión masiva de los Estados Unidos, en la que se mostraba a Lee Harvey Oswald como comunista y simpatizante activo de la Revolución Cubana. Comenzaron a filtrarse informaciones a la prensa que lo acreditaban como agente de los servicios de Seguridad cubanos, que lo habían orientado para ejecutar el magnicidio como una venganza del primer ministro cubano, Fidel Castro, por acciones similares planeadas por la Agencia Central de Inteligencia contra su persona. Para esto se apoyaban en unas declaraciones del dirigente cubano a Daniel Harper, periodista de la *Associated Press*, el 8 de septiembre de ese año, en la Embajada de Brasil en La Habana. El despacho de prensa, a todas luces manipulado, presentaba las declaraciones en términos amenazantes, y puntualizaba en las ideas siguientes: "los líderes de Estados Unidos están en peligro si apoyan cualquier intento de deshacerse de los dirigentes cubanos... estamos preparados para combatir y responder del mismo modo. Los líderes de Estados Unidos deben pensar que si ellos están apoyando planes terroristas para eliminar a líderes cubanos, ellos mismos no estarán a salvo..."

Tal información falsa, como ya se expresó, estaba basada en el hecho cierto del encuentro entre el dirigente revolucionario y el periodista durante el transcurso de una recepción diplomática. La noticia fue publicitada ampliamente en su momento, y después del asesinato sirvió como una de las "pruebas" de la culpabilidad cubana. A esto se sumó una serie de declaraciones de grupos amparados por la CIA, como la organización contrarrevolucionaria Directorio Revolucionario Estudiantil (DRE), y la Brigada Anticomunista, de Manuel Salvat y Frank Sturgis, respectivamente, que brindaban elementos sobre supuestas actividades de Oswald con personal de la Inteligencia cubana en Nueva Orleans, Miami y Ciudad México.

Los antecedentes de Oswald se hicieron públicos casi al momento del crimen. Fueron divulgadas sus "simpatías" por el comunismo mientras cumplía el servicio militar en la Marina, su deserción a la Unión Soviética en 1959 y su relación, en la primavera de 1963, con el Comité Pro Trato Justo para Cuba en Nueva Orleans, donde sostuvo enfrentamientos y debates públicos con "anticastristas", cuando "defendía" a la Revolución Cubana. Más aún, se alegó sus contactos con un agente cubano radicado en la Embajada de Cuba en México, quien, presumiblemente, fue la persona que le ordenó el crimen, y por el cual había pagado una suma importante de dinero.

Sin embargo y extrañamente, después de que el presidente Lyndon B. Johnson nombrara una comisión investigadora al mando del presidente de la Corte Suprema de Justicia, Earl Warren, la campaña de prensa que acusaba a Cuba y a la Unión Soviética del magnicidio comenzó a disminuir hasta prácticamente desaparecer.

La Comisión Warren, así denominada, trabajó durante casi un año, concluyó que Lee Harvey Oswald había sido el único asesino del presidente, y excluyó la posibilidad de un complot interno o foráneo.

Cuando aún los ecos de los disparos que pusieron fin a la vida del presidente John F. Kennedy no se habían disipado, y la opinión pública internacional no salía de su asombro, consternada por el suceso deleznable, el 23 de noviembre de 1963, el primer ministro de Cuba, Fidel

Castro, compareció ante las cadenas de la televisión y la radio nacionales para ofrecer sus primeras impresiones acerca del suceso histórico.

El análisis realizado entonces contiene elementos que constituyen todavía hoy claves vitales para el descubrimiento de un crimen tan repudiable. En esa intervención Fidel Castro abordó las causas y los orígenes de los conflictos que la administración Kennedy se creó con su política, particularmente con la extrema derecha, incluidos los grupos de exiliados cubanos que vieron, en la derrota en Bahía de Cochinos y la conclusión de la Crisis de Octubre, traicionados sus propósitos de que los Estados Unidos invadieran Cuba y restablecieran sus intereses y privilegios, en detrimento de las conquistas sociales obtenidas por el pueblo.

Entre las ideas fundamentales expuestas, estuvieron:

...tanto la administración anterior de Eisenhower, como la administración de Kennedy no han practicado una política precisamente amistosa hacia nosotros. La política de ambas administraciones se caracterizó por su espíritu agresivo, hostil e implacable hacia nuestro país...

Sin embargo, la noticia del asesinato del presidente de Estados Unidos es una noticia grave y mala...

Mala noticia, aún si dejamos a un lado el problema humano, en que siempre la sensibilidad del hombre, de cualquier hombre, se siente afectada ante un acto de esa naturaleza, ante un crimen, ante un asesinato. Digo que, aunque deje a un lado esas cuestiones, yo siempre reacciono, estoy seguro que la inmensa mayoría de los seres humanos reaccionamos siempre con repudio frente al asesinato, frente al crimen...

No podemos considerarlo como un arma correcta de lucha. No debemos considerarlo...

Nosotros podemos decir que hay elementos dentro de los Estados Unidos que defienden una política ultrarreaccionaria en todos los campos, tanto el internacional como el interno. Y ésos son los únicos elementos llamados a beneficiarse con los sucesos que ocurrieron ayer en los Estados Unidos...

Kennedy era fuertemente atacado por los círculos más reaccionarios, por los círculos más belicosos, por los círculos más guerreristas...

...uno de los errores de la política de Kennedy con respecto a Cuba era haberles hecho el juego a sus enemigos. Por ejemplo: recoger aquellos planes de invasión contra nosotros que había organizado la administración republicana...

Todo esto dio lugar a que se produjera en los Estados Unidos una política de chantaje por parte de los republicanos. Es decir, que Kennedy puso en manos de los republicanos el arma de Cuba. Como haber proseguido la política agresiva de los republicanos, que la utilizaban como un arma política contra él...

Así tenemos una serie de cosas que fueron motivo de constantes críticas de esos sectores ultraderechistas. Por ejemplo, el problema de Cuba, el compromiso surgido a raíz de la Crisis de Octubre de no invadir a Cuba, fue uno de los puntos de la política de Kennedy más constantemente atacado por los sectores ultrarreaccionarios. El acuerdo sobre el cese de las pruebas nucleares fue también otro de los puntos muy debatidos dentro de los Estados Unidos, y que tuvo la oposición decidida, feroz, de los elementos más ultrarreaccionarios de ese país que estaban en contra de que se hiciera ningún acuerdo de ese tipo...

No se caracterizaba la polémica interna por la pugna de los comunistas con el gobierno. No se caracterizaba por la pugna con los elementos de izquierda o de los elementos liberales... Pero la lucha, la batalla sin cuartel dentro de los Estados Unidos se estaba librando entre la extrema derecha, la extrema reacción, y los elementos más moderados...

Se estaba viviendo un período de feroz polémica entre los sectores más moderados, entre los cuales pueden contarse muchos de los colaboradores de Kennedy, y los sectores ultrarreaccionarios de la sociedad norteamericana...

...una serie de campañas de la UPI, incluso contra el mismo presidente Kennedy, que vinculan a esa agencia con las corrientes ultrarreaccionarias, interesadas bien en sacarle partido a esta situación, para su política aventurera y guerrerista, o bien porque esos círculos tienen responsabilidad en el asesinato del presidente Kennedy...

Es decir, que ya desde los primeros cables se trata de insinuar una responsabilidad para la Unión Soviética y una responsabilidad para Cuba...

...y esto fue lo que empezó a hacer sospechoso todo esto. Porque dio la casualidad de que lo más inesperado como el asesinato mismo es que inmediatamente empezara a aparecer un culpable, ¡qué casualidad¡ había ido a Rusia, y ¡qué casualidad! estaba relacionado con un Comité de Trato Justo para Cuba. Eso es lo que empezaban a decir...

Así que inmediatamente apareció un culpable: un culpable que había estado en la Unión Soviética, un culpable que era simpatizante de Cuba...

Da la casualidad que precisamente estos hechos ocurren en un momento en que Kennedy era duramente atacado por los que consideraban que su política con Cuba era débil... Es decir, que eran los enemigos de una política de ese tipo, los únicos interesados en la muerte del presidente Kennedy y los únicos que quizás puedan haber recibido con satisfacción la noticia de la muerte de Kennedy

...y se hicieron largas tiras publicando una serie de opiniones contra el discurso de Kennedy en La Florida. Porque el discurso que pronunció Kennedy en La Florida resultó decepcionante para elementos partidarios de una política agresiva contra Cuba, resultó ser decepcionante para los elementos contrarrevolucionarios, resultó decepcionante para los elementos guerreristas de los Estados Unidos...

Oyeron cuando el presidente dijo que "nosotros en el hemisferio debemos utilizar todos los recursos a nuestra disposición para impedir el establecimiento de otra Cuba en este hemisferio..." Es decir, que ellos no aceptan eso de impedir el establecimiento de otra Cuba, porque piensan que lleva intrínseca la idea de aceptar que exista una Cuba...

¿Quiénes son los beneficiarios de ese asesinato, quiénes podían ser los únicos beneficiados con el asesinato? Los partidarios de la invasión a Cuba, los partidarios de una política al borde de la guerra, los partidarios de la guerra, los enemigos de la paz, los enemigos de los derechos de los negros en los Estados Unidos, los peores enemigos de los derechos de los negros de los Estados Unidos, los peores enemigos de los elementos progresistas y del pensamiento liberal de los Estados Unidos...

Es interés del pueblo norteamericano y de todos los pueblos del mundo que se sepa, que se exija, qué hay verdaderamente detrás del asesinato de Kennedy, que se lleguen a esclarecer los hechos: si se trata de un inocente[32] o se trata de un enfermo, o se trata de un instrumento de la reacción, agente de un plan macabro para llevar adelante una política de agresión, para situar al gobierno de los Estados Unidos a merced de los círculos más agresivos, de los monopolios, del militarismo y de las agencias peores de los Estados Unidos...

Evidentemente, como de manera certera se expuso, hubo una conspiración nacional en los Estados Unidos para eliminar al presidente Kennedy. En el centro de ésta se encontraban quienes tenían los motivos, los medios y las posibilidades para llevar a cabo una acción de aquella naturaleza, de la cual no eran ajenas las propias autoridades norteamericanas, las agencias gubernamentales y las organizaciones subversivas y criminales como la CIA, el FBI, la Inteligencia Militar y el llamado Sindicato del Crimen Organizado.

Varios investigadores norteamericanos han hurgado durante años en esa dirección, y han proporcionado elementos e informaciones que ratifican cada vez más aquellas premoniciones realizadas por Fidel Castro.

De tal manera, nos proponemos adentrarnos en ese laberinto, a sabiendas de que el crimen sólo podrá ser aclarado definitivamente cuando las autoridades norteamericanas lo develen en toda su dimensión, pues Cuba sólo fue una víctima de aquel complot.

LA HIPÓTESIS

Quiénes fueron los asesinos y, más importante aún, cuáles fuerzas políticas y económicas estuvieron detrás del magnicidio, está por determinarse, aunque, cada vez más, aparecen nuevos indicios, evidencias e incluso informaciones que van delineando a los responsables y sus ejecutores.

Durante los años transcurridos, desde los lejanos días de finales de 1964 en que investigábamos la operación AM/LASH, que pretendió en las mismas fechas que el magnicidio de Dallas, asesinar a Fidel Castro y desencadenar una agresión militar a Cuba, nos parecía esencial el tema de Oswald. ¿Quién era y cuál fue el lugar asignado en el complot, del que ya nadie duda? De una respuesta a esas interrogantes, aunque no esclareciera los aspectos ejecutivos del crimen, se conocerían varios elementos claves, algunos ya enunciados de una forma u otra por otros investigadores.[33]

De tal manera, Oswald fue el epicentro de nuestras investigaciones. Nos percatábamos de que era la clave del enigma que el *establishment* norteamericano nos pretendía escamotear. Examinamos cada información conocida, cada detalle y todos los reportes noticiosos de la época, para encontrar sus interrelaciones. Fue así que concluimos que:

1. Lee Harvey Oswald tenía asignado un lugar fundamental en el complot y éste estaba relacionado con involucrar al gobierno cubano en el crimen, elemento esencial para justificar el asesinato de Fidel Castro y la concitación de una invasión a Cuba por el Ejército norteamericano.

2. Hubo un alto grado de complicidad entre los asesinos del presidente y los representantes de lo que hemos denominado "el mecanismo cubano-americano de la CIA y la Mafia", en tanto ellos participaron activamente en el proyecto de documentar las actividades de Oswald como un simpatizante "procastrista" e instrumento del crimen y tuvieron un lugar protagónico en

las campañas emprendidas por los medios de difusión, posteriores al asesinato, con los fines de inculpar a Cuba.

3. El asesinato del presidente involucró un complot con dimensiones nacionales, donde no sólo los ejecutores materiales tuvieron responsabilidades, y que además de que el crimen fue cometido por varias personas, hubo un gran dispositivo, que coordinó todos los detalles incluidos la ruta de la caravana presidencial, los disparos fatales, la eliminación de las huellas indeseadas y la inculpación de Oswald y por extensión de Cuba.

Otro asunto que se nos hizo evidente en la medida en que avanzábamos en el análisis de los elementos expuestos antes, fue el hecho de que la acción para inculpar a Cuba, en la que Oswald era su pieza clave, estuvo montada en varias etapas, en las que en todas aparecían relacionados de una u otra forma exiliados cubanos, y también que en su conjunto, abarcó tres países: los Estados Unidos, México y Cuba.

La primera de esas etapas consistió en dotar a Oswald de antecedentes como "simpatizante de la Revolución Cubana", que llegado el momento pudieran ser utilizados; la segunda, evidenciar que Oswald era un enemigo acérrimo de Kennedy, de quien pensaba que era un obstáculo para "solucionar el caso cubano"; la tercera, involucrar a Oswald de manera inobjetable con la Embajada cubana en México; la cuarta, lograr que Oswald viajara a La Habana, aunque sólo fuera por unos días, de manera tal de poder utilizar su viaje como una prueba más de la participación cubana en el magnicidio; la quinta, documentar las relaciones de Oswald con los servicios de Inteligencia cubanos, y la sexta y última, utilizar las cinco etapas anteriores en un plan de intoxicación concertado que incluyera los medios masivos de difusión, para demostrar la complicidad cubana en el asesinato del presidente John F. Kennedy.

Conocer quién fue Oswald, sus antecedentes, sus vinculaciones con el exilio cubano y los sucesos en los que participó durante los ultimos meses de su vida, constituyeron el objetivo central de nuestras investigaciones. Nos percatábamos de que en el esclarecimiento de aquellas interrogantes, se encontraba el nudo gordiano del complot que desencadenó el magnicidio de Dallas.

LA HISTORIA DE UN PROVOCADOR

El 24 de octubre de 1956, Lee Harvey Oswald se alistó como voluntario en el Cuerpo de Infantería de Marina de los Estados Unidos. Al año siguiente, fue destacado en la base de Atsugi, en Japón, una estación aeronaval desde la cual accionaban los aviones *U-2* en misiones de espionaje sobre los territorios chino y soviético. En aquella época, estos vuelos de reconocimiento eran uno de los secretos guardados más celosamente por la CIA. Según informaciones conocidas, Oswald trabajaba en los radares que servían de apoyo a los vuelos, por lo que tenía acceso a informaciones altamente secretas. Por necesidades del servicio fue preparado como radiotelegrafista y su entrenamiento técnico lo completó con clases de idioma ruso, motivo por el que estaba suscrito en la referida base a publicaciones soviéticas.

James B. Wilcott, ex-oficial de la CIA que en ese tiempo estuvo destacado en Japón, declaró ante el Comité Selecto de la Cámara de Representantes, en 1978:

> Lee Harvey Oswald fue un tema favorito.[34] Él había sido entrenado en la Atsugi Naval Air Station, una base supersecreta para las operaciones especiales de la Estación de la CIA en Tokio.

Según yo entendí, Mr. Branch era el responsable de ella con la dirección y orientación experta, muy especial, de la Dirección. Los vuelos de los U-2 que se desarrollaban desde allí, constituían también un proyecto mayor de la CIA.

Oswald fue reclutado de lo militar con el objetivo claro de convertirlo en doble agente contra la URSS... se dijo que ellos tenían algún tipo de manipulación especial sobre él... y que quizá, según las especulaciones[35] ellos habían descubierto durante una prueba de rutina en el detector de mentiras, que él había asesinado a alguien o cometido algún delito serio.

La CIA le enseñó ruso y se decía que había estado en "La Granja."[36]

El escritor Heary Hurt, en su obra *La duda razonable*, señala que Patrick Gerry Hemmings coincidió en Japón con Oswald. Hemmings era un veterano agente de la CIA que estuvo en Cuba durante los primeros meses de 1959 y participó posteriormente en los operativos contra el Gobierno Revolucionario. Además, según algunos de los investigadores ya citados, resultó ser uno de los sospechosos de participar en el magnicidio de Dallas.

Otro investigador norteamericano, *Dick* Russell, en su libro *El hombre que sabía demasiado*, explica que Richard Case Nagell, por entonces agente encubierto de los servicios de Inteligencia Militar, se encontraba intentando el reclutamiento del coronel Nikolai Eroshin, agregado militar soviético en Japón, presumiblemente agente del GRU, la Inteligencia Militar soviética. En tales labores lo acompañaba otro soldado de su misma base, Lee Harvey Oswald, quien también se menciona en el libro citado, había sido fotografiado con el coronel Eroshin en las afueras de la Embajada soviética por la policía japonesa. Tal información, de ser cierta, confirma que Oswald desde sus inicios trabajaba para un servicio de Inteligencia de su país.

En noviembre de 1958, Oswald fue destinado a la base de Infantería de Marina llamada, "El Toro", en California, donde cumplió servicio hasta septiembre de 1959.

Nelson Delgado, compañero de Oswald en la mencionada base, declaró a la Comisión Warren que no recordaba ninguna inclinación marxista de éste y que tampoco era un tirador certero; agregó, incluso que tuvo problemas para obtener el promedio mínimo de calificación.

Delgado aseguró que Oswald viajó en varias ocasiones a Los Ángeles, con el "propósito de visitar el Consulado cubano". Dijo que una noche muy tarde, en que él y Oswald estaban de guardia, llegó una llamada desde el punto de control, que comunicaba que Oswald tenía un visitante en la entrada. Comentó que éste tenía que ser un civil, pues de otra forma le habrían permitido entrar. Según relató Delgado, tuvo que buscar a alguien para que relevara a Oswald. Una hora más tarde pasó por la entrada principal y vio a Oswald en una discusión acalorada con un hombre que vestía un chubasquero. Le pareció raro que alguien utilizara capa en una noche cálida de California. Aunque Oswald no le dijo quién era el extranjero en ese momento, se hizo la idea que estaba conectado de alguna forma con el asunto cubano. Según el testimonio de Patrick

Gerry Hemmings, su antiguo compañero de Atsugi, él fue la persona que visitó a Oswald aquella noche.

Daniel Powers, quien estuvo junto a Oswald en toda su trayectoria en el cuerpo de *marines*, declaró a la Comisión Warren que éste jamás expresó simpatías por las ideas comunistas, socialistas o por el Partido Comunista.

A petición propia, Oswald solicitó su licenciamiento del servicio activo de la Infantería de Marina en septiembre de 1959, tres meses antes de la fecha en que terminaba oficialmente. En su solicitud de licenciamiento adujo una enfermedad de la madre. Una semana más tarde, el 20 de septiembre, partió para Nueva Orleans.

Extrañamente, pocos días más tarde tomó pasaje en un buque rumbo a Gran Bretaña donde, según su pasaporte, estuvo hasta el 10 de octubre. De ahí marchó inmediatamente a Finlandia y cruzó la frontera soviética como turista. El 16 de octubre de 1959 arribó a Moscú. Cinco días más tarde escenificó un intento de suicidio para obligar a las autoridades soviéticas a que le concedieran el derecho de asilo. Estuvo internado en un hospital moscovita hasta el día 28, como consecuencia de las heridas autoinfligidas.

El día 31 de ese mes, se presentó en la Embajada norteamericana ante Richard E. Snyder, segundo secretario y director consular. Snyder era un oficial de la CIA que también había estado destacado en Japón. Allí, aparentemente, Oswald anunció su deserción a la Unión Soviética y dijo que entregaría a ese país las informaciones secretas a que tuvo acceso mientras cumplió servicio en el cuerpo de *marines*.

Durante su estancia en Moscú, Oswald sostuvo relaciones con la periodista norteamericana Priscilla Johnson, con quien conversó durante más de cinco horas los días 13 y 16 de noviembre.

Hay varias evidencias de que la señorita Johnson era una agente de la CIA que "casualmente", años más tarde, estaba junto a Marina Oswald, esposa de Lee, al encontrar ésta el boleto del ómnibus tomado por su esposo cuando éste visitó Ciudad México en el otoño de 1963.

El autor Mark Lane menciona en su libro, *La Negación Plausible*, varias evidencias sobre las relaciones de esta periodista con la CIA. Expone que fue la persona que facilitó la deserción de la Unión Soviética de Svetlana, la hija de Stalin, y más tarde explica que en el informe de la CIA No. 646277 aparece en palabras todavía visibles (se intentó borrarlo) que Priscilla Johnson fue empleada *part time* por la CIA en dos ocasiones dentro de la Embajada norteamericana durante su estancia en la Unión Soviética.

El investigador John Newman refleja en su obra, *Oswald y la CIA*, una versión similar. Según él, la Agencia reabrió su interés en Priscilla Johnson en 1956, cuando se encontraba en la Unión Soviética como traductora en la Embajada. Luego de una estancia breve en París, regresó a Moscú, en junio de 1958, como reportera de *The New York Times* y de *North American Newspaper Alliance*. El 16 de noviembre de ese mismo año, John McVickar, funcionario del Consulado norteamericano en esa ciudad, la envió al hotel donde se alojaba Oswald, con el objetivo de manipularlo e influir en él para que abandonara la idea de desertar.

La solicitud de revocación de la nacionalidad norteamericana presentada por Oswald a Snyder nunca se hizo efectiva. Las autoridades soviéticas permitieron, finalmente, la residencia de Oswald en diciembre de 1959.

El 5 de enero de 1977, por solicitud nuestra, el general mayor Piotr Voronin, representante en Cuba del Comité para la Seguridad del Estado (KGB) de la Unión Soviética, entregó la información siguiente:

Oswald, Lee Harvey nació en 1939 en Nueva Orleans. Su padre era agente de seguros y murió en 1939. La madre junto con Oswald se mudó para la ciudad de Fort Worth en Texas donde residió en la siguiente dirección: 3124 West, 5ta. Ave. En octubre de 1956 Oswald ingresó en el servicio militar y fue alistado como soldado en la aviación naval.

Durante el servicio militar del 18 de marzo al 5 de mayo de 1957 en la ciudad de Jacksonville pasó un curso de especialista en electrónica en el Naval Servtechnic Training Center *y después hasta el 19 de junio de ese año estuvo* en los cursos de operadores *de las instalaciones de radares en la* Kissler Air Force Base.

El 11 de septiembre de 1959 en la ciudad de Santa Ana, California, Oswald salió del servicio militar y partió para Europa.

El 16 de octubre de 1959 llegó a Moscú en calidad de turista. Poco después hizo la solicitud al Soviet Supremo de la URSS de la ciudadanía soviética. En su pedido, Oswald escribió que por sus convicciones se consideraba comunista y que no veía perspectiva alguna para su vida en Estados Unidos. Después de obtener una respuesta negativa a su solicitud intentó suicidarse. El 21 de noviembre de 1959 lo encontraron tendido en el baño del hotel, inconsciente y con la vena de la mano izquierda cortada. Allí mismo fue hallada una nota con el siguiente contenido: "Yo he hecho este viaje tan largo, para encontrar la muerte, pero yo amo la vida".

Oswald fue llevado a uno de los hospitales de Moscú, donde se le prestó la asistencia necesaria.

El 31 de octubre de 1959 Oswald por propia iniciativa visitó la Embajada de Estados Unidos y declaró que renunciaba a su ciudadanía y que se quedaría en la Unión Soviética.

En enero de 1960 los órganos soviéticos correspondientes le dieron a Oswald el permiso de residencia. Fue enviado a la ciudad de Minsk, donde comenzó a trabajar en su especialidad en una fábrica de radios.

Poco tiempo después Oswald desistió de su idea de adoptar la ciudadanía soviética. Entre los obreros y empleados de la fábrica de radios comenzó a manifestar su inconformidad por su situación material, por las condiciones de trabajo y se arrepentía de la decisión que había tomado de permanecer en la URSS.

En la ciudad de Minsk, Oswald conoció a la ciudadana soviética Prusakova Marina Nikolaevna, nacida en 1941 y natural de la ciudad de Severo-Dvinska, región Arjángelsk. El 30 de abril de 1961 se casó con ella. Tuvieron una niña.

En la primavera de 1962 los esposos decidieron regresar a Estados Unidos. Oswald obtuvo los pasaportes para él y su familia en la Embajada norteamericana en Moscú y el 2 de junio de 1962 salieron de la URSS.

El 17 de marzo de 1963, M. N. Oswald-Prusakova, que vivía conjuntamente con su esposo en la ciudad de Dallas, Texas, presentó al Consulado soviético en Estados Unidos una solicitud donde pedía que se le diera la posibilidad de regresar a la Unión Soviética para residir permanentemente. Una solicitud análoga fue realizada por el propio Oswald en octubre del mismo año al visitar la Embajada soviética en México. A ambos se les denegó la entrada en la URSS.

En noviembre de 1963, Oswald envió a la Embajada soviética en Washington una carta en la que informaba que había caído en el campo visual del FBI, al parecer porque era secretario del "Comité Pro Justo Trato a Cuba" en Nueva Orleans.

El 22 de noviembre de 1963, Oswald fue detenido por la policía norteamericana bajo sospechas del asesinato del presidente Kennedy y al día siguiente murió a manos de Jack Ruby.

Posteriormente, a solicitud de las autoridades norteamericanas, el embajador de la URSS en Estados Unidos hizo entrega al secretario de

Estado, Dean Rusk, de las copias de la correspondencia de Oswald con el consulado soviético en Washington. En 1964, los materiales sobre la estancia de Oswald en la URSS fueron puestos a disposición del gobierno norteamericano.

El Comité de Seguridad del Estado no tenía ningún interés operativo hacia Oswald y su esposa. Firmado: Pedro.

En mayo de 1989, mientras me encontraba en una visita de trabajo en la Unión Soviética, me entrevisté en Moscú con un antiguo amigo, el coronel del Primer Directorio del KGB (Inteligencia), Pavel Iatskov, *Pablo*. Conocía por relatos anteriores que *Pablo* se encontraba en Ciudad México cuando Oswald fue a solicitar visa para visitar la Unión Soviética, en el otoño de 1963. Era un tema que seguía interesándome y por esto fijé la entrevista con él, quien ya se encontraba jubilado.

Fue un encuentro muy afectuoso. Ambos habíamos coincidido durante la década de los años setentas y principios de los ochentas en La Habana y Managua, donde Iatskov se desempeñó como jefe de la representación del KGB. Después de evocar a los conocidos comunes, entramos en materia y he aquí lo contado por *Pablo*:

> Yo me encontraba en Ciudad México cuando Lee Harvey Oswald visitó nuestra Embajada para solicitar una visa. En realidad él quería visitar La Habana y fue a la Embajada tuya a solicitar el permiso correspondiente pero se lo negaron, pues debía tener el visado soviético, ya que era su lugar de destino. Mi entrevista con él fue fortuita. Era un sábado y proyectaba jugar un partido de volleyball con mis compañeros, cuando recibí el aviso del guardián del Consulado de que un norteamericano insistía en entrevistarse con un funcionario soviético.
>
> Lo atendí y me contó una extraña historia. Decía haber estado en la URSS y estar casado con una soviética, con la que tenía dos hijos. Que era militante del Partido Comunista norteamericano y de un comité de apoyo a Cuba.
>
> Le expliqué que debía hacer la solicitud oficial, pero que la autorización de cualquier visa a ciudadanos norteamericanos se concedía en Moscú, por lo que el trámite demoraba de cuatro a seis meses.
>
> Cuando le di esta respuesta, pareció desconsolado y se marchó, sin siquiera llenar el formulario. A mí me pareció una provocación todo aquello y así lo informé inmediatamente a Moscú.
>
> Poco tiempo después, ocurrió el asesinato de Kennedy y él resultó el único sospechoso. Cuando regresé a Moscú, tal vez en las vacaciones del siguiente año, conversé sobre el caso de Oswald con varios amigos que trabajaban en el Segundo Directorio (Contrainteligencia) y me confirmaron que Oswald había estado en la URSS a finales del año 59, pero que ellos no habían tenido que ver

con su caso, que quizá, fuera un asunto nuestro (Inteligencia del KGB o del GRU, la Inteligencia Militar), pero que se decía que había proporcionado una información muy importante para la Seguridad del Estado soviética, por lo que se le concedió la ciudadanía temporal. A los pocos meses, comenzó a plantear su deseo de regresar a Estados Unidos y suponían, que la Primera Dirección o el GRU se hicieron cargo del asunto.

A finales de los años setenta, cuando se reabrió en Estados Unidos la investigación sobre el asesinato de Kennedy, yo me encontraba en Moscú y en una ocasión, conversando en el Centro con varios oficiales de alta graduación de mi Directorio sobre el atentado cometido contra el presidente norteamericano, uno de ellos comentó que Oswald había sido agente de la Inteligencia norteamericana y que su deserción a la URSS fue para introducir una medida activa que desbaratara el clima político de distensión que se estaba creando entre las dos superpotencias...

Le pregunté a *Pablo* si creía que Oswald había sido reclutado por la Inteligencia soviética, a lo que contestó que "no lo dudaba pues era una práctica del Primer Directorio o del GRU tratar de, por lo menos, obtener un acuerdo inicial de trabajo en todos los casos de ciudadanos que intentaban regresar a sus países de origen, y Oswald no iba ser la excepción".

Especulamos sobre el contenido de las informaciones entregadas por Oswald al KGB y coincidimos en que éstas, probablemente, estaban relacionadas con los vuelos de los aviones espías U-2 sobre territorio soviético.

En realidad, desde el asilo de Oswald en la Unión Soviética hasta el primero de mayo de 1960, unas semanas antes de las conversaciones anunciadas entre Eisenhower y Nikita Jruschov para analizar, entre otros temas, el desarme, no habían tenido lugar tales vuelos, por lo que resultó altamente sospechoso que precisamente el vuelo realizado ese día haya sido abatido por la cohetería soviética, que nunca antes lo había podido realizar. Fue en realidad un suceso extraño que, por supuesto, afectó la cumbre entre las dos superpotencias.

En febrero de 1961, Oswald visitó la Embajada norteamericana en Moscú, y se entrevistó nuevamente con el cónsul Snyder, al que solicitó permiso para regresar a los Estados Unidos en unión de su familia. El Departamento de Estado dio su autorización e indicó a la Embajada que le otorgara un préstamo por 435,71 dólares, para sufragar los gastos del viaje. Oswald se entrevistó nuevamente con Snyder el 10 de julio. Allí determinaron que éste no se había expatriado y le devolvieron el pasaporte, el cual vencía en septiembre de ese año. Le informaron, además, que el Departamento de Estado decidiría sobre su actualización.

Finalmente, en agosto de 1961, la Oficina de Pasaportes del Departamento de Estado autorizó a la Embajada norteamericana en

Moscú para que actualizara el pasaporte de Oswald, y dio el permiso para que la esposa de éste pudiera entrar a los Estados Unidos.

El 11 de enero de 1962, el gobierno soviético otorgó el visado de salida para que Marina Oswald-Prusakova pudiera trasladarse a los Estados Unidos.

En junio de ese año, Oswald regresó junto con su familia a Nueva York. Fue recibido en el muelle por el veterano agente de la CIA, Spas T. Raikin, secretario general de la organización Hermanos Norteamericanos de las Naciones Antibolcheviques, Inc., quien, además, trabajaba en la Sociedad de Ayuda a los Extranjeros.

TEXAS Y DALLAS

Tras su regreso, Oswald se instaló en Fort Worth, Texas, y comenzó a trabajar en la compañía *Leslie Welding*, como obrero en la industria de laminado metálico. El 26 de junio de 1962 fue entrevistado por primera vez por el FBI. Los agentes John W. Fain y B. Tom Carter le preguntaron sobre su trayectoria en la Unión Soviética y le dieron instrucciones para el caso de que la Inteligencia soviética lo contactara. La segunda entrevista se realizó el 16 de agosto y los oficiales del FBI concluyeron que "Oswald no representaba un riesgo para la seguridad y que no era peligroso en potencia o violento", por lo que recomendaron archivar su caso. Ese mismo mes, el agente Fain se jubiló y fue sustituido por James P. Hosty, Jr., quien abrió nuevamente el caso de Oswald, en octubre de 1962, según sus declaraciones a la Comisión Warren. Los motivos aludidos por Hosty para reactivar el expediente de Oswald fueron calificados por la Comisión Warren como realmente irrelevantes y falsos.

Coincidentemente, el 7 de octubre de 1962, Oswald fue visitado por el barón George De Mohrenschildt, un descendiente de rusos blancos, que se desenvolvía dentro de la colonia rusa radicada en Dallas. Al día siguiente, Oswald empacó sus pertenencias y se trasladó a esta ciudad, lugar en que vivía el matrimonio De Mohrenschildt.

Después de instalarse allí, el 9 de octubre, Oswald se relacionó activamente con la colonia rusa asentada en esa ciudad. Visitó la oficina de empleo del estado de Texas y realizó un examen general de aptitud, donde obtuvo resultados excelentes. Una semana más tarde tenía un empleo en una empresa proveedora de cartas y mapas de usos militares para el Pentágono. Este trabajo requería de una alta calificación de seguridad por su acceso a secretos, entre éstos, los mapas que se confeccionaba sobre Cuba, para ser utilizados por los aviones espías *U-2*, que en ese mes descubrirían las instalaciones de misiles soviéticos en la Isla.

La Comisión Warren señaló que Oswald fue despedido de ese empleo, el 6 de abril de 1963, por motivos "de insuficiencias y carácter difícil".

Después de una visita que le realizó el matrimonio De Mohrenschildt, el 13 de abril de 1963, Oswald decidió cambiar de aires y el día 24 de ese propio mes se trasladó a Nueva Orleans. Dejó a su esposa e hijos en Irving, Texas, en la casa de la señora Ruth Paine, quien hablaba fluidamente el ruso. El esposo de la señora Paine era ingeniero de la *Bell Helicopter*, una de las firmas proveedoras más importantes del Pentágono.

NUEVA ORLEANS

Según la información conocida, desde que Oswald regresó a Nueva Orleans se vinculó con su antiguo amigo, David Ferrie, quien se encontraba trabajando para una agencia de detectives privados dirigida por el ex-agente del FBI, Guy Banister. Este último estaba al frente de un operativo de la CIA encargado de realizar misiones clandestinas contra Cuba. Lo hacía bajo la cubierta de una organización anticastrista denominada Amigos de la Cuba Democrática.

Un informe de 1979, procedente de una fuente de Inteligencia cubana reveló que en abril de 1963, Amigos de la Cuba Democrática estaba constituida por los elementos más extremistas del exilio cubano, apoyados por la Mafia. La oficina de Consejo Revolucionario Cubano, matriz de la organización de Banister, radicaba en el mismo edificio que la agencia de detectives. Varios cubanos, entre ellos Sergio Arcacha, Frank Bartes y Carlos Bringuier, sus dirigentes, eran visitados asidua u ocasionalmente por los agentes de la CIA, Orlando Bosch, Antonio Cuesta, Antonio Veciana, Luis Posada, Eladio del Valle, Manuel Salvat y Manuel Villafaña, entre otros.

Otra fuente de igual origen, interrogada años más tarde sobre el tema, expuso que después del asesinato de Kennedy reconoció a Oswald como una de las personas que, a mediados de 1963, se encontraban en una casa de seguridad de la CIA en los alrededores de la ciudad de Miami. El informante había visitado la residencia en busca de su oficial de caso y allí se encontró con varios cubanos conocidos. Su oficial de caso no le permitió quedarse, razón por la que se marchó rápidamente.

Por su parte, el fiscal Jim Garrison, en sus investigaciones sobre el caso, descubrió que David Ferrie frecuentaba las oficinas de Banister durante el verano de 1963, hecho que también reconoció la investigación del Comité Selecto de la Cámara de Representantes, el cual agregó que, en 1961, Ferrie trabajó con Banister y Sergio Arcacha en la creación de Amigos de la Cuba Democrática, adjunta al Consejo Revolucionario Cubano. Banister dirigía las investigaciones sobre los miembros de los grupos anticastristas en busca de posibles espías de La Habana.

Delphine Roberts, secretaria de Banister, declaró haber visto a Oswald en varias ocasiones a fines de agosto y principios de septiembre de 1963, en las oficinas de aquél, lo cual sería confirmado por *Jack* Martin, cuando señaló que Oswald siempre estaba en las oficinas del ex-agente del FBI junto a Ferrie.

Otros elementos posteriores, tales como los pies de imprenta de los panfletos "procastristas" distribuidos por Oswald en Nueva Orleans, también señalan sus relaciones con el grupo de Banister. La dirección consignada en los panfletos era la misma donde radicaba la oficina de este último y funcionaba el denominado Consejo Revolucionario Cubano.

El 5 de agosto de 1963, Oswald visitó la tienda de Carlos Bringuier, denominada *Casa Roca*, le solicitó ingresar en su grupo contra-rrevolucionario, denominado Directorio Revolucionario Estudiantil, y le propuso aportar dinero y entrenamiento en técnica de guerrillas, y adujo sus experiencias como ex-*marine*. Bringuier declaró posteriormente al magnicidio que "temeroso de que fuera un provocador o agente del FBI, lo remitió a las oficinas de su organización en Miami".

Al día siguiente de la primera conversación, Oswald regresó a la tienda y dejó un manual de entrenamiento de *marines*.

El 9 de agosto, declaró Bringuier a la policía local, conoció que un hombre hacía propaganda en favor de Fidel Castro en la calle Canal, por lo que se dirigió a ese lugar en compañía de los también exiliados Celso Hernández y Miguel Cruz. Al percatarse de que la persona que distribuía la propaganda era Oswald, riñeron con él.

Otro testimonio, el de Marita Lorenz,[37] señala que participó en una reunión con varios contrarrevolucionarios cubanos, desarrollada en el otoño de 1963, en una casa de Miami, donde se encontraban presentes Orlando Bosch, Patrick Gerry Hemmings, los hermanos Guillermo e Ignacio Novo Sampol, David Ferrie, Pedro Luis Díaz Lanz y Lee Harvey Oswald, a quien conoció en esa oportunidad por el seudónimo de "Ozzie". El grupo mencionado conversaba sobre un viaje a la ciudad de Dallas, de la cual tenían un mapa desplegado sobre una mesa.

UN "SIMPATIZANTE DE CASTRO"

Inmediatamente después de su establecimiento en Nueva Orleans, Oswald comenzó a realizar actividades públicas que lo evidenciaban como un "ardiente simpatizante" de la Revolución Cubana. Como parte de este plan, trató, infructuosamente, de vincularse a la organización *Fair Play for Cuba Committee*.[38] Durante el mes de mayo de 1963, le escribió a Vincent T. Lee, entonces director nacional de dicha organización, y le solicitó abrir una filial en Nueva Orleans. A pesar de no haber recibido el consentimiento, imprimió volantes en nombre de la organización con los timbres de *L. H. Oswald 4907 Magazine Street, A. J. Hidel, P.O. Box 30016* y *Camp Street 544*.

En las cartas escritas a Lee, Oswald expresó su intención de alquilar una oficina. Al no recibir una respuesta afirmativa le escribió nuevamente y le dijo "que había alquilado una pequeña habitación".

En junio de 1963 solicitó otro pasaporte norteamericano con la intención, según expresó en carta a la agencia gubernamental correspondiente, de viajar a Europa Occidental, la Unión Soviética, Finlandia y Polonia. La Oficina de Pasaportes aprobó su solicitud al día siguiente.

A finales de junio o principios de julio, Oswald le planteó a su esposa, Marina, que deseaba regresar a la Unión Soviética porque nada lo retenía en los Estados Unidos. Como resultado de esa conversación, Marina escribió a la Embajada soviética en Washington y refirió una solicitud realizada por ella el 7 de febrero de ese año en la que solicitaba permiso de regreso para ella y su hija, y donde especificaba que Oswald tenía que quedarse en los Estados Unidos (aunque, según Marina, ella había obrado a instancias de su marido). En un segundo escrito, de julio de 1963, Marina le expresó a la Embajada soviética que sus cosas marchaban mejor, pues su marido deseaba regresar a la Unión Soviética. Lo que no sabía Marina era que Oswald había adjuntado una nota a la carta, en la cual solicitaba a la Embajada rapidez en el visado de su esposa, y añadía: "en cuanto a mi visado de regreso, les ruego lo consideren como visado separado del de mi esposa".

Oswald continuó presionando al presidente del *Fair Play for Cuba Committee* y para llamar su atención mintió deliberadamente sobre la magnitud de su activismo en favor de dicha organización e incluso sobre el hecho de que era perseguido por esto. El primero de agosto escribió una larga carta a Vincent T. Lee en la que le expuso, entre otras cuestiones "que la oficina alquilada por él para local del Comité había sido cerrada de repente, tres días después por razones oscuras: los dueños hablaron de reformas, etc., Usted comprenderá que, desde luego... se distribuyeron millares de circulares y constantemente recibía consultas por el apartado de correos... estaba solo en sus esfuerzos, pero la carencia de simpatías de su movimiento en Nueva Orleans era debida a un ataque efectuado por unos exiliados cubanos durante una manifestación pública y al haber sido advertido oficialmente por la Policía..."

El 9 de agosto, se produjo el incidente entre Oswald y los exiliados cubanos Carlos Bringuier y Celso Hernández, quienes "sorprendieron" a Oswald repartiendo panfletos en favor de Cuba y sostuvieron un altercado público en el que intervino la policía y los detuvo a todos. Sólo Oswald resultó multado. La imposición fue pagada por su tío, persona vinculada a Carlo Marcello, jefe de la Mafia en esa ciudad. Es interesante apuntar cómo Oswald se refirió a ese incidente en su carta a V. T. Lee, del primero de agosto, ocho días antes de que ocurriera.

Unos días más tarde, el periodista William Stuckey, de la emisora WDSU de la ciudad, entrevistó a Oswald sobre el incidente y le propuso un debate público con Carlos Bringuier el 21 de agosto. En él, Oswald se declaró marxista convencido y simpatizante de Cuba. Como detalle significativo debe apuntarse que el moderador de ese programa era Edward Butler, director ejecutivo del Consejo de Información de las Américas, quien fue el que desenmascaró a Oswald como antiguo desertor a la Unión Soviética. El día 26, Butler entregó al FBI la grabación del debate.

Por su parte, Carlos Bringuier orientó al también exiliado cubano Carlos Quiroga que visitara a Oswald y profundizara en las actividades que realizaba. Quiroga era miembro del Directorio Revolucionario Estudiantil y, según los archivos cubanos, pertenecía a la Sección de Inteligencia de la citada organización.

Después de tales actividades, Oswald o sus manipuladores documen-
taron su filiación "castrista", las relaciones con una organización de ese
corte, los nexos con el Partido Comunista norteamericano y, sobre todo,
quedó grabada para su momento, la declaración de "marxista
convencido" realizada por Oswald y sus simpatías por la Cuba
revolucionaria.

LOS CÓMPLICES

Marina Oswald declaró ante la Comisión Warren que, entre los días 21 de agosto y 17 de septiembre, su esposo pasaba la mayor parte del tiempo leyendo y haciendo prácticas con un fusil. Los investigadores de la Cámara de Representantes afirmaron que Oswald pasó inadvertido en Nueva Orleans. Sin embargo, en ese mismo período hay evidencias sobre apariciones públicas de Oswald en Clinton, Louisiana, con dos sospechosos de ser agentes de la CIA, Clay Shaw y David Ferrie.

En el otoño de 1975, durante una entrevista al periodista norteamericano Dan Rather, de la cadena *Columbia Broadcasting System* (CBS), Robert McKeown, contrabandista de armas, conocido de Jack Ruby, residente en una población cercana a Dallas, expresó que "en el otoño de 1963, Oswald visitó su casa en compañía de un cubano de apellido Hernández, al cual conocía desde su época en La Habana". La visita consistía, según McKeown, en proponerle la compra de dos fusiles *Savage-300* con miras telescópicas.

A mediados de septiembre de 1963, Oswald apareció públicamente en el Consulado de México en Nueva Orleáns, donde solicitó una visa de turista para visitar ese país.

De Nueva Orleans marchó a Dallas y allí realizó un grupo de reuniones. El "incidente Silvia Odio", como denominó la Comisión Warren a este episodio, ocurrió a fines de septiembre de 1963, cuando una noche Silvia Odio recibió en su casa de Dallas la visita de dos latinos (o cubanos) acompañados por un norteamericano. Según le dijeron los dos latinos, este último se llamaba "León Oswald". Los visitantes intentaron que ella colaborara en la confección de cartas a comerciantes locales para recabar ayuda económica para la Junta Revolucionaria en el Exilio (JURE), dirigida por Manuel Ray Rivero. Según Silvia Odio, los dos latinos dijeron nombrarse "Leopoldo" y "Angelo". Después de intentar convencerla para los propósitos mencionados, "Leopoldo" la telefoneó al día siguiente para decirle que Oswald era un excelente tirador y que había dicho "que los cubanos no tenían agallas, porque el presidente Kennedy tenía que haber sido asesinado después de lo de Bahía de Cochinos, y que eso tendrían que haberlo hecho los cubanos, porque él (Kennedy) era quien impedía realmente la liberación de Cuba".

Después de ocurrido el crimen, Silvia Odio y su hermana, Annie, identificaron plenamente a Oswald como la persona que las visitó en compañía de los dos latinos.

Ninguno de estos sujetos fue identificado por el FBI, a pesar de que Silvia Odio brindó descripciones detalladas sobre cada uno de ellos.

Tampoco se intentó esclarecer por qué dentro de tantas organizaciones "anticastristas", los visitantes de Silvia Odio aludieron al JURE. El único argumento utilizado fue que su padre estaba preso en Cuba por pertenecer al grupo de Ray; sin embargo, no se aclaró que éste no era, en 1961, fecha de su detención, miembro del JURE, sino del Movimiento Revolucionario del Pueblo (MRP), otro movimiento que había fundado Ray en Cuba y del cual sus compañeros, por influencias de la CIA, lo habían destituido y expulsado.

No se explica tampoco que asesores de Kennedy, después de mayo de 1963, cuando rompieron con el Consejo Revolucionario Cubano (CRC), apadrinado por la CIA y la Mafia, habían establecido ciertos vínculos con Ray y su grupo, teniendo en cuenta precisamente que las posiciones socialdemócratas de éste le brindaban una imagen más liberal que la de los ultraconservadores de Miami.

Ante las evidencias conocidas suponemos, con cierta lógica, que el contacto Odio-Oswald, innecesario para la consumación del asesinato, tuvo que tener propósitos concretos y no había sido un hecho casual. Probablemente, hayan sido:

1. Demostrar a Oswald que había ciertos grupos "anticastristas" que en realidad no lo eran y servían de pantalla para la Inteligencia cubana.

2. Fabricar evidencias sobre una conexión "castrista" en un complot contra la vida de Kennedy.

3. Involucrar al JURE y a su jefe en el complot de asesinato. Ray, acusado de comunista por el CRC y la CIA, podía aparecer implicado en una investigación sobre el hecho, como consecuencia de la declaración de Silvia Odio, quien mencionaría seguramente que hombres del grupo de éste la fueron a visitar en compañía de Oswald, al que sin dudas reconocería.

Todo esto hace suponer que en el "incidente Silvia Odio" se encuentra una de las claves del magnicidio. Conocer quiénes fueron los participantes y, sobre todo, cuáles fueron los motivos verdaderos, pudiera ser vital para investigaciones futuras.

EL EPISODIO DE MÉXICO

Desde fines de enero de 1962, Cuba se encontraba aislada de los países latinoamericanos, los que, con la excepción de México, influidos por el gobierno de los Estados Unidos, habían expulsado a la Isla del seno de la OEA en la Octava Reunión de Consultas de Ministros de Relaciones Exteriores de los países miembros de esa organización, que había tenido lugar en Punta del Este, Uruguay.

La solidaridad del gobierno y del pueblo mexicanos permitieron a Cuba, entre otras cosas, contar con un país vecino mediante el cual mantener sus comunicaciones con el mundo exterior. México era lugar de tránsito obligado de todo viajero cubano o extranjero que intentara llegar a Cuba. La CIA comprendió esto muy temprano y fortaleció su poderosa Estación en Ciudad México. Allí desplegó un enorme dispositivo de control técnico y humano sobre todos los viajeros procedentes de o hacia la Isla, y sobre el personal cubano que trabajaba de forma permanente u ocasional en ese país. A todos los viajeros procedentes de o con destino a Cuba que entraban a México o hacían tránsito en su aeropuerto se les fotografiaba casi de forma pública y luego la CIA, por sus medios, los identificaba y trataba de obtener información sobre los motivos de sus viajes.

Un fuerte dispositivo de escucha y de registro fotográfico fue instalado, para vigilar el acceso a las instalaciones diplomáticas cubanas y obtener información de Inteligencia en las conversaciones que tenían lugar en el interior de sus locales y por medio de sus teléfonos y de micrófonos ocultos que habían sido instalados subrepticiamente.

Otras actividades realizadas por la Estación de la CIA fueron campañas anticubanas en los medios informativos, provocaciones, intentos de reclutamiento, penetraciones, obtención de información política, militar y económica y encargos de tareas subversivas para cumplir dentro del territorio cubano, que no excluyeron el intento de asesinato del presidente cubano, Fidel Castro.

Lee Harvey Oswald se personó en el Consulado cubano en Ciudad México el 27 de septiembre de 1963. Integraban entonces esa sede, Eusebio Azcue López, quien se encontraba en los trámites de hacer entrega de su cargo de cónsul general, desempeñado por él desde el 27 de junio de 1961; el cónsul entrante, Alfredo Mirabal Díaz, quien había sido nombrado desde el primero de julio de 1963, y la ciudadana mexicana que fungía como secretaria del cónsul, nombrada Silvia Tirado de Durán. Eusebio Azcue contaba con 52 años de edad, Alfredo Mirabal con 40, y Silvia Durán tenía entonces 26.

Tanto la Embajada como el Consulado cubanos en Ciudad México eran vigilados estrechamente por la CIA, desde uno de los puntos de observación y escucha, situado en Francisco Márquez 14901, Colonia Condesa, desde el cual fijaban fotográficamente a todas las personas que visitaban las instalaciones cubanas y se controlaba las técnicas telefónicas y microfónicas instaladas en los distintos locales de la sede. Uno de los agentes de la CIA que integraba el grupo dedicado a esas actividades se nombraba Alberto César Augusto Rodríguez Gallego, persona de origen cubano que se hacía pasar por colombiano. Las pruebas documentales sobre este punto de control de la CIA fueron suministradas por el gobierno cubano al Comité Selecto de la Cámara de Representantes sobre Asesinatos, en 1978 .

Una prueba evidente del grado de penetración logrado por la CIA en las instalaciones cubanas en Ciudad México, lo constituye el hecho del descubrimiento de medios de escucha instalados en diversos locales de la Embajada y el Consulado. Éstos consistían en dispositivos insertados en receptáculos o fichas telefónicas y en transmisores diminutos empotrados en la madera en diversos lugares, los que eran activados por control remoto. Todos éstos permitían el control de las conversaciones que se efectuaran en esos locales. Un informe sobre estos dispositivos fue presentado por el Ministerio del Interior cubano al tribunal que sesionó durante el Onceno Festival Mundial de la Juventud y los Estudiantes, que tuvo lugar en Cuba en el verano de 1978.

Ni la Embajada ni el Consulado cubanos disponían en 1963 de locales protegidos contra el espionaje electrónico, lo cual facilitaba entonces la tarea de los servicios especiales interesados en esto.

David Phillips, quien dirigía entonces los operativos contra Cuba en la Estación de la CIA, relató posteriormente en su libro autobiográfico,

The Night Watch, cómo era la vigilancia sobre las sedes cubanas en aquella ciudad:

> El jefe de la Sección Cuba era Wally, a quien me había encontrado por primera vez en la Universidad de Chile, en Santiago. Él, también, había sido contratado por la CIA como oficial de Inteligencia.
>
> La tarea de Wally era mantener la "cobertura" total de la Embajada cubana. Idealmente, cubrir una instalación hostil en el exterior con fines de Inteligencia incluye: espías adentro informando sobre su propio gobierno; la capacidad de leer la correspondencia hacia y desde la Embajada; la capacidad de escuchar las llamadas telefónicas; al menos un micrófono que transmitiera los secretos de adentro; la capacidad de obtener fotografías de cada uno de los que trabajaban en la Embajada y de quienes la visitaran y el acceso a los desechos de la basura... sería incorrecto decir ahora cómo era la cobertura total de la Embajada cubana que Wally había alcanzado cuando llegué a México en 1961, pero era muy completa...

El Consulado cubano en Ciudad México tenía el horario laboral de 10:00 a.m. a 2:00 p.m., de lunes a viernes, para la atención al público, y después continuaba su trabajo hasta las 6:00 p.m. Los sábados se atendía asuntos internos del trabajo del propio Consulado, cuando así se hacía necesario.

Las declaraciones de los testigos cubanos, Eusebio Azcue y Alfredo Mirabal, y de la secretaria mexicana, Silvia Durán, permiten establecer que el sujeto que se identificó como Lee Harvey Oswald visitó el Consulado cubano en tres ocasiones.

Silvia Durán recuerda esas visitas el propio día 27 de septiembre, mientras que Eusebio Azcue anota que las dos primeras fueron realizadas en esa fecha, que era viernes, y la tercera el sábado 28. Alfredo Mirabal reconoció haberlo visto en dos ocasiones, pero no precisó la fecha, aunque al parecer fue testigo de la segunda y tercera visitas, lo cual equivaldría a coincidir con Silvia Durán.

Las declaraciones sobre la cronología de las visitas sólo pudieron concretarse quince años después del asesinato, ya que el informe que recoge una síntesis de las declaraciones de Silvia Durán durante los interrogatorios a que fue sometida por la Policía Federal mexicana durante su arresto, fue proporcionado a la Comisión Warren por la Estación de la CIA en Ciudad México, sintetizado de un original de diez cuartillas, pero no decía — entre otras omisiones y arreglos— la cronología de los encuentros con Oswald.

Eusebio Azcue y Silvia Durán atendieron directamente a Oswald durante sus visitas. Alfredo Mirabal vio al sujeto en dos ocasiones, desde una distancia de cuatro metros. Él era el cónsul nombrado para sustituir a Azcue, pero aún no estaba en funciones; además, no dominaba el idioma inglés.

Los testimonios de Azcue, Mirabal y Durán permiten reconstruir, en lo esencial, todo lo concerniente a cada visita del sujeto que se identificó como Oswald en el Consulado cubano, y que en resumen fue:

1. Oswald solicitó una visa para Cuba, en tránsito hacia la Unión Soviética, y expresó su deseo de hacer el viaje para el 30 de septiembre, con estancia de una o dos semanas en Cuba.

2. Mostró documentos y dijo pertenecer al Partido Comunista norteamericano y ser secretario del *Fair Play for Cuba Committee* (Comité Pro Trato Justo para Cuba) en Nueva Orleans.

3. Mostró su pasaporte donde constaba su residencia en la Unión Soviética desde octubre de 1959 hasta junio de 1962.

4. Mostró su certificado de matrimonio con una ciudadana soviética.

5. Silvia Durán confeccionó el modelo de solicitud de visa llenado por Oswald y le agregó las fotos entregadas por él, quien también lo firmó en su presencia. Luego agregó al modelo todo lo relacionado con los documentos presentados por éste para la solicitud, así como otros detalles de lo acontecido. Al final, Alfredo Mirabal firmó la nota como constancia.

6. La parte cubana, de acuerdo con las disposiciones vigentes entonces, le expresó al solicitante la imposibilidad de otorgarle la visa de tránsito sin que antes le fuera concedido el visado del país de destino final.

7. Tanto Azcue como Mirabal y Silvia Durán hablaron telefónicamente con el Consulado soviético sobre la gestión del sujeto.

8. El Consulado soviético reconoció como auténticos los documentos personales presentados por Oswald. No obstante, decidieron no otorgar el visado sin la aprobación previa de su gobierno. El trámite demoraba unos cuatro meses y así le fue comunicado al solicitante por Azcue.

9. La actitud irrespetuosa y la terquedad del sujeto por viajar a Cuba, ocasionaron una discusión en la que el cónsul Azcue se vio precisado a pedirle que abandonara el lugar, después de lo cual no regresó ni volvió a llamar.

10. La solicitud de visa de Oswald fue enviada a Cuba para su consideración. La respuesta fue recibida unos días después y condicionaba su otorgamiento a la concesión de una visa similar por parte del país de destino.

Como era de esperar, el sujeto que se identificó como Oswald utilizó todo su historial de trabajo fabricado por la CIA para lograr viajar a Cuba, que incluía su leyenda elaborada de procastrista. Esto comprueba los juicios emitidos con anterioridad sobre tales aspectos.

Si se toma en consideración el horario de trabajo del Consulado cubano y se asume —según investigaciones mexicanas— que Oswald arribó a Ciudad México el 27 de septiembre de 1963, lo más probable es que sus tres visitas hayan sido realizadas el propio viernes 27, aspecto sobre el cual coinciden los testimonios de Silvia Durán y Alfredo Mirabal.

Documentos desclasificados de la CIA en agosto de 1993, que fueron conocidos por los investigadores del Comité Selecto de la Cámara de Representantes, en 1978, relativos a las llamadas telefónicas controladas por la Agencia en Ciudad México durante los días 27 y 28 de septiembre de 1963, señalan que a las 4:05 p.m. del día 27 Silvia Durán llamó al Consulado soviético y refirió la visita de Oswald al Consulado cubano y la visa solicitada en tránsito a la Unión Soviética. A las 4:26 p.m., un funcionario soviético llamó a Silvia Durán y le respondió acerca de la imposibilidad de otorgar la visa sin una consulta previa a las autoridades soviéticas en Moscú.

El día 28, a las 11:51 a.m., aparece registrada otra llamada en la que Silvia Durán vuelve a hablar con el Consulado soviético y le explica que en el Consulado cubano se hallaba un ciudadano norteamericano que había estado previamente en el Consulado soviético y puso al citado visitante al teléfono. La conversación se desarrolló parcialmente en inglés y ruso. En este último idioma, el traductor de la llamada explicó que le fue muy difícil entender al que hablaba desde la sede cubana, y tampoco se brinda el contenido de esta conversación en inglés. Según las declaraciones de Silvia Durán al Comité Selecto de la Cámara de Representantes, en 1978, esta llamada nunca se efectuó, por lo que puede asumirse que fue un intento de desinformación de la CIA.

Un aspecto medular que continuaba sin esclarecer era la posibilidad de que el hombre que visitó el Consulado cubano y que se identificó como Oswald, no fuera el mismo acusado por el asesinato del presidente John F. Kennedy.

Son diversos los hechos y las informaciones que han ido surgiendo a lo largo de estos años y que dan pie a la especulación sobre la existencia de un presunto "doble". Éstos se resumen en:

1. Que a pesar de que el sujeto identificado como Lee Harvey Oswald visitó en no menos de cinco ocasiones los consulados cubano y soviético, lo cual significa que pudo ser fotografiado en unas diez oportunidades por los varios dispositivos de chequeo y vigilancia con que contaba la Estación de la CIA en México en esa época, hasta el presente, la CIA no ha aportado fotos o

grabaciones que permitan despejar la incógnita. Sólo una foto fue proporcionada y la imagen de la persona que contiene difiere absolutamente de la del verdadero Lee Harvey Oswald y además no ha sido posible establecer con seguridad la identidad de esa persona.

2. Las descripciones iniciales que dio la Estación de la CIA en Ciudad México sobre el supuesto Oswald que visitó los consulados cubano y soviético, tampoco se ajustan a las características personales del verdadero sujeto.

3. Las descripciones dadas por el testigo cubano, Eusebio Azcue, y las de la testigo mexicana, Silvia Durán, tampoco coinciden y ambos difieren en su percepción en cuanto a la autenticidad del sujeto que visitó el Consulado cubano. Durán afirmó que se trataba de Lee Harvey Oswald, pero Azcue no. Alfredo Mirabal, por su parte, afirmó también que se trataba del mismo Oswald.

4. El poco dominio del idioma ruso del supuesto Oswald que habló en varias oportunidades con el Consulado soviético interesándose por su visa, según la apreciación del traductor de la CIA. Como no hay grabaciones de esas llamadas, suponemos sean falsas.

5. El incidente relatado por Silvia Odio y que ella sitúa entre los días 26 ó 27 de septiembre en Dallas, Texas, fecha y lugar en los que insiste en haber visto al Oswald que luego fuera acusado de ser el presunto asesino del presidente Kennedy.

Prestamos una atención particular a este asunto del presunto "doble" por considerarlo de importancia. No sólo hay elementos dudosos respecto a la identidad del sujeto que visitó el Consulado cubano, sino también otros que, contrariamente, lo autentifican. Éstos son:

1. Dos de los tres testigos presenciales de las visitas de Oswald al Consulado cubano, el ex-cónsul Mirabal y Silvia Durán, fueron concluyentes en sus testimonios ante el Comité Selecto de la Cámara de Representantes, al reconocer que la persona que visitó el Consulado es, sin dudas, la misma que tras el crimen, fue acusada de asesinar al presidente Kennedy, aun cuando las señas personales referidas por ellos quince años después no hayan sido las exactas.

2. Según los informes de la Comisión Warren y del Comité Selecto de la Cámara de Representantes, técnicos de la CIA y otros dictaminaron que la firma y foto de la solicitud de visa eran las de Lee Harvey Oswald.

3. La planilla de solicitud de visa fue llenada a Oswald por Silvia Durán y firmada en su presencia, tanto por éste como por el cónsul entrante, Alfredo Mirabal. Técnicos cubanos determinaron, mediante peritaje, que la solicitud de visa fue confeccionada con la máquina de escribir del Consulado cubano y

que era utilizada por Silvia Durán para su trabajo.

4. La planilla de visado nunca fue extraída del Consulado, según reconocieron los testigos.

5. Según el informe de la Comisión Warren, entre las pertenencias de Lee Harvey Oswald después de su detención fueron hallados:

- Los documentos descritos por Silvia Durán que le fueron mostrados por Oswald durante su visita al Consulado.

- La nota entregada por Silvia Durán a Oswald donde ella le escribió su nombre y el número de teléfono del Consulado, para que él pudiera interesarse por la solución de su petición de visado.

- Prendas parecidas a las que vestía en las fotos entregadas en el Consulado.

- Un negativo del que parecían haber sido obtenidas las fotos entregadas en el Consulado cubano.

En el camino de comprobar la verdadera identidad del sujeto que visitó el Consulado cubano en Ciudad México, apreciamos un número de informaciones y hechos que instan a sospechar de intentos deliberados de manipulación de los acontecimientos, así como la inducción hacia pistas falsas. Entre otras, se expone las siguientes:

1. El 8 de octubre de 1963, la Estación de la CIA en México envió un cable a su Centro Principal el cual dice así:

- ACC (CENSURADO) 1ro. de octubre de 1963, un hombre americano que hablaba un ruso deficiente, dijo que su nombre era Lee Oswald (fonética), dijo que había estado en la Embajada soviética el 28 de septiembre y habló con el cónsul, que creía que era Vladimirovich Kostikov. Le preguntó al guardia soviético Iván Obyedkov que respondió la llamada, si había algo nuevo sobre el telegrama de Washington. Obyedkov, después de revisar dijo que nada se había recibido aún, pero se había solicitado.

Ann Goodpasture (oficial de la CIA destacada en México), agregó un segundo párrafo al cable relativo a una foto que encontró en uno de los puntos fijos de la Embajada soviética, explicando:

Hay fotos de un hombre que parece americano entrando a la Embajada soviética a las 12:16 hrs. y saliendo a las 12:22, el 1ro. de octubre de 1963. Aparenta 35 años, cuerpo atlético, cerca de 6 pies, con entradas y escaso pelo. Usaba khaki y camisa sport.

El cable constituye la primera evidencia del conocimiento por la Estación de la CIA de un hombre nombrado Oswald vinculado a la Embajada soviética el primero de octubre de 1963, aunque no se corresponde con las señas personales del Oswald verdadero.

> 1. Gaeton Fonzi aporta la información acerca de un encuentro entre David Phillips y Carl Migdale, jefe del buró de la revista *U.S. News & World Report* en Ciudad México, el 23 de noviembre de 1963, al día siguiente del asesinato del presidente, donde Phillips expresó: "Gracias a Dios que informamos que Oswald estuvo aquí en septiembre, de no ser así, mi organización estuviera en peligro de ser eliminada (...)"

Es curioso que Phillips se asegurara de que fuera este reportero uno de los primeros en conocer de la visita de Oswald. Además, comprueba que conocieron de la visita de éste en septiembre, lo que aporta un elemento muy importante a la tesis de la desinformación posterior que llevó a cabo la Estación de la CIA sobre su presencia en México.

> 1. Entre los días 9 y 11 de octubre, el Centro Principal de la CIA envió antecedentes sobre Lee Henry (*sic*.) Oswald a la Estación de la CIA en México con la descripción de 5 pies 10 pulgadas, 165 libras, pelo castaño claro escaso y ojos azules. Cables similares pero con descripción diferente se envían por el Centro Principal a otras agencias. En estos casos la descripción es: 35 años, cuerpo atlético, 6 pies dd estatura y entradas; similar a la enviada por la Estación de la CIA en México el 8 de octubre. Posteriormente, se explica que esto se originó porque estaba prohibido diseminar información obtenida por medio de otras agencias, sin que sea aclarada la fuente.
>
> 2. El 23 de noviembre de 1963, el Centro Principal de la CIA solicitó a su Estación en Ciudad México la transcripción de las conversaciones de Lee Harvey Oswald y las cintas originales si estaban disponibles, y orientó revisar desde el 27 de septiembre.

El único antecedente conocido de la Estación de la CIA en Ciudad México es del primero de octubre de 1963; sin embargo, el Centro Principal indicó revisar desde el día 27, lo cual confirma que había algún conocimiento de que Oswald podía estar desde esa fecha en México, coincidentemente con lo expresado por David Phillips al periodista, lo cual se produce en fecha tan temprana como al día siguiente del asesinato del presidente.

> El propio día 23, la Estación de la CIA en Ciudad México responde a su Centro Principal la solicitud de información del primero de octubre y dice que la Estación no pudo comparar voces porque se había borrado el primer cassette (28 de septiembre) antes de llegar al segundo (primero de octubre). Incomprensiblemente, sólo tres días bastaron para que la Estación de la CIA

reutilizara la cinta en que grabó las conversaciones telefónicas del 28 de septiembre en la Embajada soviética.

El 24 de noviembre de 1963, la Estación de la CIA en Ciudad México notificó a su Centro Principal, de manera concluyente, que no había cintas grabadas a Oswald.

J. Edgar Hoover, jefe del FBI, envió un memorándum al jefe del Servicio Secreto, James Rowley, el 23 de noviembre de 1963, en el cual le notificaba el aviso, dado por la CIA acerca de que el primero de octubre un individuo que se identificó como Lee Harvey Oswald había contactado con la Embajada soviética en Ciudad México y agregaba: "agentes especiales de este Buró, que conversaron con Oswald en Dallas, Texas, han observado fotos del individuo referido arriba y oído grabaciones de su voz. Los agentes especiales son de la opinión que el arriba referido individuo no era L. H. Oswald."

El FBI se atribuye haber escuchado grabaciones que fueron destruidas un mes antes. ¿Qué grabaciones escuchó el FBI entonces? Suponemos que se trate de las grabaciones y fotos correspondientes al hombre falso que la CIA reportó el 8 de octubre.

No debe olvidarse que David Phillips, como jefe de la Sección Cuba en la Estación de la CIA en Ciudad México, era quien dirigía la vigilancia técnica, y por ende, todo lo que sobre ésta se enviaba en los cables al Centro Principal.

No hay evidencias oficiales, antes del 22 de noviembre, de que la Estación de la CIA en Ciudad México tuviera información de las visitas de Lee Harvey Oswald al Consulado cubano en esa ciudad, salvo en lo relativo a las transcripciones de las llamadas desde el Consulado, los días 27 y 28 de septiembre, para hablar sobre la visa solicitada por él, y que han sido reveladas en 1993. Como sólo en las del día 27 se identifica a las personas que hablan y hay concordancia con lo referido por más de un testigo, es probable que, al menos, la llamada del día 28 al Consulado cubano sea falsa.

Un reporte del Buró de Información del Comité Selecto de la Cámara de Representantes sobre Asesinatos, de 21 de septiembre de 1978, reveló un memorándum enviado a la Comisión Warren, el 24 de marzo de 1964, en el que Richard Helms escribió que el 22 y el 23 de noviembre fueron recibidos tres informes de alguien "no identificado" en Ciudad México, relativos a una foto de un hombre que visitó las embajadas cubana y soviética durante los meses de octubre y noviembre de 1963 y que la descripción original de este Oswald en los teletipos de la CIA era: 35 años, complexión atlética, 6 pies de estatura y calvicie incipiente.

Aparentemente, esta información tiene relación con el cable de la Estación de la CIA en Ciudad México, de 8 de octubre, con la diferencia de que aquél no menciona para nada a la Embajada cubana.

El propio 23 de noviembre, Winston Scott, jefe de la Estación de la CIA en Ciudad México, sin consultar a su Centro Principal, tomó la iniciativa y envió una nota al jefe del gobierno mexicano, licenciado Luis Echevarría, con las direcciones de Silvia Durán, el teléfono de su casa y lugar de trabajo, y solicitó que fuera detenida inmediatamente. La acción aporta una prueba evidente de que la Estación de la CIA conocía de la importancia de esta persona como testigo presencial y directo de las visitas de Oswald al Consulado cubano, lo que pudo ser conocido mediante las llamadas registradas en esas fechas y cuyas grabaciones se informó que habían sido borradas. La acción presurosa evidencia que la CIA tuvo interés en controlar de inmediato lo que pudiera conocer uno de los testigos principales de la visita y obtener confesiones que pudiera manipular. Otras informaciones posteriores así lo evidencian.

Una persona a quienes los documentos desclasificados de la CIA identifican como John Scelso, y que lo ubican como jefe del Hemisferio Occidental en la CIA, dice que al ser notificado telefoneó a Winston Scott y le pidió que Silvia Durán no fuera arrestada. Al respondérsele que ya era inevitable, llamó entonces al presidente Luis Echevarría y le pidió que toda la información recibida de Silvia Durán fuera cursada inmediatamente a su Estación en México y que el arresto y las declaraciones no trascendieran a ningún grupo izquierdista. Este interés, según se ha revelado, fue por el temor del Cuartel General de la CIA de que se haría peligrar a alguien no especificado, si era descubierto que los norteamericanos estaban detrás del arresto de Silvia Durán.

Dos cables desclasificados por la CIA resumen este acontecimiento:

> El arresto de Silvia Durán es un asunto extremadamente serio que puede perjudicar la libertad de acción de Estados Unidos en la cuestión de la responsabilidad cubana...
>
> En relación con los intereses mexicanos, les solicitamos que aseguren que su arresto se mantenga en absoluto secreto, que ninguna información de ella sea publicada o filtrada, que toda esta información sea enviada a nosotros y que el hecho de su arresto o sus declaraciones no se expanda a círculos de izquierdistas o desleales al gobierno mexicano...

El 28 de noviembre, el Centro Principal de la CIA envió un cable aclaratorio a su Estación en Ciudad México, en el que solicitaba la confirmación de que ni Silvia Durán ni los cubanos pudieran tener bases para creer que los norteamericanos estaban detrás de su nueva detención:

> Queremos estar seguros de que no hay malos entendidos entre nosotros, queremos asegurarnos que Silvia Durán no reciba la impresión que los americanos estamos detrás de su arresto. En otras palabras, queremos que los mexicanos asuman la total responsabilidad del asunto.

Era necesario que los cubanos y el testigo Durán no conocieran que detrás de su detención estaba la mano de la CIA, lo cual es comprensible, pues se trataba del intento de doblegar a un testigo para que hiciera declaraciones sobre Oswald que implicaran a Cuba con el magnicidio, según el esfuerzo evidente que hacía la Estación con ese fin.

> El Jefe de la Estación de la CIA en Ciudad México de 1967 a 1969 declaró ante el Comité Selecto de la Cámara de Representantes, en 1978, haber visto un expediente de Lee Harvey Oswald que contenía una o dos transcripciones y fotos de Oswald. También declaró que Winston Scott conservaba materiales sensibles que fueron retirados por James Angleton, jefe de los servicios de Contrainteligencia de la CIA, cuando Scott murió.

En esos materiales, según se informó, el Comité encontró notas de Scott donde enfatizaba que envió —sin especificar a quién— todo lo relativo al viaje de Oswald, sus contactos con las embajadas de Cuba y la Unión Soviética y su solicitud de viaje a este país, lo cual concuerda con lo declarado por otras fuentes y David Phillips. Varios oficiales recuerdan haber captado la foto de Oswald, lo cual se consideró un logro de la Estación, especialmente de Ann Goodpasture. No se aclara si ésta es la misma foto que luego fue desechada como la de Oswald u otra.

> El 27 de noviembre, el gobierno mexicano cursó a la Estación de la CIA en Ciudad México una copia de la declaración de diez páginas firmada por Silvia Durán. Ese propio día, la Estación la envió a su Centro Principal. Sin embargo, lo que se le entregó a la Comisión Warren fue un texto "sintetizado" de la declaración. El Comité Selecto de la Cámara de Representantes dijo, en 1978, que dicha síntesis no reproducía fielmente los testimonios de Silvia Durán, y que difería del original en los aspectos siguientes:

Omitía la descripción dada por Silvia Durán del individuo nombrado Lee Harvey Oswald y de la cual se dijo luego, en 1978, que había sido la de un "hombre bajito, rubio y vestido de forma no elegante". No obstante, en sus declaraciones ante el Comité Selecto de la Cámara de Representantes, lo describiría como aproximadamente de 5,6 pies de estatura, pelo ralo rubio y con un peso de 125 libras. Ya habían transcurrido entonces quince años del suceso.

Que fue cambiado el testimonio de Silvia Durán en cuanto a que en la síntesis a la Comisión Warren ella plantea que "excediéndose en sus funciones, telefoneó al Consulado soviético con el fin de ayudar a Oswald a que consiguiera el visado de ese país", y lo que realmente declaró entonces fue que "la única ayuda que ella pudo dar a Oswald fue aconsejarle que viera al cónsul soviético y llamara a la persona a cargo de esa oficina".

Si lo segundo fuera la verdad, entonces serían dudosas las transcripciones de las llamadas controladas por la Estación de la CIA en Ciudad México durante los días 27 y 28 de septiembre de 1963.

¿Serían éstos los únicos "arreglos" que la CIA introdujo en el testimonio original de Silvia Durán? ¿Qué pretendió la CIA con semejantes "arreglos" al testimonio de un testigo tan crucial?

Otros cambios se realizarían en el testimonio de Silvia Durán. En la síntesis de sus declaraciones a la Comisión Warren se afirmaba que ella expresó "no recordar si Oswald la llamó posterior a su visita al consulado" cuando lo que realmente dijo entonces fue que "él nunca volvió a llamar".

En la síntesis a la Comisión Warren se omite el testimonio de Silvia Durán acerca de la cronología de las visitas de Oswald al Consulado cubano; sin embargo, se dice en los documentos desclasificados por la CIA que ella declaró ante el Comité Selecto de la Cámara de Representantes que Oswald estuvo en tres ocasiones en el Consulado el día 27 de septiembre y no en dos, como se había dicho a la Comisión Warren previamente.

En la síntesis entregada a la Comisión Warren aparece que Silvia Durán declaró "no recordar con seguridad si el solicitante manifestó ser miembro del Partido Comunista americano". En su declaración al antes citado Comité, en 1978, dijo que "el americano mostró su carnet del Partido Comunista americano" y que le resultó sospechoso que un comunista viajara con su carnet, razón por la que le preguntó a Oswald por qué él no hacía que el Partido Comunista americano le tramitara el viaje a Cuba. Éste le contestó que "no tenía tiempo para ello". En las observaciones a la planilla de solicitud de visado llenada en el Consulado cubano se refiere a que "el solicitante mostró documentos y manifestó ser miembro del Partido Comunista (...)"

Su declaración en 1978 concuerda con lo especificado en su solicitud de visa y, por ende, con lo ocurrido verdaderamente, ya que fue tomado en el momento de la visita de Oswald al Consulado; además, tanto Eusebio Azcue como Alfredo Mirabal reconocen haber visto ese documento.

También consideramos que la Comisión Warren no tuvo éxito en sus intentos por entrevistar a Silvia Durán en 1963, y además, de que toda la información que recibió sobre las actividades de Oswald en México provenían de la CIA.

No es hasta el 6 de junio de 1978 en que Silvia Durán logró entrevistarse en México con representantes del Comité Selecto de la Cámara de Representantes, es decir casi quince años después de los sucesos.

Sobre Silvia Durán y Eusebio Azcue, testigos principales de las visitas de Oswald al Consulado cubano, se diseminó una serie de informaciones orientadas a sembrar la duda sobre sus personas, que indujeran a la devaluación de sus testimonios. En el caso de Durán esto se produjo con mayor intensidad. Se informó sobre supuestos vínculos extralaborales y hasta íntimos con Oswald, así como nexos con servicios especiales norteamericanos, mexicanos o cubanos. Ejemplo de éstos son los siguientes:

- El 18 de septiembre de 1978, el Comité Selecto de la Cámara de Representantes reveló en audiencia pública una información atribuida a Elena Garro de Paz, escritora mexicana, en la cual se señalaba que a finales del mes de septiembre de 1963, al asistir a una fiesta que se daba en casa de Silvia Durán, había visto allí a Lee Harvey Oswald, y que en la fiesta se encontraba presente también el ex-cónsul cubano, Eusebio Azcue.

- Tanto Silvia Durán como Eusebio Azcue negaron rotundamente al mencionado Comité la presencia de Oswald en actividades en que ellos pudieran haber estado presentes, aunque reconocieron que por esa fecha pudo haberse realizado alguna fiesta. Azcue recordó que una actividad de esa naturaleza se dio como una despedida a su persona por su regreso definitivo a Cuba, la cual tuvo lugar el 18 de noviembre de 1963. No puede olvidarse que la CIA pudo haber tenido conocimiento de la fiesta mediante su dispositivo de escucha y utilizó ese hecho para edulcorarlo con la presencia de Oswald en ésta.

- En la misma audiencia, de 18 de septiembre de 1978, el congresista Richardson Preyer le realizó preguntas a Eusebio Azcue que tenían como fundamento otra información atribuida a Elena Garro, donde se aseguraba que en una conversación entre Azcue y el poeta mexicano Emilio Carballido, el primero había comentado que a Kennedy había que matarlo. Esta información fue rechazada en forma indignada por Azcue.

Según el Comité Selecto de la Cámara de Representantes, estas informaciones no pudieron ser comprobadas, porque Elena Garro "se negó" a testificar y otras dos personas que supuestamente conocían del hecho "no pudieron ser ubicadas".

En el informe final del trabajo, se calificó el alegato de Elena Garro como "plausible pero insustancial", y se explicó que "el Comité no pudo verificar esto con los organismos investigadores oficiales de Estados Unidos porque no pudieron dedicarse a ello, aún cuando estaban conscientes de ello desde 1964". Elena Garro había hecho las supuestas declaraciones desde el 5 de octubre de 1964, once días después de publicado el informe de la Comisión Warren. Se añadió al informe que "la investigación fue suficiente para arribar a la conclusión de que el alegato de Elena Garro había justificado la investigación cuando la CIA recibió esta orden en octubre de 1964, pero no se hizo".

La historia de Elena Garro aparece en un documento desclasificado por la CIA al cual tuvieron acceso investigadores del citado Comité, en 1978, y a ese relato están asociados un funcionario del Servicio Exterior norteamericano, nombrado Charles William Thomas, y una norteamericana no identificada, que fueron quienes relataron la supuesta historia escuchada a Elena Garro. Charles Thomas fue "expulsado" del Servicio Exterior norteamericano en 1968; luego de intentar infructuosamente de encontrar trabajo, se suicidó, en 1970. En 1974, el Comité de Relaciones Exteriores del Senado de los Estados Unidos determinó que su expulsión fue un error y lo rehabilitó póstumamente.

Hallamos los antecedentes de Charles William Thomas, quien había nacido el 20 de junio de 1922. Entre 1943 y 1946 fue teniente de la Marina norteamericana; en 1951 estudió en París; en 1952 ingresó en el Departamento de Estado, y en 1957 en la CIA, en cuya representación estuvo en varios países, hasta que cumplió su última misión en Ciudad México, lugar donde ocupó el cargo de segundo secretario de la Embajada de los Estados Unidos radicada en esa ciudad. Esto comprueba cómo la CIA fue la fuente original de esta acusación tendiente a implicar a Cuba y desacreditar a testigos importantes.

Otras informaciones que abordan el tema de las supuestas relaciones íntimas Durán-Oswald también aparecen en documentos desclasificados por la CIA. Éstos exponen:

La fuente declaró que él había recibido recientemente una llamada de Silvia Durán. (CENSURADO) confirmó que Silvia había llamado a (CENSURADO).

(CENSURADO) informó que él había visitado a Silvia para renovar sus relaciones personales. Durante la visita, Durán dijo a (CENSURADO) que ella se había encontrado con Oswald en el Consulado cubano, cuando él solicitó la visa y ella lo citó a él en varias ocasiones. Durán admitió que ella había tenido relaciones íntimas con Oswald pero insistió en que ella no tenía idea de sus planes. Además Durán le dijo a (CENSURADO) que cuando las noticias del asesinato fueron de conocimiento público, el gobierno mexicano la detuvo y durante el interrogatorio fue golpeada hasta que admitió que ella había tenido relaciones con Oswald. (CENSURADO) le aconsejó a (CENSURADO) contra cualquier contacto adicional con Durán porque los cubanos o la policía mexicana podían llegar a sospechar de él. No hay nada que indique en el informe de (CENSURADO) por qué los contactos con Silvia podrían hacer que los cubanos sospecharan...

La Estación CIA en México informó al centro principal que Silvia tuvo relaciones sexuales con Oswald en varias ocasiones cuando estuvo en México.

La policía mexicana no informó la extensión de las relaciones Durán-Oswald a esta a Estación...

El documento especula finalmente que "el gobierno mexicano" no quiso revelar que uno de sus ciudadanos había tenido relaciones íntimas con el asesino del presidente Kennedy.

Todos esos elementos salieron a relucir quince años después con la investigación del Comité Selecto de la Cámara de Representantes sobre Asesinatos. Antes, el informe de la Comisión Warren afirmaba: "No se ha hallado ningún testigo digno de crédito que afirme haber visto a Oswald durante su estancia en Ciudad México en compañía de una persona a la que no se haya podido identificar después, por el contrario, se le vio siempre solo, tanto en el autobús como en el hotel y el restaurante citado."

En otra parte dice: "(...) la Comisión ha recibido informes de la CIA y el FBI procedentes de fuentes secretas, en el sentido de corroborar totalmente las declaraciones de la Sra. Silvia Durán (...)"

Los documentos desclasificados por la CIA también abordan el tema sobre los supuestos nexos de Silvia Durán con agencias especiales de su país o de Estados Unidos o de Cuba.

Aunque el mencionado Comité revisó los expedientes de las agencias investigativas de los Estados Unidos sobre Silvia Durán y no encontró evidencias de que fuese agente norteamericana, mexicana o cubana, en

sus pesquisas recibió una serie de informaciones tendenciosas y duales,
por ejemplo:

> al entrevistar a David Phillips, jefe de Acción Encubierta y de la Sección Cuba
> en la Estación de la CIA en Ciudad México, en 1963, fue el único de la mayoría
> de los empleados entrevistados de ese centro que consideró que Durán "era
> posiblemente una fuente o un agente". Phillips declaró que "en una ocasión
> (CENSURADO) casi todo el mundo lo era en la Embajada cubana. Que él
> había escuchado primero el nombre de Durán de las transcripciones
> (CENSURADO).
>
> Afirmó que la CIA no tenía interés en Durán porque "ella no era amistosa
> con nadie". Phillips había reconocido previamente el interés en reclutarla de
> la Estación CIA en Ciudad México" (CENSURADO (...). "Que él dudaba que
> Durán hubiera sido doblegada porque la Estación no pudo identificar ninguna
> de sus debilidades".

Los miembros del Comité Selecto hablaron con Phillips acerca de un
informe sobre un expediente relacionado con Silvia Durán, en el cual
alguien no identificado comunicó a su oficial de caso "que todo lo que
había que hacer para reclutarla era coger a un americano rubio de ojos
azules en la cama con ella".

Phillips, ante esa información, dijo que "parecía que el jefe de la
Estación hubiera escogido a la Durán para reclutarla y que las debilidades
y medios habían sido identificados"; no obstante, señaló, "que porque la
Sra. Durán haya sido escogida no necesariamente tenía que haber sido
doblegada. Que él nunca oyó que Durán hubiera sido reclutada".

Phillips agregó que "el file de Durán en la CIA era muy grueso a
causa de todos los (CENSURADO) que le concernían a ella. Declaró que
mucho del material de su file debía anteceder al asesinato. Que se
sorprendería mucho si el file 201 de la Durán fuera pequeño y contuviera
solamente algunos documentos previos al asesinato". El Comité Selecto
solicitó a la CIA el file "P" sobre Silvia Durán, pero la CIA negó su
existencia.

Otro oficial de la CIA que fue entrevistado por el Comité Selecto, el
cual había trabajado en los juicios sobre la "Ley de Libertad de
Información" en 1975, relacionado con Lee Harvey Oswald, señaló: "que
Silvia podía haber sido una fuente para cualquiera, la CIA o la Inteligencia
mexicana. Que podían haber sido intentos de la CIA para proteger a
Durán después del asesinato, el alto tráfico de cables que aquellos intentos
generaron, que lo condujo a él a su inferencia de que ella era una fuente
de información de cualquiera, la Agencia o los mexicanos".

En cuanto a la posibilidad de que Silvia Durán trabajara para la Inteligencia cubana solamente, el oficial de la CIA, Barney Hidalgo, declaró al Comité Selecto:

> "(...) yo no sé cómo en ese tiempo fue obvio para mí que allí había una conexión, pero ésta no era de interés para mí. Recuerdo que cuando vi de nuevo a este contacto mío yo le mencioné el hecho y lo dejé proceder para que hiciera cualquier cosa que él quisiera hacer". Hidalgo declaró que él nunca resolvió ese asunto.

Revisamos en los archivos cubanos y no hallamos evidencias que indicaran que Silvia Durán estuviera vinculada de alguna forma a la Inteligencia cubana o a cualquier otro órgano especial del país.

Se revisó la correspondencia que circuló entre el Consulado cubano en Ciudad México y la Cancillería cubana en La Habana durante 1963 y sólo pudo hallarse una referencia vinculada al tema de los nexos con servicios especiales. En el Informe Confidencial No. 132, de 2 de diciembre de 1963, el embajador, Joaquín Hernández Armas, señalaba: "(...) antes de la detención de Silvia, sobre su esposo Horacio existían comentarios de que estaba ligado a los centros policíacos del país y fuera de él. Sí, parece ligado al periodista Orlando Barahona de quien se afirma tiene conexiones con el FBI". En el propio informe, el embajador Hernández Armas aclara no poder dar fe sobre esos comentarios porque los conocía desde hacía poco tiempo.

Entrevistamos a diversas personas que se habían vinculado o conocido a Silvia Durán en México, en 1963. El resultado de la indagación no permitió obtener evidencias indicativas de que ésta pudiera estar relacionada con algún servicio especial de su país o de los Estados Unidos, aunque negarlo categóricamente sólo es válido para el caso cubano. Tampoco fue posible confirmar u obtener elementos acerca de los comentarios descritos por el embajador en su informe.

Sobre la base de los aspectos enunciados hasta el momento, estuvimos en condiciones de formularnos tres consideraciones básicas:

> 1. Las evidencias demuestran que hubo el interés deliberado de mantener oculta la verdad respecto a la persona que visitó el Consulado cubano en México con el nombre de Lee Harvey Oswald, y que para lograr ese objetivo se manipuló la descripción del sujeto, se ocultó y deformó información y se vertió sobre los testigos presenciales informaciones que promovieran la duda de sus testimonios.

2. Debían ser desestimadas todas las informaciones de carácter tendencioso y no comprobadas oportunamente que entorpecieran el conocimiento de lo sucedido e indujeran a transitar por pistas falsas.

3. Resultaba necesario comprobar si la persona que viajó a México fue el propio Lee Harvey Oswald o, como afirmaban algunos, que se trataba de un "doble".

Comenzamos por determinar las personas que formaban parte de la misión cubana en Ciudad México en el otoño de 1963, así como las que pudieran estar de tránsito coincidentemente en esa ciudad. Los archivos del Ministerio de Relaciones Exteriores y los del Servicio de Inmigración permitieron resolver sustantivamente la tarea.

Se llevó a cabo un extenso proceso indagatorio de manera priorizada, a partir de las personas que pudieron ser ubicadas y que sus oficinas estaban en la misma edificación donde se encontraba enclavado el Consulado cubano, quienes, por su proximidad, podrían haber tenido la posibilidad de ser testigos de las visitas de Oswald.

La Oficina Comercial de la Embajada cubana se encontraba situada en la planta alta del Consulado y compartía la puerta de acceso y la sala de espera con los locales de éste último, ubicados en la planta baja. Entre las personas que trabajaban en la Oficina Comercial se encontró a dos nuevos testigos: se nombran Antonio García Lara y Guillermo Ruiz Pérez.

En la entrevista con Antonio García Lara, éste recordó que cuando se encontraba en su oficina de la planta alta del Consulado y sin que pudiera precisar la fecha exacta, escuchó una discusión en voz elevada que lo hizo imaginar que algo anormal sucedía en los locales del Consulado. Acudió a la planta baja y pudo observar a una persona y al cónsul, Eusebio Azcue, cuando terminaban de discutir en idioma inglés y la primera se retiraba del lugar. Observó a la persona desconocida desde una distancia corta, lo suficiente como para fijar sus rasgos faciales.

Tiempo después, cuando se publicó las fotos de Lee Harvey Oswald en la prensa, pudo reconocer en él a la misma persona que había visto en el Consulado en la discusión con Azcue. Más tarde, él comentó esa conclusión con miembros de su familia y con algunos compañeros de trabajo, que no pudo precisar. Manifestó que no había informado acerca de su observación, porque conoció que el gobierno cubano había entregado poco tiempo después al gobierno de los Estados Unidos todas las evidencias que sobre el sujeto había en el Consulado, y además, porque nadie lo entrevistó oficialmente, ya que no estaba relacionado con los asuntos consulares sino comerciales.

Guillermo Ruiz Pérez recordó que en fecha no precisada, a fines de 1963, cuando se dirigía hacia el interior de la Oficina Comercial para asistir a una reunión de trabajo, tuvo que transitar por las oficinas del Consulado, que se encontraban en la planta baja de donde estaban situadas las suyas. En esa oportunidad, el cónsul, Eusebio Azcue, discutía con un joven norteamericano y le solicitó que sirviera de intérprete para tratar de que su interlocutor comprendiera cabalmente, pues Ruiz dominaba mejor que él el idioma inglés. Le pidió que transmitiera al visitante que ellos no podían concederle visa cubana por carecer éste del visado del país de destino al cual quería dirigirse. Ruiz no recordó si Azcue le mencionó el nombre del sujeto en esa oportunidad.

Guillermo Ruiz se dirigió al sujeto en inglés y le explicó lo indicado por Azcue, éste asintió con la cabeza como si hubiera entendido y Ruiz se retiró. Mientras salía, el norteamericano continuó hablando en inglés cosas que no pudo precisar. La explicación que él dio le llevó sólo unos segundos, pero los suficientes para mirarlo de cerca a la cara.

Después del asesinato él vio en la televisión mexicana las imágenes del traslado de prisión de Lee Harvey Oswald y el momento en que era asesinado por Jack Ruby. Se percató entonces, aunque aclaró no ser muy buen fisonomista, de que se trataba de la misma persona con la cual había hablado en el Consulado por petición de Azcue. Ruiz explicó que habló sobre este incidente con sus hijos y esposa, además de haberlo hecho con el nuevo cónsul, Alfredo Mirabal.

Guillermo Ruiz fue entrevistado, en 1978, por representantes del Comité Selecto de la Cámara de Representantes que visitaron Cuba y no mencionó el incidente, porque no fue interrogado sobre este asunto, sino en relación con informaciones que lo vinculaban a él con un exiliado cubano en los Estados Unidos, nombrado Antonio Veciana Blanch. Tampoco los investigadores cubanos le preguntaron al respecto hasta el momento de esa entrevista.

Con estos dos nuevos testigos —García y Ruiz— suman cuatro declaraciones que afirman que el sujeto que visitó el Consulado cubano era el mismo que fuera detenido y acusado de haber dado muerte al presidente Kennedy, pero, además, el sentido común rechaza la idea de la utilización de un "doble" en la gestión del viaje.

Oswald era una persona conocida perfectamente por los órganos de Seguridad soviéticos, los que mantenían relaciones de cooperación con sus homólogos cubanos, aspecto que también era conocido por la CIA.

La asistencia de un "doble" a solicitar visa a las representaciones consulares cubana y soviética, hubiera implicado riesgos adicionales para lograr que el enviado viajara. Está probado que Oswald participó de la elaboración de su leyenda "procastrista" y que quienes lo dirigían lo orientaron a hacerlo bajo algún pretexto razonable para él. Ese pretexto pudo ser el llevar a cabo alguna misión en Cuba, como antes ya lo había hecho en la Unión Soviética. Adicionalmente, el uso de un "doble" entrañaba el peligro de que si se llegaba a descubrir después del crimen, quedaría probada la existencia de un complot. ¿Por qué entonces utilizar un "doble" para tramitar este viaje?

Todas las informaciones anteriores al viaje a México que sugieren la participación de un "doble" están vinculadas a acciones que luego lo incriminarían con el asesinato para convertirlo en un "chivo expiatorio".

En resumen, Lee Harvey Oswald fue a México con la intención de viajar a Cuba, y para lograrlo usó toda la leyenda que le había sido creada. Por razones de procedimientos migratorios ese viaje se frustró y una circunstancia tal afectó sustancialmente el proyecto de inculpación. De haberse producido el viaje, la CIA hubiera contado con una evidencia sustantiva para avalar sus acusaciones contra Fidel Castro, algunas de las cuales fueron adjudicadas a la mexicana Elena Garro y al nicaragüense Gilberto Alvarado Ugarte, quien resultó ser agente de la Inteligencia somocista. Ninguno de esos testimonios pudo ser corroborado por el Comité Selecto de la Cámara de Representantes que investigó el crimen, en 1978, por ser falsos.

La frustración del intento de viajar a Cuba tuvo probablemente repercusión en otras tareas concebidas en el proyecto de inculpación y determinó el tratamiento desinformativo dado por la CIA después del asesinato del presidente a las pruebas de que sin dudas disponía sobre el viaje de Oswald a Ciudad México.

La decisión del presidente Lyndon Johnson de poner fin a las opiniones que apuntaban hacia la existencia de un complot, ya sea con la participación de Cuba y la Unión Soviética, o con la implicación de funcionarios y agencias gubernamentales, pudo también haber influido en la nutrida desinformación generada.

OSWALD Y LOS SERVICIOS SECRETOS CUBANOS

Uno de los aspectos menos comentados por las investigaciones oficiales norteamericanas ha sido el referido a las cartas dirigidas a Oswald desde Cuba y que fueron recibidas o interceptadas en los Estados Unidos después del magnicidio. Por tal razón, y por constituir este capítulo junto con el de México las piedras angulares del proyecto de inculpación contra Cuba, se resalta a continuación los detalles que resultaron esenciales durante la investigación realizada.

La única referencia de que se dispone en el informe de la Comisión Warren sobre el incidente de las cartas, se ofrece al abordar los alegatos de conspiración que fueron investigados por ésta y dice textualmente:

> ...fue recibida una carta de alguien en La Habana, alegando el remitente haber asistido a una reunión donde había sido discutido el asesinato como parte de un plan que pronto incluiría la muerte de otros líderes no comunistas en las Américas...

Sin embargo, todas las informaciones públicas posteriores sobre las cartas que llegaron a los Estados Unidos señalan la existencia de cuatro más, ninguna de las cuales contiene un texto similar al expuesto en el informe de la Comisión Warren.

En el informe del Comité Selecto de la Cámara de Representantes sobre Asesinatos no aparece ninguna referencia al capítulo de las cartas.

Según la información en nuestro poder, el incidente de las cartas se originó de la forma siguiente:

> El 5 de diciembre de 1963, a las 12:40 p.m., fue recibido el mensaje siguiente por el teléfono del inspector Thomas J. Kelly, en Dallas: Anoche en la correspondencia recibida aquí por la Sra. Marina Oswald que fue entregada por la

oficina de Correos, había una carta para Lee Harvey Oswald dirigida a la central de correos de Dallas, Texas, USA, timbrada en La Habana, Cuba, el 23 de noviembre de 1963. Su contenido era el siguiente:

La Habana, 10 de noviembre de 1963.

Amigo Lee:

Te he escrito repetidas veces desde la última vez que nos vimos en Miami. Tú llevaste los libros en español para el hotel y yo apenas tengo alguno. Te diré que hay planes de visitar al hombre allí pronto y tú debes cerrar los negocios tan pronto como sea posible, como yo te dije con anticipación en Miami. Te recomiendo mucha prudencia y no hacer ninguna locura con el dinero que yo te di. Confío en que tú no me defraudarás y que nuestros sueños serán realizados. Después del negocio te recomendaré con alto precio al jefe, quien con mucho gusto estará muy interesado en conocerte porque ellos necesitan hombres como tú.

Le dije a él que tú puedes apagar una vela a 50 metros y no me cree, pero logré que te creyera porque yo te vi con mis propios ojos. El jefe quedó asombrado. Bien Lee, practica tu español bien, para cuando vayas para La Habana, la tierra de la libertad, de las mujeres hermosas y el rico tabaco Habano. No olvides hacer todo lo que yo te dije en la carta y no dejar cualquier cosa que pueda dejar un rastro, etc., y cuando tú recibas mis cartas, destrúyelas como siempre. Después del negocio, te enviaré tu dinero y nos veremos aquí en Miami, en el lugar acostumbrado.

Siempre sinceramente,

Pedro Charles

Sobre esta carta, la parte cubana cuenta con una fotocopia del reporte recibido por el inspector Kelly en Dallas, que describe su contenido. No se dispone de copia del original de la misiva. Es importante señalar que, si se tiene en cuenta las dificultades del correo en aquel entonces, era prácticamente imposible que una carta timbrada en La Habana el 23 de noviembre llegara a los Estados Unidos doce días después.

Otra carta fue recibida el 8 de diciembre de 1963, a las 6:00 p.m., en las oficinas del editor del *Diario de New York*. La copia del texto de esa carta, según se consigna, fue traducida para la Comisión Warren, el 30 de diciembre de 1963, por Rafaele A. Vaccari. Sin embargo, la Comisión Warren la omitió en su informe junto con las acciones investigativas realizadas alrededor de esta evidencia, si es que las hizo. Su contenido es el siguiente:

La Habana, noviembre 27, 1963.

Para el director del Diario de New York,

New York. Estados Unidos de América.

Estimado señor:

Es un placer escribir esta carta para informarle que el asesinato del presidente John F. Kennedy fue pagado por el Sr. Pedro, agente en México de Fidel Castro. Este hombre llegó a ser amigo del ex-marine y experto tirador, Lee H. Oswald. Ellos fueron vistos juntos frecuentando varios night. El arriba mencionado Sr. Pedro Charles le había entregado $7 000 a Oswald como anticipo por los preparativos. Más tarde él le había entregado $10 000 al completar el trabajo. En otras palabras, el crimen fue acordado por $17 000.

El Sr. Pedro Charles, quien utiliza otros nombres ficticios y un pasaporte diplomático para entrar y salir de México y los Estados Unidos, está actualmente en la residencia del embajador cubano en México, de acuerdo con las últimas informaciones en mi poder.

Yo quiero que usted conozca antes que ningún otro la verdad acerca del asesinato en Dallas del presidente Kennedy.

(Firmado) Miguel Galván López
ex-capitán del Ejército Rebelde
Exiliado Cubano

Tampoco de esa segunda carta se cuenta con copia de su original en Cuba. De acuerdo con la fecha de la carta y en el supuesto de que haya sido cancelada el propio día 23, no tuvo tiempo de llegar en esa fecha a los Estados Unidos, salvo que se organizara un correo aéreo especial para esa correspondencia.

Llama la atención también en la misiva que al pie de la firma aparece la expresión "Exiliado Cubano", lo que es incomprensible, si se trata supuestamente de una carta que ha sido enviada desde Cuba. Por "exiliados cubanos" son conocidas las personas que emigraron hacia los Estados Unidos por diversas razones, tras el triunfo revolucionario del primero de enero de 1959.

Reportes de prensa de 1977 resucitan el episodio de las cartas. El diario *The Miami Herald,* de diciembre 8, y el *U.S. News & World Report,* de diciembre 19 de ese año, reproducen un despacho en el que dan cuenta de que "una segunda carta proveniente también de La Habana fue dirigida al fiscal general, Robert Kennedy". Ésta expresaba que Oswald había asesinado a Kennedy por orden de "Pedro Charles", un agente cubano que, según se decía en la misiva, había viajado a los Estados Unidos bajo varios nombres falsos, que Oswald se había reunido con Charles en Miami hacía varios meses, y recibido $7 000 de éste. La carta estaba firmada por "Mario del Rosario Molina". Según la noticia, ambas cartas (ésta y la firmada por Pedro Charles, dirigida a Oswald y fechada el 10 de noviembre de 1963) fueron remitidas desde La Habana al día siguiente del asesinato y se determinó por el análisis pericial que "las dos habían sido escritas por la misma máquina de escribir".

Esta carta, supuestamente recibida por Robert Kennedy, tiene un texto similar a la enviada al director del *Diario de New York,* pero la firma otra persona distinta. Todo parece indicar de que hubo cinco cartas (incluso la referida en el informe de la Comisión Warren): cuatro que lograron llegar a sus destinatarios en los Estados Unidos y una que quedó en poder de las autoridades cubanas.

Una quinta carta fue obtenida, de forma accidental, en el correo cubano, al producirse un principio de incendio el 23 de noviembre de 1963 en las oficinas encargadas de procesar los envíos postales con destino al exterior. Un empleado, que los revisaba minuciosamente, para ofrecer las disculpas a sus destinatarios y encauzar el resto, encontró un sobre dirigido a Lee Harvey Oswald.

Como era pública ya la noticia del arresto del presunto asesino y su nombre circulaba desde el día anterior por los medios de difusión nacionales e internacionales, el empleado informó inmediatamente a su jefe y éste lo hizo a las autoridades competentes.

La tenencia de este único original nos posibilitó llevar a cabo acciones periciales e investigaciones que explicamos a continuación. La carta con que se trabajó tiene el texto siguiente:

> La Habana
> 14 de noviembre 1963
> Lee Harvey Oswald
> Miami, Fla.
> Amigo Lee:
>
> Te escribo para preguntarte cómo están tus asuntos en La Florida, por aquí no hay mucho que contar. Te diré que el asunto de que me hablaste la última vez que estuve en México contigo sería un plan perfecto y eso debilitaría la política del fanfarrón Kennedy, aunque sí hay que tener mucha prudencia porque tú sabes como andan por ahí los contrarrevolucionarios que trabajan para la CIA. Bueno, Lee acuérdate de mandarme por vía Méjico el asunto que me dijiste y en cuanto a que te vas a Houston a ver a una familia tuya te deseo lo mejor, en cuanto al otro asunto que todo salga perfecto.
>
> Te abraza y saluda,
> Jorge

PD. Escríbeme a la dirección de siempre. Margaret la rubia de Flager vive aquí con un oficial rebelde que le tiene montado un apartamento. Te enviaré los libros de español en la próxima.

Patria o Muerte

Venceremos

¡Viva la Revolución Cubana!

¡Abajo el Imperialismo!

Tanto esta carta como la firmada por "Pedro Charles", mantienen un mismo hilo temático, lo que nos hizo pensar que fueron confeccionadas por un solo autor, a pesar de estar firmadas por diferentes personas. Esta reflexión fue sometida posteriormente a comprobación pericial, con el objetivo de determinar si una sola persona pudo haber fabricado no sólo éstas, sino también la que fue dirigida al fiscal general, Robert Kennedy, firmada por "Mario del Rosario Molina", y de la cual estaba determinado había sido confeccionada por la misma máquina de escribir que la firmada por "Pedro Charles".

No escapó a nuestra atención el hecho de que el centro de operaciones del "agente Pedro Charles" fuera denunciado como ubicado en la Embajada de Cuba en Ciudad México, cuyo Consulado fue visitado por Oswald en su intento frustrado de viajar a Cuba. Está probado que de la Estación de la CIA en Ciudad México partió una serie de informaciones que, de forma directa o tendenciosa, inculpaban a Cuba con el crimen. Con ese propósito, se inventó y deformó acontecimientos, para sembrar la duda sobre los testigos y la visita de Oswald a esa ciudad.

Desde allí también se originó la versión del supuesto contacto de Oswald con agentes cubanos en el patio del Consulado, y durante el cual se le había entregado ese dinero como pago por el crimen que sería cometido. La fuente de esa información falsa, como ya fue dicho, fue un agente de la Inteligencia somocista, a las órdenes de David Atlee Phillips.

Al resumir el incidente de las cartas, se extrae las siguientes conclusiones parciales:

1. Aparentemente, fueron cinco las misivas enviadas.

2. Aparentemente, cuatro de éstas fueron enviadas mediante el correo desde La Habana. La restante, según se infiere de su pie de firma, no parece haber sido enviada por esa vía, sin que pueda ser precisada su procedencia a partir de los datos con que contamos.

3. En Cuba sólo quedó un original; del resto sólo se cuenta con referencias extraídas de fuentes oficiales y públicas norteamericanas.

4. Son cuatro los supuestos remitentes, los cuales firmaron como: "Jorge", "Pedro Charles", "Miguel Galván" y "Mario del Rosario Molina".

5. Es muy probable que las cartas firmadas por "Pedro Charles" "Jorge" y "Mario del Rosario Molina" hayan sido confeccionadas por la misma persona.

6. Dos de las misivas que lograron llegar a su destino salieron de Cuba un día después de la fecha del crimen, el 23 de noviembre de 1963; son las firmadas por "Pedro Charles" y "Mario del Rosario Molina".

7. Dos de las cartas, las firmadas por "Pedro Charles" y "Jorge", tienen fecha de confección antes del día del asesinato, 10 y 14 de noviembre de 1963, respectivamente. Una tercera, la firmada por "Miguel Galván López", tiene fecha de 27 de noviembre de 1963. De las restantes no se tiene información.

8. En todos los textos de las cartas se vincula a Cuba con el magnicidio. En dos de éstas se acusa abiertamente a un supuesto agente cubano de haber planeado el crimen.

9. Dos de las cartas que llegaron a su destino lo hicieron en un término de once a trece días, lo cual resultaba imposible para el tráfico postal de la época, realizado entonces mediante una escala en México. En el supuesto de que en los Estados Unidos llegaran a su centro de distribución, se podrá comprender que no era posible que esto se realizara en tan pocos días.

Con todos esos elementos, nos trazamos diversas acciones investigativas:

a) Identificar las características de la máquina de escribir que fue utilizada para redactar la carta original que quedó en poder de las autoridades cubanas.

b) Tratar de determinar si en Cuba residían o habían residido personas con iguales nombres a los utilizados por los presuntos remitentes, y llegar a la conclusión de si esas personas pudieron ser las autoras de las cartas.

c) Someter la carta original en poder de las autoridades cubanas a un examen grafológico, para obtener elementos que ayudaran a caracterizar al autor o autores de las misivas.

d) Realizar análisis y llegar a valoraciones sobre el suceso.

No contar con fotocopias de los originales en poder de la parte norteamericana limitó sensiblemente el análisis y los resultados en las acciones investigativas (a) y (c). La acción (a) estuvo limitada porque no fue posible comparar nuestros resultados con los determinados por la parte norteamericana, y en correspondencia saber si sólo una máquina de escribir o más fueron utilizadas para escribir las cartas, y la acción (c), porque no fue posible llegar a determinar categóricamente cuántas personas intervinieron en las escrituras de las misivas. Aún con estas limitaciones, los resultados fueron los siguientes:

■ El Informe número 1169-77 del Laboratorio Central de Criminalística del

Ministerio del Interior de la República de Cuba, de fecha 14 de diciembre de 1977, concluyó que tanto los datos del destinatario en el sobre de la misiva como el texto de la carta enviada en el mismo sobre, fueron escritos en una máquina marca *Remington*, Modelo 16, Sistema Pica, de fabricación norteamericana.

El examen pericial para determinar la fecha de cancelación de los sellos de correos de la carta también se recoge en el mismo informe. En éste se concluyó que sólo fue posible revelar, en la zona correspondiente al timbre, las letras "N" y "O", las que se estimó pudieran tratarse de las abreviaturas del mes de noviembre.

Como no se dispone de los datos de la identificación de la máquina de escribir logrados mediante el peritaje realizado por el gobierno norteamericano sobre las cartas firmadas por "Pedro Charles" y "Mario del Rosario Molina", no fue posible llegar a una conclusión comparativa con respecto a los resultados del peritaje cubano sobre la carta firmada por "Jorge". Esto sólo pudieran realizarlo los investigadores con posibilidad de acceso a los documentos necesarios para la comparación.

Investigación de los remitentes:

■ aunque la lógica hacía suponer que los nombres utilizados como remitentes eran ficticios, nos dimos a la tarea de comprobar este razonamiento.

■ Los nombres utilizados que ofrecían mayores posibilidades de ser ubicados eran los de "Miguel Galván López" y "Mario del Rosario Molina", por contar ambos con sus dos apellidos. Éstos fueron comprobados en los Archivos Nacionales de Identificación y, como era de esperar, se obtuvo referencias de centenares de personas con nombres similares a los buscados. Un grupo de estas personas fue desestimado inmediatamente ya que, en 1963, no tenían ni la edad ni las posibilidades, ni ambas condiciones, para ser los autores de esas cartas. A pesar de esto, hubo que concentrar la atención en varias decenas de personas.

Finalmente, fueron seleccionados varios residentes en diversos lugares del país, como los de mayor cúmulo de posibilidades. De este grupo se investigó sus trayectorias, la tenencia o el acceso a una máquina de escribir similar a la utilizada para confeccionar la carta que quedó en poder de las autoridades cubanas y, además, se realizó un estudio de sus letras y firmas, con el objetivo de caracterizar sus estilos de escritura.

En conclusión, ninguno de los investigados acumuló un número tal de coincidencias que permitiera acreditarle categóricamente la autoría de la carta. Tampoco fue posible su vinculación a una máquina de escribir similar a la que estaba en cuestión, ni sus trayectorias mostraron elementos de probabilidad de haber elaborado las misivas.

A pesar del amplio margen de búsqueda que entrañaba tratar de ubicar a los remitentes identificados como "Jorge" y "Pedro Charles", por la carencia de apellidos, tratamos de obtener evidencias de personas con nombres o seudónimos iguales en los índices secretos de la Seguridad del Estado. Los pocos casos de personas investigadas o en proceso de investigación que aparecían con nombres o seudónimos iguales en esa época, fueron desechados a partir de la información acumulada sobre éstos y que hacía imposible que, en 1963, pudieran haber sido los autores de las misivas. El peritaje criminalístico que fue utilizado con ese grupo de personas para garantizar la fiabilidad de los resultados fue negativo.

También se comprobó en los archivos de la Inteligencia cubana y ningún agente de ese servicio utilizó en ese año seudónimos similares a los buscados.

En consideración a esos resultados, concluimos que los nombres utilizados en los remitentes de las cartas eran falsos.

Examen grafológico:

- la tenencia de un solo ejemplar de las cartas enviadas incidió de manera determinante en los resultados de ese tipo de peritaje. El texto escaso de la carta y su escritura en máquina condicionaron desfavorablemente el trabajo.

Un resultado útil logrado fue la caracterización individual del estilo del autor al escribir. Según el Informe del Peritaje No. 132-78, de fecha 9 de mayo de 1978, del Laboratorio Central de Criminalística del Ministerio del Interior de la República de Cuba, fueron comparados los contenidos de las cartas firmadas por "Pedro Charles" y "Jorge", es decir, la enviada a Oswald a la oficina de Correos en Dallas, Texas, y la que quedó en poder de las autoridades cubanas, se pudo constatar que había un conjunto de coincidencias en diferentes áreas de ambas escrituras en cuanto al saludo, el uso de expresiones y palabras que se repetían en ambos textos, la puntualización de lugares, la temática, el uso y abuso de la variante pronominal "te", el uso y abuso del pronombre relativo "que", y el uso del punto y seguido solamente dentro del párrafo.

Aunque el resultado del peritaje no puede ser concluyente, porque se compara un original contra la traducción de un texto, estos indicios permiten afirmar la probabilidad de que hayan sido escritos por la misma persona, tal y como ya habíamos sugerido por el examen del hilo narrativo de ambas escrituras.

Hay que recordar que la carta firmada por "Jorge" pudo haber sido confeccionada con la misma máquina de escribir que se utilizó para las firmadas por "Pedro Charles" y "Mario del Rosario Molina". Esto sólo podría ser confirmado por las autoridades norteamericanas.

Análisis y valoración del contenido de las cartas:

- al analizar el contenido de las cartas que supuestamente fueron escritas en fechas anteriores al asesinato (cartas de 10 y 14 de noviembre), se hace evidente de que en sus textos se maneja detalles que sólo podía conocer una persona vinculada a Oswald o involucrada en la conspiración para llevar a cabo el crimen. Esos detalles se pondrían de manifiesto sólo un tiempo después en las investigaciones oficiales del crimen.

Es por tanto superficial el desechar la evidencia de las cartas, tal y como se hizo, por la única razón de haber sido confeccionadas con una misma máquina de escribir por personas aparentemente diferentes. Detrás del hecho de esas cartas se esconde una evidencia crucial.

Si es cierto que la acción constituyó "un intento burdo de culpar a Castro" también es innegable que el autor de la misiva conocía, con fecha de antelación al magnicidio, aspectos que sólo se hicieron públicos durante la investigación posterior de éste. El intento, aunque burdo, fue evidentemente ingeniado y realizado por una persona conocedora de la trama del complot. Si fuera parte de un "intento deliberado de inculpar a Cuba por personas desafectas a la Revolución desde dentro del país", tal y como se afirmó en la Comisión Warren, hubiera sido imposible que conocieran los detalles abordados en las cartas que tienen fechas que anteceden al crimen.

Un análisis somero del contenido de esas dos cartas, firmadas una por "Pedro Charles" y otra por "Jorge" y que, como ha quedado probado, guardan coincidencias múltiples en cuanto al estilo de la escritura -a lo que hay que agregar la posibilidad de haber sido escritas en la misma máquina- ofrecen los elementos siguientes, que eran dominados por su autor antes de la fecha del atentado:

a) Ambas cartas asocian el nexo entre Oswald y el remitente a los escenarios de Dallas, Miami, Houston y México, todo lo cual guarda relación con la trayectoria del presunto asesino.

b) Se dice que Oswald era "capaz de apagar una vela a cincuenta metros", lo cual después concordaría con la controvertida versión oficial de que era un tirador experto.

c) Se insiste en el aprendizaje del idioma español por parte de Oswald, elemento que después sería refrendado en su biografía con motivo de sus intenciones de viajar a Cuba.

d) Se menciona a los contrarrevolucionarios cubanos que trabajan para la CIA. Después se haría evidentes los vínculos de Oswald con elementos de ese tipo.

e) Se asevera que el plan acordado con Oswald "debilitaría la política del fanfarrón Kennedy", y es precisamente en esos términos despectivos como pensaban los contrarios a su política. La expresión pudiera interpretarse como una proyección psíquica del redactor de la misiva.

f) El texto de la carta en poder de las autoridades cubanas evidencia el poco dominio del idioma español por parte de su redactor. Tal pareciera que fue escrita en inglés y traducida posteriormente.

Al comprobarse la falsedad de los remitentes y en la comprensión de lo antes señalado, concluimos que la única posibilidad era que las cartas hubieran sido confeccionadas por alguno de los implicados en el plan de asesinato.

No hay ninguna evidencia o prueba de que Oswald mantuviera correspondencia o tuviera relaciones con alguna persona en Cuba. De haber sido así, otras cartas con fechas anteriores podrían haberle sido ocupadas tras su detención; además, todas llegaron a su destino poco tiempo después del asesinato, en el momento preciso y con el texto adecuado para intentar inculpar a Cuba en el hecho.

Si Oswald hubiera logrado viajar a Cuba, entonces la medida fabricada de las cartas pudiera haberse convertido en una evidencia sólida. Tal vez por eso fueron desestimadas fácilmente y no se ha insistido en éstas.

Las cartas entrañan la tesis irrefutable de que formaron parte de un plan de inculpación anterior al crimen y, si hubo plan, hubo complot para el asesinato y los conspiradores estaban interesados en que el resultado que se obtuviese abonara el terreno para una acción o respuesta contra Cuba. El resto de las cartas escritas por "Miguel Galván López" y "Mario del Rosario Molina" denuncia abiertamente al supuesto agente cubano "Pedro Charles" como la conexión cubana con el plan de asesinato. Evidentemente, por su contenido, ambas cartas fueron elaboradas por la misma persona. El no contar con los originales hace imposible establecer una comparación entre éstas y el resto de las misivas, para confirmar esta idea o precisar el número de personas diferentes que cooperaron en su fabricación. Este esfuerzo pudiera ser emprendido por otros investigadores con posibilidades de acceso a esos materiales.

Un resumen de todo lo descrito nos permitió esbozar la idea de que las cartas fueron parte de un operativo de Inteligencia. Esto se sustenta en los elementos siguientes:

1. Las cartas de "Pedro Charles" y "Jorge", que son las que aparentan una relación conspirativa, fueron escritas por alguien que tenía acceso a la trama del crimen, pues fueron confeccionadas antes de la fecha del magnicidio y aluden a informaciones que sólo se conocieron públicamente mucho tiempo después.

2. Está probado que Oswald no mantenía comunicación, ni ningún otro tipo de relación, con alguien residente en Cuba. Sin embargo, esas cartas llegaron a su destino en el momento preciso y con el mensaje incriminatorio adecuado. Incluso, una de éstas, a su propia dirección postal en Dallas, Texas.

3. Algunas de las cartas llegaron a su destino en un plazo de tiempo improbable para la época, ya que el bloqueo económico, político e informativo a Cuba obligaba a que su correo tuviera que hacer escala en Ciudad México, hasta que fuera posible su envío hacia los diferentes países a que iba dirigido.

4. Las cartas tendrían un valor acusativo mayor en caso de que Oswald hubiera logrado viajar a Cuba pero, al no lograrse ese objetivo, resultaron la prueba inobjetable de un intento deliberado de inculpar a Cuba. Tal vez por eso fueron desestimadas rápidamente.

5. La existencia de éstas en 1963 no fue publicitada ni investigada debidamente y los argumentos para desestimarlas fueron aportados por el FBI a la Comisión Warren.

6. Uno de los testimonios de Antonio Veciana señala que su oficial de caso de la CIA tenía el interés en lograr declaraciones falsas acerca de que Oswald era un agente cubano, y el blanco escogido para lograr esas declaraciones fue un funcionario de la Oficina Comercial cubana en Ciudad México. Ese requerimiento concuerda claramente con el perfil del contenido de las cartas incriminatorias.

7. El tránsito obligado del correo cubano en el aeropuerto de Ciudad México, lugar donde era conocido que la Estación de la CIA contaba con colaboradores secretos para el control del tráfico de pasajeros hacia y desde Cuba y para cumplir con diversas tareas de Inteligencia, facilitaba el acceso violatorio de dicho correo.

8. La información que aportó el agente de la Inteligencia nicaragüense, Gilberto Alvarado Ugarte, quien después se retractó de ésta, es exactamente coincidente con el contenido de las cartas que denuncian el pago anticipado a Oswald por parte de un agente cubano en México para que cometiera el crimen.

Esto confirma que las cartas fueron confeccionadas antes de consumarse

el hecho y por alguien que dominaba la trama del devenir del acontecimiento, que podía hacerlas llegar en el momento oportuno y que
contaba con una base clandestina en Cuba, para llevar a cabo la acción.
Suponemos, con alguna lógica y teniendo en cuenta la historia de estos
últimos cuarenta años, que solamente la CIA podía contar con esas
posibilidades en Cuba.

LA INCULPACIÓN

Casi desde el momento mismo del asesinato del presidente Kennedy comenzaron a circular noticias, rumores e informaciones de todas clases que tendían a culpar o vincular a Cuba con el hecho. Por eso fue necesario abordar la función realizada por determinados medios de prensa, como componentes posibles del plan de inculpación.

El peso fundamental de la investigación recayó sobre las revistas *Time* y *Fortune*, de tiradas semanal y mensual, respectivamente, fundadas por Henry Luce. Dueño de *Time Inc.*, Luce era reconocido como una de las figuras más representativas de la denominada "prensa libre", vinculado a altas personalidades de la política y enemigo acérrimo de la Revolución Cubana. La muestra incluyó también a la revista *U.S. News & World Report*, otro semanario, y, de manera selectiva, al diario *The New York Times*.

Con anterioridad al crimen, los citados medios de comunicación habían mantenido una tendencia desinformativa con respecto a Cuba. Su objetivo principal estaba dirigido a expandir el "anticastrismo" como concepto de lucha contra la Revolución. Esta corriente fue profundizándose en la misma medida en que se deterioraban las relaciones entre ambos países, y se cohesionaban las fuerzas dentro de los Estados Unidos en torno a una solución militar del diferendo.

Tanto *Time* como *U.S. News & World Report* mostraron un compromiso editorial permanente en favor de una invasión a Cuba, que partía desde la época de preparación de la invasión por Bahía de Cochinos y hasta finales de 1962 con la Crisis de los Misiles. Sin embargo, en abril de 1963, los medios de prensa fueron utilizados para alimentar y dar cobertura a las discrepancias del exilio cubano con el presidente Kennedy. El día 12, por ejemplo, *Time* criticó con fuerza la política presidencial de intentar controlar y detener los ataques terroristas de los exiliados cubanos desde el territorio de los Estados Unidos.

Ante la determinación del presidente, los sectores afectados provocaron una crisis política que llevó el problema al debate público, auxiliados por la prensa comprometida. Los medios informativos fueron utilizados para desacreditar a Kennedy. Al mismo tiempo, lograron mantener fuertemente vinculado el tema de Cuba a los asuntos domésticos. La renuncia de los dirigentes principales del exilio al frente del Consejo Revolucionario Cubano fue parte de esa trama, alentada por la CIA.

Ambas revistas no dudaron en prestar sus servicios a la CIA. Los editores de *Time* publicaron artículos como el siguiente: "JFK pudiera subscribirse a la noción de la crueldad de Abril (...) En abril de 1961 vino su consternante debacle de Bahía de Cochinos. En abril de 1962, vino su salvaje asalto sobre la industria del acero que puso sobre él la etiqueta de 'anti-hombre de negocios', y que ha tratado de quitarse de arriba desde entonces. En abril de 1963, ambos, el acero y Cuba volvieron a plagarle."

Pero el exilio cubano era sólo una pequeña porción dentro de los sectores que estaban predispuestos contra Kennedy, y sobre los que se intentaba influenciar. Los destinatarios priorizados eran realmente las fuerzas conservadoras estadounidenses. En las ciudades del sur se desató una ola de terror segregacionista que sobrepasó los sucesos de la Universidad de Mississippi, ocurridos en septiembre de 1962. Las acciones incluyeron atentados directos contra la vida de varias personas.

Las autoridades de varios estados en esa región se opusieron abiertamente a la política de Kennedy en relación con los derechos civiles de la población negra. El 7 de abril, se reportó que desde un automóvil en marcha alguien había disparado contra la casa del gobernador del estado de Alabama, George C. Wallace, segregacionista connotado. La legislatura ofreció cinco mil dólares de recompensa por información sobre los culpables. El día 12 explotó una bomba incendiaria en la casa donde dormía el representante negro por Michigan, Charles C. Diggs.

Los medios de prensa se hicieron eco de todos los incidentes, entre éstos *Time* y *U.S. News & World Report*. Sin embargo, los comentarios tendían más a alentar la crisis que a detenerla. Uno de los elementos que más nos llamó la atención fue que ninguna de las dos publicaciones denunció la ocurrencia del supuesto atentado contra la vida del general Edwin Walker, al parecer ocurrido el 10 de abril, como se dio a conocer meses más tarde al inculpar a Oswald con el hecho, y sobre todo, porque ambas publicaciones habían mantenido seguimiento intencionado y amplio en sus páginas de la trayectoria del general. Tanto una como la otra, propagaron su retiro del Ejército en 1961, la suspensión de los cargos criminales en su contra por dirigir las revueltas raciales en Oxford, incluidos los incidentes mismos, y sin faltar el lugar preponderante del militar retirado en la *John Birch Society*, organización de extrema derecha.

Según se planteó, Walker denunció dos días antes del intento fallido que dos hombres habían sido vistos merodeando su casa. Cuando se produjo el hecho, concurrió nuevamente a la policía para denunciarlo, lo que al parecer fue divulgado también por los diarios de Dallas. Los editores de las dos publicaciones parecen no haberse enterado.

El 23 de abril fue asesinado el ciudadano norteamericano William C. Moore, quien había tratado de entregar una carta al gobernador de Mississippi, Ross Barrett, en la que le solicitaba moderación racial. Esta noticia sí fue publicada por los semanarios. En medio de tanta violencia, esto sólo podía servir para alentar acciones similares o advertir lo que les podría suceder a los que, como Moore, se oponían a los segregacionistas.

El 3 de mayo, envueltos en la atmósfera de violencia que sacudía al país, propagaron falsas noticias sobre las "actividades terroristas de Cuba" realizadas directamente en territorio de los Estados Unidos. *Time*, con el objetivo supuesto de criticar a la administración demócrata, recogió en sus páginas el canje de un grupo de espías norteamericanos detenidos en Cuba, por lo que calificó como cuatro terroristas cubanos. Argumentaba la revista: "tres de ellos fueron sorprendidos en un complot para comenzar a poner bombas en New York. El cuarto, Francisco Molina del Río, estaba acusado de asesinato de segundo grado y era un pistolero procastrista. Detrás del cambio estaba, como de costumbre, Robert Kennedy".

En ese mismo número, dentro de la sección dedicada a promocionar los libros publicados en los Estados Unidos, presentaron un resumen detallado de uno cuyo título era nada menos que *Breve Curso sobre Guerra Secreta*. De ese libro, escrito por un ex-oficial de la CIA, bajo el seudónimo de "Christopher Felix-Dutton", *Time* escogió los fragmentos siguientes:

Cada fracaso serio de los Estados Unidos desde el U-2 hasta Bahía de Cochinos ha sido causado o compulsado por aquellos responsables que ignoraron o echaron a un lado los principios clásicos de las operaciones secretas... Hay un acuerdo tácito entre las grandes potencias que el asesinato político no estará incluido en las operaciones secretas, en la teoría de que la muerte del jefe de Estado no puede resolver el conflicto existente entre el Este y el Oeste.

En el mes de junio, la revista *Time* continuó con sus críticas a la gestión presidencial. Reflejó de forma parcializada el debate nacional provocado por la renovada política de Kennedy de establecer y ampliar los derechos civiles de los negros. El asunto de los exiliados no volvió a aparecer en sus páginas, salvo en contadas oportunidades. Sintomáticamente, continuó propalando la pretendida propensión del gobierno cubano a la subversión y el terrorismo.

El 14 de junio reportó la detención en Canadá de un comando denominado "Frente de Liberación de Quebec" que, según la revista, durante los meses de febrero y abril estuvo colocando bombas en Montreal. Añadió posteriormente que "...al menos uno de sus miembros tenía vínculos directos con Fidel Castro..."

Una semana después se publicó las noticias siguientes: "... Atentados a la Plaza del Arzobispo... Capturados dos de sus ejecutantes. ¿Quiénes eran? Miembros del Partido Comunista y aliados de Fidel Castro..." El incidente pretendía probar una vez más que "Castro está determinado a exportar su revolución."

En la misma página donde fue publicado lo anterior aparecía un ensayo sobre México. A los lectores de *Time*, las palabras "México", "Atentado" y "Castro" debieron recordarles las argumentaciones abundantes publicadas por la revista en números anteriores y que situaban al país azteca como centro de diseminación principal del terrorismo cubano.

U.S. News & World Report repitió la noticia el 24 de junio en términos más abiertamente comprometidos: "...Un complot rojo para asesinar a Rómulo Betancourt fracasó cuándo fueron capturados dos de sus autores... El gobierno ordenó la detención de todos los comunistas y castroides."

En los escenarios de Dallas y New Orleans los diarios locales, sobre todo los de esta última ciudad, aumentaron de forma paralela la cobertura a las actividades de los grupos "anticastristas", con un énfasis especial en las discrepancias de éstos con la administración demócrata, por el cierre de los campos de entrenamiento y la persecución del contrabando de armas que se venía produciendo por su intermedio.

En ese marco, comenzaron a circular noticias sobre Lee Harvey Oswald. El 9 de agosto se produjo el altercado callejero entre Oswald y los exiliados "anticastristas", antes mencionado.

Allí estaban las cámaras de la televisión para dejar constancia gráfica del acto de fe y de todo lo que ocurriera; también, estaban los líderes principales de la organización "anticastrista" Directorio Revolucionario Estudiantil en esa ciudad, Carlos J. Bringuier, Celso Macario Hernández y Miguel Cruz, todos de reconocidos lazos con la CIA y el FBI.

Ese mismo día, *Time* había salido a la calle con un artículo que recogía el debate surgido en torno al regreso de cincuenta estudiantes universitarios que habían viajado a Cuba, en violación de las regulaciones federales que lo prohibían. Según la revista, "La excursión había sido pagada en parte por Castro, y organizada en San Francisco y New York por miembros del *Fair Play for Cuba Committee*, organización respaldada hace mucho tiempo por el dinero de Castro..."

La concordancia entre los acontecimientos y el actuar cómplice de la prensa hacen incuestionable la existencia de una preparación psicológica previa al magnicidio, para implicar a Cuba en éste.

Septiembre de 1963 fue un mes importante dentro de los planes de preparación de la campaña de inculpación. El día 9, el *Times-Picayune* de New Orleans publicó una entrevista realizada en La Habana a Fidel Castro, en la que denunciaba que el líder cubano había amenazado con matar a Kennedy.

Según el *Times-Picayune*, Fidel Castro había expresado: "los líderes de Estados Unidos están en peligro si apoyan cualquier intento de deshacerse de los dirigentes cubanos... Estamos preparados para combatir y responder del mismo modo. Los líderes de Estados Unidos deben pensar que si ellos están apoyando planes terroristas para eliminar a líderes cubanos ellos mismos no estarán a salvo..."

La noticia venía por medio de Daniel Harker, enviado especial de la agencia *Associated Press* (AP) en la capital cubana. ¿Por qué fue enviada y circulada en New Orleans, días después de la entrevista radial de Oswald, y en el lugar donde se estaban produciendo acontecimientos que servirían luego de base para las teorías sobre la culpabilidad cubana?

Esta vez fue *U.S. News & World Report* la que dio cobertura de apoyo nacional a lo que ocurría en New Orleans. Como continuidad al esquema de propaganda seguido hasta la fecha, retomaron el asunto que había reportado *Time* el 9 de agosto, paralelo a la querella de Oswald y Bringuier. Comentó la revista: "El Departamento de Estado dijo el 30 de agosto que se están dando pasos para encausar a 'algunos pero no a todos' de los 50 estudiantes norteamericanos que desafiaron la política de Estados Unidos de viajar a la Cuba comunista (...)"

En Dallas también se estaba preparando el terreno. A partir del 13 de septiembre, los diarios locales se sumaron a la campaña, dieron rienda suelta a las críticas contra el presidente Kennedy y alimentaron los sentimientos de hostilidad y violencia prevalecientes en la ciudad.

Todos los artículos, aunque en ocasiones instaban fríamente a mantener la calma, estaban dirigidos a lograr lo contrario. Así, por ejemplo, el 17 de septiembre el diario *Times-Herald* pedía a los ciudadanos de Dallas que se comportaran como "anfitriones cordiales", mientras que les recordaba a continuación que la ciudad no había votado por él en 1960 y que seguro no lo haría tampoco en 1964.

Times y *U.S. News & World Report* mantuvieron su labor efectiva de preparación psicológica y apoyo a nivel general. Cuba continuó apareciendo en sus páginas como el centro difusor del terrorismo hacia el hemisferio y, de manera subliminal, vinculaban a México con esto. Cada vez que en sus editoriales se referían al supuesto activismo cubano, aparecía en la misma página algún escrito o noticia sobre el país azteca.

El 20 de septiembre, *Time* brindaba una noticia destinada a dar crédito a uno de los elementos bases que serían utilizados luego en la campaña contra Cuba: la supuesta indisposición que se respiraba en la Isla con la política de Kennedy hacia Cuba.

En su sección "El Hemisferio", se publicaba fragmentos de una entrevista realizada a un estudiante universitario en La Habana en la que, según la revista, éste le había preguntado al periodista: "¿Por qué Kennedy quiere ser amigo de Jrushchov y no de Fidel? Después de todo, ambas son naciones socialistas (...)"

Tres días más tarde, *U.S. News & World Report* enfatizaba sobre la tendencia violenta de los simpatizantes de Fidel Castro. Para esto echó mano a una noticia que desde hacía un mes estaba utilizando como propaganda de fondo y que más tarde —suponemos— podría relacionarse con las actividades de Oswald en Nueva Orleans "...violentos disturbios fueron provocados por jóvenes procastristas el 12 y 13 de septiembre en las audiencias del Congreso sobre el viaje ilegal de 50 estudiantes a la Cuba Roja (...) El primer día la policía sacó por la fuerza a 15 manifestantes que gritaban y pateaban (...)"

Setenta y dos horas después, el 26 de septiembre, Oswald salía con rumbo a México para intentar viajar desde allí a Cuba.

Mientras tanto, la violencia en Dallas seguía siendo alentada. La muestra de hasta qué punto había tenido éxito esta política la constituyó el recibimiento que la ciudad le proporcionó a Adlai Stevenson. El 24 de octubre, una muchedumbre empujó, abucheó y hasta golpeó al canciller como aviso de lo que sentían hacia la visita de los demócratas. El ejemplo más fehaciente del nivel agresivo provocado por esa política quedó evidenciado en el hecho de haber sido una mujer quien, llena de ira, golpeó la cabeza del funcionario con una pancarta, y le profirió luego un mar de insultos e insinuaciones. *Time* publicó la noticia junto con una foto que recogía el momento en que Stevenson era golpeado. Debajo, en un juego de palabras, calificaba a la ejecutante como una "superpatriota".

El día anterior, en el mismo teatro donde acababa de hablar Stevenson en Dallas antes de ser agredido, el general Edwin A. Walker había congregado a cerca de mil trescientos de sus seguidores de extrema derecha para conminarlos a la acción. Walker era el mismo que, en 1961, había sido retirado del Ejército por adoctrinar a sus tropas con arengas similares, que alentó y dirigió las revueltas de la Universidad de Mississippi y tuvo que hacer frente a los cargos de rebelión por esa causa, aunque no se sabe por qué ni por medio de qué presiones el Departamento de Justicia solicitó le fueran retirados los cargos por una fianza de cincuenta mil dólares "al héroe de los grupos de derecha", según la revista *Time*. A la reunión había asistido también Lee Harvey Oswald.

Sergio Carbó, exiliado cubano connotado por sus actividades contra el gobierno de La Habana, de fuertes vínculos con las agencias gubernamentales de los Estados Unidos y, gracias a todo esto, el entonces presidente de la Sociedad Interamericana de Prensa, expresó el 19 de noviembre de 1963: "Estimo que un suceso próximo y grave ha de obligar a Washington a modificar su política de coexistencia pacífica (...)" La noticia fue circulada a todo el país, y al mundo, por la agencia *Associated Press*.

Tres días después, en Dallas, moría asesinado el presidente de los Estados Unidos, John Fitzgerald Kennedy.

Los periódicos de Dallas se tornaron voceros del mundo junto con las agencias de noticias. A la 1:51 p.m., los carros de patrulla que conducían a Oswald hacia el Departamento de Policía informaron por radio que iban en camino con el sospechoso. A las 2:30 p.m., sólo cuarenta minutos más tarde, el *Times-Herald* estaba en la calle con la descripción del posible asesino de Kennedy, y a las 4:15 p.m., circulaba con el arresto de Lee Harvey Oswald y la muerte del policía Tippit.

Las agencias de noticias comenzaron entonces su función de centrar sobre Cuba la culpa del crimen. La agencia *United Press International* (UPI)

lanzó los despachos siguientes: "Dallas, 22 de noviembre: La policía
detuvo hoy a Lee Harvey Oswald, identificado como representante del
Comité Juego Limpio para Cuba, *Fair Play for Cuba Committee*, y principal
sospechoso del asesinato de Kennedy". Nótese en la construcción de la
noticia la intención de dar prioridad a la filiación política de Oswald en
relación con el episodio.

El segundo despacho decía:

> Dallas, 22 de noviembre: El asesino del presidente Kennedy es un marxista
> confeso que pasó tres años en Rusia tratando de renunciar a la ciudadanía
> estadounidense, pero luego cambió de idea y obtuvo un pasaje de regreso
> pagado por el gobierno (...) fue identificado como Lee Harvey Oswald, de 24
> años, un ex infante de Marina y presidente del Comité Juego Limpio para
> Cuba.

> Dallas, 22 de noviembre: El presidente murió hoy asesinado a tiros. La policía
> detuvo, por considerarlo sospechoso principal del asesinato, a un norte-
> americano castrista (...)

> Dallas, 22 de noviembre: La policía encarceló hoy a Lee Harvey Oswald, un
> marxista partidario del primer ministro Fidel Castro.

Ninguna de estas noticias era nueva. En Dallas y en Nueva Orleans se
había puesto un gran interés en presentar a Oswald como partidario de
Castro, y miembro del *Fair Play for Cuba Committee. Time* y *U.S. News &
World Report*, así como la AP y la UPI, venían desde mucho tiempo atrás
proclamando que Fidel Castro estaba regando el terror en el hemisferio.
Poco a poco, fueron diseminando el criterio de que entre tales acciones
se incluía el asesinato político, y se llegó incluso a publicar, no por
casualidad en Nueva Orleans, una supuesta amenaza del presidente
cubano contra Kennedy, sólo que ahora éste último había sido asesinado.

William Stuckey, quien junto con Carlos Bringuier preparó las
transmisiones radiales en la emisora WDSU en el mes de agosto, para
dar realce a la fachada "procastrista" del presunto asesino, retransmitió
el 22 de noviembre la cinta con la voz de Oswald, sobre todo haciendo
énfasis en las partes en que éste manifestaba su admiración por Fidel
Castro y se declaraba marxista.

El Directorio Revolucionario Estudiantil, la organización dirigida por
Carlos Bringuier y vinculada con la CIA, no se quedó atrás. El mismo
día en que asesinaron a Kennedy se soltó a rodar el rumor que Oswald
había intentado penetrar su grupo el día 5 de agosto, días antes de que
ellos lo "sorprendieran" distribuyendo propaganda procastrista. También

dijeron que cuando la Crisis de los Misiles, el ex-*marine* había sido visto en Miami mientras distribuía literatura financiada por el *Fair Play for Cuba Committee* e instigaba a una revuelta, además de que en marzo de 1963 había vuelto para infiltrase en los grupos de exiliados.

Al día siguiente de los acontecimientos, las agencias noticiosas reforzaron su campaña contra Cuba. Comentó la UPI ese día:

> Dallas, 23 de noviembre: El filocomunista L. H. Oswald fue acusado hoy de haber asesinado al presidente Kennedy. La policía dijo que la prueba de la parafina hecha en las manos de Oswald dio resultados positivos. Se hallaron pruebas de pólvora.

> Dallas, 23 de noviembre: La policía local tiene pruebas de que el presidente Kennedy fue asesinado por el castrocomunista L. H. Oswald, según se anunció oficialmente hoy. El jefe de la Policía de Dallas, Jesse E. Curry, dijo hoy que Oswald admitió que es comunista (...) y ante los funcionarios policiales que lo interrogaron anoche, que era miembro del Partido Comunista.

Ante esas acciones, que podían en un momento de crisis nacional como ése, de incertidumbre y caos, inducir a que se materializara una agresión a Cuba, el presidente Fidel Castro ofreció una conferencia de prensa por televisión, en horas de la noche del 23 de noviembre, en la que denunciaba la campaña de prensa desatada y cuáles eran sus claros objetivos: agredir a Cuba.

Ese discurso de Fidel Castro no fue diseminado por las agencias de noticias ni tampoco apareció en *Time, U.S. News & World Report* o *Times-Picayune*, de Nueva Orleans. Estos sordos medios continuaron montados en la campaña de prensa contra Cuba.

Antiguos agentes de la CIA, como Frank Sturgis y John Martino, comprometidos ambos en intentos de asesinato contra el presidente cubano por encargos de la CIA, circularon historias que unían a Oswald con Cuba.

El 26 de noviembre, el *Sun-Sentinel*, de Pompano Beach, atribuyó a Sturgis la noticia de que Oswald había establecido contacto telefónico con la Inteligencia cubana y tenía conexiones con el gobierno cubano desde México y Nueva Orleans.

Ese mismo día, John Martino fue entrevistado por una emisora de radio en Miami y aseguró que Oswald había distribuido literatura del *Fair Play for Cuba Committee* en La Florida. Hizo referencia, además, de que éste había viajado a México en septiembre. Interrogado por el FBI dijo que tales informaciones le habían llegado por medio de una fuente cubana, la que se negó a identificar. Afirmó después que dicha persona también le comunicó que Oswald había telefoneado a los servicios de Inteligencia cubanos desde una casa en Miami, que había tratado de vender marihuana en Houston y que cambió pesos cubanos por dólares.

Por las vías oficiales también circularon las falsas alegaciones. Thomas Mann, entonces embajador de los Estados Unidos en México, envió un cable a Washington donde argumentaba que en México o en los Estados Unidos alguien había dado a Oswald la misión y el dinero, que creía que la Inteligencia soviética no había tenido nada que ver con eso y que, sin embargo, "Castro era del tipo de persona que se lanzaría en tal aventura. Él es el latino extremista que reacciona más visceral que intelectualmente y (...) sin temor a los riesgos (...) Esta suposición está reafirmada por mi recuerdo de la historia del reportero de la AP en La Habana atribuyendo amenazas de Castro contra funcionarios de Estados Unidos (...)"

U.S. News & World Report se sumó abiertamente a la trama. El 2 de diciembre de 1963, junto con varios artículos que recogían el pasado de Oswald en la Unión Soviética, su proyección comunista y sus relaciones con el *Fair Play for Cuba Committee*, publicó una foto de Oswald, sonriente, bajo el título "Lee H. Oswald, defensor de Castro y marxista, que fue acusado de asesinar a Kennedy."

El día 9, justamente una semana después, se profundizaba más en el asunto:

> Profundos misterios continúan rodeando a L. H. Oswald: ¿Cuál fue la razón de la visita de Oswald a México a finales de septiembre, justo cuando fue anunciado que el presidente visitaría... Dallas (...)?
>
> ¿Estaba Oswald entonces planeando el asesinato, y preparando su ruta de escape? ¿Recibió el hombre culpado con el asesinato del presidente, dinero del Partido Comunista, con el que mantenía correspondencia?... Todo apunta ahora al hecho de que el asesinato del presidente Kennedy fue cuidadosamente planeado... también es conocido que Oswald... era un activo comunista, y un beligerante defensor de la Cuba de Castro...
>
> Castro había advertido en un discurso el 7 de septiembre que 'Los líderes de Estados Unidos debían pensar que si ellos estaban apoyando planes terroristas para eliminar a líderes cubanos, ellos mismos no estarían a salvo...

Los editores de *U.S. News & World Report* continuaron incitando entonces la toma de medidas drásticas contra Cuba, similares a las demandadas cuando la Crisis de los Misiles, en 1962.

¿Hasta cuándo se le va a permitir a Castro diseminar y practicar la violencia, casi a voluntad, en Norte y Sudamérica? ...El 27 de noviembre, terroristas procastristas secuestraron al coronel James K. Chenault, segundo jefe de la misión militar del Ejército de Estados Unidos en Venezuela. El día anterior, terroristas de Castro trataron de asesinar a los principales líderes políticos de Caracas en un esfuerzo por derrocar al gobierno... En Estados Unidos, muestran los archivos, Castro nunca ha cesado de crear problemas. El FBI hace sólo un año, descubrió un complot de Castro para destruir instalaciones de defensa de Estados Unidos y refinerías de petróleo en New Jersey y aterrorizar las multitudes de las tiendas de New York y en los teatros.

Nótese cómo comienzan a utilizar como evidencias las noticias que desde meses atrás la propia publicación venía diseminando, para crear un estado de opinión contra Cuba.

Todo esto fue utilizado a modo de ablandamiento para que los lectores, en medio del caos reinante en el país, interiorizaran rápida y acríticamente la idea sobre la participación de Cuba en el asesinato, la que, sin cortapisas, se afirmó:

> Fue el 22 de noviembre que la violencia diseminada por Castro se mostró en una nueva y golpeante luz. L. H. Oswald, acusado de la muerte de Kennedy, había sido inducido por Castro. Él había distribuido literatura procastrista, y fue detenido en New Orleans por sus actividades de "Viva Cuba". ¿Fue Oswald parte de una conspiración, posiblemente un asesino a sueldo dirigido por los cubanos de Castro?

El día después que el presidente murió, Castro apareció en la televisión de Cuba para negar toda conexión. Pero la declaración hecha por Castro el 7 de septiembre es tomada cuidadosamente en cuenta en Estados Unidos y América del Sur.

Funcionarios de Estados Unidos, aunque extremadamente cuidadosos de relacionar la muerte del presidente Kennedy con Castro en modo alguno, están diciendo que: Cumpliendo órdenes o no, la acción de Oswald fue el resultado de una mente afectada por siniestras fuerzas. El castrismo es visto como una fuerza que influenció su mente.

> Después de tanta manipulación de la opinión pública y de acusaciones irresponsables contra Cuba, fueron expuestos los propósitos verdaderos: "¿Qué hacer con Castro? ...Es obvio que, mientras Castro esté en La Habana, profiriendo amenazas y creando problemas, esta región completa estará sometida a la subversión, el terror y la muerte; todo en el nombre de Fidel Castro (...). ¿Cuánto tiempo se le permitirá a Castro permanecer en el poder para regar y practicar la violencia entre sus vecinos?"

La avalancha de informaciones fabricadas con el objetivo de culpar a Cuba en el magnicidio, junto con el homicidio posterior de Oswald por Jack Ruby, trajo como uno de sus resultados que se debatiera al nivel nacional qué instancia de justicia debía investigar el hecho. Ante las diferencias de criterios, el nuevo presidente, Lyndon Johnson, creó una Comisión investida de todos los poderes con ese objetivo.

Los hilos que detrás de los medios de prensa movían la campaña anticubana cambiaron rápidamente hacia otra dirección. El foco primero de sus esfuerzos se centró en diseminar la versión de que sólo Oswald, sin ayuda alguna, era culpable. El asunto de una conspiración con la participación de Cuba fue mantenida en un nivel más bajo, como una sospecha imposible de comprobar ni de desechar.

El 16 de diciembre, sólo una semana después, *U.S. News & World Report* dio un giro de ciento ochenta grados y puso sus servicios en función de una nueva estrategia. El debate nacional provocado por la muerte de Kennedy tenía todos los ojos en la Comisión creada por Johnson. La investigación sobre el asesinato debía seguir un curso que no sacara a flote, entre otras cosas, la campaña para culpar a Cuba, pues ésta había comenzado antes de que se consumara el crimen. Con ese objetivo, afirmó la revista a sus lectores:

Los hechos del asesinato del presidente Kennedy descubiertos por la investigación del FBI llevaron a los funcionarios a estas primeras conclusiones:

1. El presidente Kennedy fue asesinado por un solo hombre, Lee Harvey Oswald.

2. Oswald no tuvo cómplices a ningún nivel. Él solo planeó el atentado y disparó los proyectiles fatales.

3. Ningún complot, por grupos en los Estados Unidos o en el exterior, ayudaron en la muerte del presidente o de su asesino.

Fue una tragedia americana desde el principio hasta el fin, los actos de un individuo inestable en 190 millones de norteamericanos (... La investigación no descubrió que Oswald fuera un agente de Castro o estuviera involucrado en conspiración alguna con cubanos para matar a Kennedy (...)

La Comisión Warren se haría eco luego, casi literalmente, de todos esos argumentos; era como si las mismas personas que escribieran para *Time* o *U.S. News & World Report* en contra de Cuba hubieran contribuido a la confección de su informe final.

Parte de las líneas de propaganda seguidas por los medios de prensa en los Estados Unidos, junto con la anterior, fue desmovilizar la agresividad interna que contribuyeron a crear. Con eso evitaban también una investigación que pudiera poner al descubierto la conspiración. Sus artículos lo muestran claramente.

Probablemente, el plan de propaganda fue estructurado en dos etapas: la primera desde el mes de abril de 1963, fecha que establecimos como el momento en que se pone en marcha el plan para asesinar a Kennedy, y la segunda, a partir de la decisión de Lyndon Johnson de crear la comisión gubernamental investigadora.

De tal manera fue el complot articulado para inculpar a Cuba en el asesinato del presidente Kennedy. Lee Harvey Oswald, el pretendido asesino solitario, era un veterano agente encubierto reclutado por la CIA, probablemente desde su época de *marine* en Japón, asignado posteriormente para una misión de Inteligencia en la Unión Soviética, aprovechando sus antiguas relaciones con el coronel Nikolai Eroshin, quien no debió pertenecer al KGB sino al GRU, lo que explicaría por qué Oswald recibió permiso de estancia en ese país, cuando escenificó una deserción, a todas luces burda, y el desinterés del KGB sobre su permanencia en territorio soviético desde octubre de 1959 hasta mediados de 1962.

Más tarde, después de su regreso a los Estados Unidos, Oswald continuó trabajando para los servicios secretos norteamericanos, como lo explican el acceso que tuvo a trabajos en empresas que necesitaban de un *security clearance*, o visto bueno de las autoridades de Seguridad local y también sus relaciones con la colonia rusa de Dallas, que suponen a Oswald en labores de control de esas personas en busca de espías o situado en un medio, conocido por el GRU, en espera de que alguien lo viniera a contactar, aceptando la versión de que esa organización lo comprometió a su salida de la Unión Soviética.

En Nueva Orleans, Oswald se vinculó primero con los exiliados y más tarde con elementos que probablemente le hayan dicho pertenecer a la Inteligencia cubana, involucrados en un complot contra Kennedy, de ahí, sus actividades en el *Fair Play for Cuba Committee*, sus conflictos con los exiliados y más tarde su reunión con el dúo Veciana-Phillips y el conocido "incidente" con Silvia Odio, quien representaba a una organización, el JURE, catalogada de izquierdista y a quien se podía relacionar con el futuro asesino y dar fe así de una conspiración auspiciada desde Cuba.

La visita al Consulado cubano de México fue parte de la trama para que Oswald viajara a La Habana y legalizara sus vínculos con los hombres de Fidel Castro. Formaba parte de la pieza fundamental del plan de inculpación, para la campaña de prensa que después del crimen se desencadenaría.

Las cartas dirigidas a Oswald fueron un "detalle" para asegurar que nadie tuviera dudas sobre la culpabilidad cubana y, finalmente, la campaña desatada por los medios masivos, con posterioridad al magnicidio, resultaban los últimos toques del proyecto asesino, sólo que el plan comenzó a fracasar desde el principio y que el rastro dejado por Lee Harvey Oswald se convirtió en su sentencia de muerte.

EN BUSCA DE LOS ASESINOS

Cuba investigó en dos ocasiones —1964 y 1978— a petición de las autoridades norteamericanas, las circunstancias y personas relacionadas supuestamente con el asesinato del presidente John F. Kennedy. Facilitó también entrevistas con ciudadanos cubanos, miembros de su representación en México durante 1963. El presidente Fidel Castro le brindó al Comité Selecto de la Cámara de Representantes su interpretación sobre los hechos, y explicó cuáles eran, a su juicio, las causas y motivaciones probables del magnicidio.

En ambas ocasiones, todas las entrevistas y los datos suministrados estuvieron relacionados con solicitudes puntuales de cada uno de los comités creados, pues los organismos de Seguridad cubanos en ningún momento habían iniciado una investigación sobre el hecho en sí mismo, en tanto aquel suceso fue un asunto interno, y estuvo claro, como ya lo había explicado Fidel Castro, que toda la campaña mediática desarrollada después del crimen sólo podía tener un objetivo único, inculpar a Cuba en el magnicidio y utilizar ese pretexto para agredirla militarmente, tal y como eran las exigencias de la mafia cubana de Miami.

Posteriormente, en los años noventas y en vísperas del trigésimo aniversario del magnicidio, mientras investigábamos las agresiones contra Cuba en 1963 y atendíamos a las antiguas sospechas que había sobre la vinculación de la mafia cubana con aquel episodio, las mismas que nos asaltaron durante la investigación de la Operación AM/LASH y más tarde, cuando supervisábamos, en 1978, las informaciones que se le entregó al Comité Selecto de la Cámara de Representantes, fue que decidimos analizar los hechos en su conjunto, buscar conexiones entre éstos y volver a estudiar la voluminosa información pública disponible, pues nos percatábamos de que una de las partes integrantes del complot de Dallas, consistía en la fabricación de una provocación que posibilitara la agresión a Cuba.

El análisis certero realizado por nuestro compañero, Arturo Rodríguez, sobre la historia de Oswald, y el estudio de un montón de informes que en aquella ocasión encontramos dispersos en carpetas que nunca habían sido procesadas, fueron los que posibilitaron los resultados a los cuales nos referiremos.

En 1994 se realizó un serial en la Televisión Cubana, titulado "ZR/ Rifle", donde en la entrevista que brindé, sostuve los argumentos esenciales, que más tarde, en 1995, hube de explicar en los eventos organizados en Rio de Janeiro y Nassau.

Por supuesto, no fue ni es una tarea fácil. El crimen fue cometido en Dallas, Texas, territorio de la Unión Americana, y fue allí donde se hizo las investigaciones y se elaboró los documentos que aún permanecen clasificados, en los que sin duda alguna deben encontrarse las claves definitivas del "misterioso" asesinato.

En el transcurso de este estudio, una y otra vez surgió el tema de la "conexión cubana", pero en sentido inverso al planteado originalmente por los medios masivos a raíz del crimen. Eran los exiliados y sus jefes de la CIA con su proyecto de agresión a Cuba los que parecían ser los responsables probables del crimen.

Varias informaciones relacionadas con el decenio 1960-1970 nos llamaron la atención, todas relativas a las acciones terroristas efectuadas entonces desde Miami y Nueva Orleans. Ninguna era concluyente y mucho menos clara, pero referían elementos que, al partir de las pistas ya obtenidas, podían tener sentido. Fue necesario sumergirse en un mar de documentos de la época, recibidos mediante fuentes diferentes y por caminos distintos. Recuérdese que para esas fechas, Cuba dependía de manera importante de la solidaridad de muchos cubanos y norteamericanos que, desde los Estados Unidos, nos alertaban por todos los medios a su alcance de los planes y las incursiones subversivas contra nuestra patria.

Por tanto, la investigación tuvo en cuenta esos nuevos elementos, sumados a un análisis cuidadoso de las informaciones que suministraron las comisiones Warren, Church y de la Cámara de Representantes, más los elementos aportados por otros estudiosos norteamericanos, los que fueron cotejados con los encontrados por nosotros, lo que posibilitó el descubrimiento de un grupo de pistas eventuales, que pueden aportar nuevas evidencias al esclarecimiento del laberinto creado delibera- damente.

La primera información que investigamos estuvo relacionada con la existencia en 1963, de una organización extremista radicada en Nueva Orleans, denominada Cuba Democrática, la que, en complicidad con elementos del juego organizado, lanzaba incursiones terroristas contra Cuba. Esta ciudad había ocupado un lugar preponderante en los operativos subversivos de la CIA y en ésta, ese año, estuvo la base de una unidad de operaciones denominada Comandos Mambises, cuyos objetivos, como más tarde se hicieron públicos, eran atacar y destruir todas las instalaciones productivas en las costas cubanas; por tanto, era una de las prioridades de la Inteligencia revolucionaria.

El segundo informe, de mediados de 1963, señalaba la presencia de un sujeto que después la fuente identificaría como Oswald, en una reunión con un grupo de terroristas de origen cubano, entre los cuales se encontraban: los hermanos Novo, Orlando Bosch, "Tony" Cuesta y Luis Posada, en una casa de seguridad de la CIA en los alrededores de Miami.

El tercer informe, también de mediados de 1963, indicaba a varios agentes de la CIA y mafiosos, reunidos en las Islas Bahamas, que planeaban el asesinato de Fidel Castro, después de que "solucionaran los obstáculos creados por la nueva política de los Kennedy hacia Cuba". Entre sus participantes se citaba a Carlos Prío, John Rosselli, Paulino Sierra, Orlando Bosch, "Tony" Cuesta, Antonio Veciana y Eladio del Valle.

El cuarto informe databa de 1980 y procedía de una fuente que tuvo acceso directo a Antonio Veciana. Ésta planteaba que Veciana le había reconocido haber sido reclutado en La Habana, durante 1960, por el oficial de la CIA, David Phillips, quien lo había atendido por más de quince años. Posteriormente a las investigaciones del Comité Selecto de la Càmara de Representantes, Phillips lo entrevistó en San Juan, Puerto Rico, y lo amenazó con eliminarlo si decía algo de lo que conocía sobre el asesinato de Kennedy.

Finalmente, el último informe, fechado en 1970, se refería a que los terroristas Eladio del Valle y Herminio Díaz se encontraban en la ciudad de Dallas, alrededor del 20 de noviembre de 1963. La fuente presumía que ellos estuvieron relacionados con el asesinato, en tanto los unía un odio visceral hacia los Kennedy, habían sido entrenados en el disparo con precisión y, después del crimen, observó que manejaban grandes sumas de dinero.

De tal manera, iniciamos la investigación, que abarcó un universo de ciento cincuenta y siete personas de origen cubano, sumadas a varios norteamericanos que de alguna manera estuvieron relacionados con ellos.

Seleccionamos a un grupo, sobre el que decidimos profundizar en sus antecedentes y rebuscar en la memoria de antiguos colaboradores y oficiales de caso, que en algún momento penetraron los centros de actividad de la CIA, radicados esencialmente en Miami, Nueva Orleans y Dallas. Lamentablemente para los propósitos de la investigación, no en todos los casos tuvimos éxito y sólo encontramos referencias en varios de ellos que los vinculaban al suceso, lo que no significa que hayamos desechado al resto de los sospechosos. En ese sentido, se debe tener en cuenta la relación directa que había entre los complotados, el nivel de la planificación, y el grado de vinculación con la CIA y la Mafia que para entonces todos tenían, factor que habría necesariamente que analizar para suponer el grado de involucramiento que cada cual tuvo.

El estudio realizado demostró ampliamente que la ciudad de Nueva Orleans, para 1963, se había convertido en uno de los centros conspirativos contra Cuba más importantes en los Estados Unidos, En ese escenario irían a actuar las organizaciones contrarrevolucionarias principales, los grupos comandos de la CIA, las organizaciones autónomas y los elementos del crimen organizado involucrado en ese complot. En un lugar destacado se encontraba el grupo Cuba Democratica, liderado por Guy Banister, Clay Shaw, David Ferrie y otros, quienes, vinculados con el *capo* de la mafia local, Carlo Marcello, se enriquecían a costa del contrabando de equipos bélicos destinados a la guerra contra Cuba. Otros personajes, atraídos por ese negocio lucrativo, se relacionaron con el grupo, entre ellos, Orlando Bosch, Luis Posada, Antonio Cuesta, Orlando Piedra, Frank Sturgis, los hermanos Guillermo e Ignacio Novo Sampol, Pedro Luis Díaz Lanz, Carlos Bringuier, Paulino Sierra y Antonio Veciana.

De varios de éstos encontramos referencias que los relacionaban con el suceso, y en ellos concentramos nuestro analisis. De tal forma, del listado inicial priorizamos a las personas siguientes: *Eladio del Valle Gutiérrez*, más conocido por "Yito", el mismo que fuera asesinado brutalmente en 1967 a raíz de la muerte misteriosa de David Ferrie, en la época en que era interrogado por el fiscal, *Jim* Garrison, en Nueva Orleans, por su presunta participación en el asesinato de Kennedy. Disponíamos de una información abundante sobre ese sujeto desde 1959. Había sido miembro del Congreso de la República y de los servicios policiacos en Cuba durante la dictadura de Fulgencio Batista. Estuvo asociado desde 1958 a Santo Traficante, *Jr.*, con el cual se dedicó al contrabando de mercancías por el puerto de Batabanó, al sur de la capital cubana. Emigró en los primeros días del triunfo revolucionario y se estableció en Miami con su antiguo amigo Rolando Masferrer Rojas,[39] con el cual organizó el Movimiento Cubano de Liberación Anticomunista (MCLA), una de las primeras estructuras contrarrevolucionarias formadas por la CIA para derrocar al Gobierno Revolucionario. En ese entonces, un agente importante de la Inteligencia cubana, Luis Tacornal, tenía penetrado al grupo como enlace de éste en Cuba. Así conocimos de la participación del coronel J. C. King[40] en la conducción del complot anticubano y más tarde, la de los oficiales de la CIA, radicados en la Embajada norteamericana en La Habana, Robert van Horn y David Sánchez Morales. Aquel operativo, que proyectaba el asesinato de Fidel Castro, fracasó en noviembre de 1960, cuando las autoridades cubanas decidieron ponerle fin y detuvieron a los complotados principales, entre ellos a la agente de la CIA, Geraldine Shamman, de nacionalidad norteamericana. La prensa cubana publicó todos los detalles de sus actividades.

Sin embargo, aún manteníamos a otra fuente en Miami, dentro de los directivos del MCLA, de manera que seguimos los pasos de Eladio del Valle hasta Nueva Orleans y allí conocimos de sus viajes en avión, en compañía del piloto David Ferrie, para abastecer a grupos armados que accionaban en las montañas de El Escambray, en la zona central del país. Para ese entonces, el MCLA se había unido a los grupos liderados por Carlos Prío[41] y Manuel Antonio de Varona,[42] que recibían "donaciones" importantes de Santo Trafficante, *Jr.* y Carlo Marcello, *capos* de la Mafia en Miami y Nueva Orleans, respectivamente.

En junio de 1962, conocimos que Eladio del Valle planeaba, por órdenes de la CIA, infiltrar por la zona de Caibarién, en la costa norte de la antigua provincia de Las Villas, un comando de treinta y dos hombres con la misión de asesinar a Fidel Castro y promover un frente guerrillero en esa región. Uno de nuestros colaboradores lo recibió en Cayo Anguila, cuando arribó al lugar. Durante varios días estuvieron puntualizando el operativo pero al final sus hombres decidieron cancelarla y regresar a Miami, probablemente, por temor a ser detenidos en el empeño. En esa oportunidad, Del Valle expresó en varias ocasiones el odio que sentía por los Kennedy, a quienes hacía responsables de los fracasos para derrocar al régimen cubano. El informe aludido también mencionaba otros datos que nos resultaron de interés:

> El 19 de julio de 1962 me entrevisté por segunda vez en Cayo Anguila con
> Eladio del Valle, quien viajaba en el yate Aleta, de unos 70 pies, completamente

artillado con 32 hombres a bordo, vestidos de verde olivo y armados con M-3
(...) Me expresó uno de ellos, que contaban con gran cantidad de hombres del
DRE[43] y dijo Eladio del Valle que esta organización había contribuido con
40 000 dólares a la infiltración de mucha gente al país.

De tal manera, que se corroboraba que, en 1962, el DRE, una organización
controlada por la CIA, estaba en contacto con el grupo de Eladio del
Valle y Rolando Masferrer. Éste sería el mismo grupo cuyos dirigentes
se encontraban en Dallas durante el mes de octubre de 1963,
supuestamente en busca de armas para una nueva invasión a Cuba y el
responsable principal de las campañas en los medios de prensa norteamericanos, posteriores al asesinato, que pretendían involucrar a Cuba
en el crimen.

El fracaso de la expedición afectó mucho la imagen de "duro" de que
blasonaba

Del Valle en el exilio, por lo que durante los meses siguientes se dedicó
al negocio del tráfico de armas con elementos de la Mafia. Como se conoce
hoy, las armas salían de arsenales militares norteamericanos y eran
entregadas a elementos de la Mafia, quienes las distribuían entre exiliados
de origen cubano, elementos de la OAS francesa y otros grupos de
extrema derecha en varias partes del mundo.

La última noticia que tuvimos de "Yito" del Valle fue la ya referida,
acerca de su visita a Dallas en noviembre de 1963 y la presunción del
informante, de que estuvo involucrado en el asesinato de Kennedy, la
que se apoyaba en cuatro elementos vitales: la animadversión manifiesta
que sentía hacia la figura del presidente, a quien responsabilizaba por la
propia existencia de la Revolución Cubana; su pericia en el disparo de
precisión; sus alardes después del crimen, cuando se vanagloriaba de
haber eliminado el obstáculo para agredir a Cuba, y la cantidad excesiva
de dinero que manejó después del magnicidio.

Otro elemento de interés lo constituyó el grupo de personas a las que
Del Valle se vinculaba. Muchos de ellos, participantes directos del
operativo anticubano, eran terroristas calificados, agentes de la CIA o en
contacto estrecho con las familias mafiosas que habían perdido intereses
económicos importantes en La Habana al triunfo de la Revolución. Los
más significativos eran: Santo Trafficante, *Jr.* Rolando Masferrer, David
Ferrie, los hermanos Novo, Manuel Salvat, J. C. King, David Sánchez
Morales, Manuel Antonio de Varona, Luis Posada, Jack Ruby y Carlos
Prío y también los grupos DRE, Rescate y Amigos de la Cuba
Democrática. ¿Coincidencia o casualidad?

Sandalio Herminio Díaz García, quien fue reportado por un informante como acompañante de Eladio del Valle en Dallas, dos días antes del magnicidio. Sus antecedentes delictivos eran extensos. Un gángster típico de la época de los años cuarentas, que estuvo a las órdenes del tirano dominicano Rafael Leónidas Trujillo. Su carrera de asesino profesional alcanzó el cénit en 1948, cuando asesinó en Ciudad México a Rogelio Hernández Vega, mientras éste visitaba el Consulado de Cuba en esa ciudad. Más tarde, fue detenido por la policía cubana por varios hechos de sangre. En marzo de 1956, siempre bajo las órdenes de Trujillo, trató de asesinar a Fulgencio Batista por discrepancias de éste con el dictador dominicano y al año siguiente, en compañía de un mafioso local, Eufemio Fernández, participó en otro complot de asesinato presidencial, esta vez contra José Figueres, en Costa Rica, desde donde, al ser descubierto, fue deportado a México, sin haber podido materializar sus intenciones.

En 1959, por recomendación del oficial de la CIA y agregado a la Embajada norteamericana de La Habana, Robert van Horn, comenzó a trabajar como guardaespaldas de Santo Trafficante, *Jr.*, con el cargo de jefe de la policía en el hotel *Havana Riviera*, controlado por la familia mafiosa que éste comandaba.

El triunfo de la Revolución y las medidas tomadas por ésta contra el gangsterismo y el juego organizado, lo alinearon en el bando contrar-revolucionario y se incorporó a las huestes conspirativas junto con su antiguo compañero, Eufemio Fernández, también asociado de Trafficante en el grupo denominado Triple A.[44] A finales de 1960, él y Eufemio Fernández recibieron en La Habana al mafioso Richard Cain, quien por órdenes de Trafficante y *Sam* Giancana[45] debía ejecutar a Fidel Castro mediante el típico tiroteo gangsteril, aprovechando cualquier desplazamiento del dirigente cubano por las calles de la ciudad. El plan fracasó y Díaz García fue detenido. Liberado a fines de 1962, emigró a México, desde donde se trasladó a La Florida para ponerse de nuevo a las órdenes de Trafficante.

En noviembre de 1963, según el informe aludido, se encontraba en Dallas junto con Eladio del Valle, en espera de un importante evento que no conocimos.

En 1966, Díaz García encontró la muerte durante un combate sostenido con las milicias cubanas, al tratar de desembarcar por la costa norte de la ciudad de La Habana, después de haber sido trasladado a ese punto por una embarcación comandada por Antonio Cuesta Valle,[46] quien fue capturado. En los interrogatorios realizados a éste último, informó que el propósito de la infiltración consistía en asesinar a Fidel Castro y que el proyecto era patrocinado por Jorge Mas Canosa y Santo Trafficante, Jr.

Años más tarde, poco antes de ser puesto en libertad, ciego y mutilado por la explosión de la embarcación que tripulaba al momento de su captura, Antonio Cuesta, en probable gesto de gratitud por las atenciones médicas y humanas que con él se tuvo, manifestó que Sandalio Herminio Díaz García y Eladio del Valle, fueron parte del operativo que asesinó a Kennedy, pues según el primero, habían arribado a la ciudad de Dallas el 20 de noviembre de 1963 y posteriormente manejaban importantes sumas de dinero. Afirmó que esto lo conocía por medio de Díaz García, el cual en una ocasión se lo había referido.

Fue una revelación que nos tomó por sorpresa. Lamentablemente, a pesar de nuestra insistencia, nada más logramos conocer del suceso informado. Es probable que supiera mucho más de lo que explicó y, o bien tuvo temores por su familia, o por que a su regreso a Miami tuviera que enfrentar las consecuencias de la información brindada. Lo cierto es que siempre, con alguna excusa relativa a su seguridad personal, se negaba a ampliar su informe.

La información era importante pues, sin lugar a dudas, Antonio Cuesta estuvo involucrado en los hechos más trascendentes que hasta 1966 se desarrollaron en el exilio cubano y particularmente en la ciudad de Nueva Orleans. Además de su reconocida filiación a la CIA, su grupo fue uno de los seleccionados para los conocidos operativos autónomos creados en 1963. Miembro activo de la Junta de Gobierno Cubana en el Exilio, de Carlos Prío y Paulino Sierra, era uno de los vínculos claves con la Mafia en Nueva Orleans y, por tanto, partícipe de los contrabandos de armas procedentes de Dallas en aquella época.

Antonio Lucas Carlos Veciana Blanch, era contador público y trabajó durante los últimos años de la década de los años cincuenta a las órdenes del magnate azucarero Julio Lobo. Durante los primeros meses de 1959 se percató de que las medidas tomadas por la Revolución eran para beneficio de las mayorías populares, y decidió enfrentarla decididamente, de manera tal que se vinculó primero a la organización contrar-revolucionaria Segundo Frente Nacional de El Escambray y, posterior-mente, al recién creado Movimiento Revolucionario del Pueblo (MRP), de Manuel Ray,[47] en el cual alcanzó la jefatura militar. En ese período, la Estación de la CIA radicada en la capital cubana, por medio de su agente encubierto, David Phillips, decidió reclutarlo y adiestrarlo en técnicas terroristas y guerra psicológica. A finales de 1960, por orientaciones de Phillips, alquiló el apartamento 8 del edificio situado en Avenida de las Misiones, 29, lugar desde donde se visualizaba la terraza norte del antiguo Palacio Presidencial, sede de los actos donde usualmente Fidel Castro se dirigía al pueblo congregado allí.

En julio de 1961, recibió instrucciones de Phillips, por mediación del agente José Pujals Mederos para organizar, utilizando al MRP, un proyecto subversivo cuyo nombre clave era "Liborio", y que fue conocido también como "Operación Cuba en Llamas". Éste consistía en desatar una vasta campaña de sabotajes y asesinatos para provocar una concentración popular en las inmediaciones del Palacio Presidencial y entonces, desde el apartamento de la Avenida de Las Misiones, disparar contra Fidel Castro con una *bazuka* que le había sido entregada por la CIA, antes de que los Estados Unidos decidieran, en los comienzos de aquel año, romper sus relaciones diplomáticas con Cuba.

Es curioso destacar que los elementos escogidos para la acción no fueron militantes del MRP, sino de otros grupos contrarrevolucionarios, Rescate y Segundo Frente. ¿Estábamos nuevamente en presencia de otro hecho casual? Parece improbable, pues Pujals Mederos, el emisario de Phillips, fue categórico cuando trasladó la orden: "Buscar a los hombres convenidos".

El plan fracasó y no sólo por la eficiencia de los servicios de Seguridad cubanos, que aunque ya seguían la pista a los complotados, no los tenían totalmente ubicados, sino porque los asesinos, incluido Veciana, huyeron cuando se percataron de que estaban a punto de ser capturados y así fue como aquél, en los finales de 1961, fue a parar a Miami.

En el exilio nada conocíamos de él, hasta mediados de 1962, cuando fundó la organización terrorista Alpha 66, por orientaciones de su "manejador" David Phillips. Esa organización más tarde se unió al Segundo Frente Nacional del Escambray, comandado por su antiguo asociado, Eloy Gutiérrez Menoyo, con los objetivos de lanzar ataques contra Cuba y el transporte marítimo soviético. Fueron ellos los que también, en plena Crisis de Octubre, rompieron la prohibición de la administración norteamericana de no accionar en esos días, y atacaron un puerto cubano, probablemente para sabotear las conversaciones que se efectuaban en Naciones Unidas, encaminadas a poner fin al conflicto.

En 1963, Veciana era ya un agente a sueldo de la CIA. Él mismo lo reconoció cuando, en 1976, le confesó al investigador Gaeton Fonzi,[48] que algún tiempo antes había recibido de su oficial de caso un cuarto de millón de dólares, como pago por los servicios prestados.

¿Cuáles trabajos valdrían una suma tan importante como ésa, sobre todo si se tiene en cuenta que recibía un salario y que sus gastos eran suplidos puntualmente por la Agencia?

Al seguir esa pista, nos encontramos con que, en septiembre de 1963, Veciana estuvo vinculado a dos hechos relacionados estrechamente con el asesinato de Kennedy. El primero fue la creación de una oficina de Alpha 66 en la ciudad de Dallas, a cargo de uno de sus hombres, Manuel Rodríguez Oscarberro, situada en la calle Hollandale, al parecer en el mismo lugar en el cual fue visto "Oswald o un sujeto muy parecido a él", días antes del crimen, por el segundo *sheriff* de Dallas, según sus declaraciones a la Comisión Warren. El segundo, relatado por Veciana a Gaeton Fonzi, sucedió en los días previos al magnicidio, cuando acudió a la ciudad de Dallas a una entrevista con su oficial de caso de la CIA. Al llegar al lugar convenido, encontró que su oficial estaba conversando con un sujeto, que no le fue presentado, y que más tarde le reconocería a Fonzi como "Oswald o muy parecido a él", casualmente en las mismas semanas en que la exiliada cubana Silvia Odio aseguraba haber recibido en Dallas, la visita de Oswald en compañía de dos activistas contrarrevolucionarios. ¡Qué extraña relación! ¿Por qué y para qué hacía falta una oficina de Alpha 66 en Dallas? ¿Cuáles fueron las motivaciones de aquel encuentro que, según relató Veciana, fue casual? ¿Por qué Oswald fue a visitar en la misma época a Silvia Odio? Son preguntas sobre las que pretendemos abundar más adelante y que, como ya hemos señalado, probablemente sean claves en el magnicidio.

Por último, Veciana en sus confesiones a Fonzi señaló que su oficial de caso, a quien identificó como "Harold Bishop", afirmó que poco tiempo después del asesinato de Kennedy éste le propuso reclutar a un pariente que radicaba en la Embajada cubana de México; se refería al diplomático cubano Guillermo Ruiz, emparentado con la esposa de Veciana. ¿Por qué y para qué la CIA orientó a Veciana en ese sentido, cuando lo lógico, si seguimos el interés manifiesto de los manipuladores de Oswald de lograr una visa en el Consulado cubano en Mexico para que éste viajase a Cuba, era haber intentado utilizar esa relación antes, por lo menos, para que lo ayudara a tramitar la visa?

Todos los elementos enunciados involucran a Antonio Veciana en el magnicidio. Primero, todo parece indicar que Phillips es "Bishop", el mismo que lo reclutó en La Habana en 1960 y el mismo que lo orientó a asesinar a Fidel Castro en 1961. Después, Alpha 66, su organización, establece en Dallas unas oficinas, donde un testigo dice haber visto a Oswald o a su "doble", en los días previos al asesinato, oficinas que después del crimen, desaparecen misteriosamente. Luego, Veciana conoce a Oswald o a su "doble" en el curso de una entrevista con su oficial de caso, precisamente en Dallas. Más tarde, aparece que Veciana tiene un conocido en la Embajada cubana en México, al cual la CIA lo orienta reclutar después del crimen, para que atestigüe las relaciones de Oswald con la Embajada cubana. Demasiadas casualidades. Pienso que ésa es una de las pistas importantes, aún no investigadas.

Otro sujeto de la investigación fue "Manolito Rodríguez" o *Manuel Oscarberro*, como es citado por varios investigadores del magnicidio, un colaborador de Veciana, quien en realidad se nombra Manuel Rodríguez Oscarberro, participante en la lucha contra la dictadura de Batista, detenido y encarcelado, en 1953 y 1956, por esas actividades, en la ciudad de Camagüey, donde militaba en una célula del Movimiento 26 de Julio que dirigía Rogelio Cisneros Díaz.[49] Después del triunfo revolucionario, Rodríguez Oscarberro militó en el MRR de Manuel Artime y en 1960 se asiló en la Embajada de Brasil, junto con dos connotados agentes de la CIA: Ricardo Morales Navarrete[50] e Isidro Borja Simo. En noviembre de 1961, varias de nuestras fuentes en Miami informaron que Rodríguez Oscarberro era jefe de la sección gastronómica del grupúsculo Frente Obrero Revolucionario Demócrata Cristiano y más tarde, a finales de 1962, afiliado a Alpha 66.

En septiembre de 1963, Rodríguez recibió permiso de las autoridades competentes en Dallas para establecer una oficina de Alpha 66, lo cual realizó, entre los meses de octubre y noviembre de ese año, una actividad inusitada en la captación de nuevos miembros y en la compra de armas a contrabandistas del lugar.

Según la investigación de *Dick* Russell, ya para el 24 de abril de 1963, el Servicio Secreto lo había considerado como una amenaza tal para la vida del presidente Kennedy que fue colocado en un listado de personas peligrosas. El 24 de noviembre de 1963, en un memorándum del FBI, aparecía que un informante lo calificaba como violentamente "antiKennedy".

La Comisión Warren conoció que Rodríguez Oscarberro estaba intentando introducir armas en Dallas para Alpha 66 a finales de 1963 y se relacionaba con Carlos Bringuier en Nueva Orleans.

Según Russell, el traficante de armas, John Thomas Masen, admitió al agente de la División de Alcohol, Tabaco y Armas de Fuego, Frank

Ellsworth, que Rodríguez Oscarberro estaba intentando, en las mismas fechas, comprar armas y equipos pesados.

Años más tarde, mientras los investigadores del Comité Selecto de la Cámara de Representantes revolvían la ciudad de Miami en busca de pistas sobre la vinculación posible de los exiliados, la Mafia y la CIA con el crimen, Rodríguez Oscarberro manifestó a un informante de la Inteligencia cubana "que si se llegaba a descubrir su participación en el magnicidio era hombre muerto, en tanto él era delegado de Alpha en Dallas durante 1963 y conocía demasiadas cosas". Poco tiempo después, emigró a Puerto Rico y se estableció allí para "salir del foco de atención y salvar el pellejo", según afirmó. Del análisis del prontuario de Rodríguez Oscarberro surgió un grupo de indicios, a todas luces inculpatorios:

1. En septiembre de 1963, organizó una delegación de Alpha 66 en Dallas, que iba a dedicarse, aparentemente, a la recolección de armas y pertrechos para una cruzada anticubana.

2. Lee Harvey Oswald aparece indicado como probable visitante de su oficina de Alpha 66, en Dallas, días antes del crimen.

3. El FBI lo clasifica, siendo el jefe de Alpha 66 en Dallas, como "furibundo antikennediano".

4. El Servicio Secreto tenía informaciones, desde abril de 1963, que lo consideraban como un elemento peligroso para la vida del presidente Kennedy.

5. El Departamento de Control del Contrabando de Tabaco, Alcohol y Armas de Fuego disponía de informaciones de que Rodríguez Oscarberro se encontraba adquiriendo en esos precisos meses anteriores al magnicidio armas que incluían equipos pesados para actividades a todas luces ilícitas.

6. Rodríguez Oscarberro estaba relacionado con Carlos Bringuier, el mismo que meses antes había protagonizado un incidente con Oswald en Nueva Orleans cuando, supuestamente, lo sorprendió mientras repartía propaganda en favor de Cuba.

7. Rodríguez Oscarberro era un subordinado activo de Antonio Veciana, el mismo sospechoso que antes relacionamos y que participó en acciones muy parecidas a las suyas, por las mismas fechas.

Sin embargo, nada sucedió con ese personaje y, a pesar de todos los elementos en su contra, nadie investigó o averiguó. Tanto la Comisión Warren como el Comité Selecto de la Cámara de Representantes fueron omisos o no les dieron importancia a esas informaciones.

Otro personaje interesante resultó ser *Fermín de Goicoechea Sánchez*, quien a finales de 1963 era responsable militar del DRE en Dallas, Texas. Una información proveniente de John Thomas Masen, el contrabandista de armas citado por *Dick* Russell, expone que éste y dos cubanos, nombrados Joaquín Martínez Pinillos y Manuel Salvat Roque, estaban en tratos con él para obtener armas para una segunda invasión a Cuba que se debía realizar aquel año. Goicoechea procedía de una familia adinerada de Sancti-Spíritus, ciudad situada en el centro del país. Había estudiado desde los doce años en los Estados Unidos, de donde regresó en 1959 para estudiar Arquitectura en la Universidad de La Habana. Allí se vinculó con Manuel Salvat, Pedro Luis Boytel, Manuel Guillot, "Manolito" Reyes y Manuel Artime, todos probados agentes de la CIA, y se marchó legalmente de Cuba en 1960 a solicitud de la organización MRR, que comenzaba a entrenar a sus cuadros en campamentos de la CIA. Fue hecho prisionero el 26 de abril de 1961, en la Ciénaga de Zapata, muy cerca de Bahía de Cochinos, donde había desembarcado como miembro de la Brigada de Asalto 2506. En los interrogatorios, explicó con lujo de detalles los planes invasores y particularmente todo lo referido a los *Gray Teams*, grupos de misiones especiales que la CIA formó para organizar a la contrarrevolución interna en vísperas de la agresión.

Regresó a los Estados Unidos a finales de 1962, allí se unió a la organización DRE, y marchó a residir a Dallas, donde se matriculó en la Universidad.

Tanto él, como Salvat y Martínez Pinillos confirmaron a los investigadores oficiales su presencia en la ciudad de Dallas durante octubre de 1963, sólo que en busca de armas. ¡Qué extraño! Demasiada gente en busca de armas para "liberar" a Cuba, al mismo tiempo que se fraguaba el asesinato de Kennedy. El DRE no tenía ninguna fuerza beligerante para armarla con equipos pesados y lanzar una invasión, entonces, ¿para quién eran las armas? Sólo había dos formaciones militares que se preparaban en ese momento para esos fines: la de Artime, en Nicaragua, y la de Ruiz Williams y Gutiérrez Menoyo, en la República Dominicana. ¿Serían para éstos las armas?

Otro elemento que nos llamó la atención fue que el DRE para esa época tenía a su cargo fundamentalmente labores de propaganda, es decir guerra psicológica, sin excluir, por supuesto, su especialidad, acciones de corte terrorista. Esas actividades eran dirigidas por David Phillips radicado en Ciudad México, quien fue, según los antecedentes de que disponemos, el reclutador de Manuel Salvat en La Habana. Entonces, ¿para qué darle la tarea de comprar armas a ese grupo, si los hombres de

Alpha 66 estaban a cargo de esto?

Otro detalle, casi insignificante, atrajo nuestra atención. Goicoechea estudiaba en la Universidad de Dallas junto con Sara Odio, hermana de Silvia Odio, la persona que, como ya hemos dicho, recibió a finales de septiembre de 1963 la visita de dos cubanos o latinos acompañados por un norteamericano —que identificó posteriormente como Oswald— en busca de ayuda para la organización Junta Revolucionaria del Exilio (JURE), de Manuel Ray, que para ese entonces, estaba estigmatizada por los restantes grupos exiliados a causa de sus proyecciones socialdemócratas y de las atenciones de que era objeto por parte de la administración Kennedy, que veía en ese grupo elementos con los cuales formar un nuevo frente político menos comprometido y desprestigiado que el Consejo Revolucionario Cubano, auspiciado por la CIA.

En las transcripciones de las declaraciones de Silvia Odio a la Comisión Warren encontramos informaciones que nos hicieron reflexionar sobre el denominado "Incidente Odio":

> Bien, yo había estado recibiendo visitas de pequeños grupos de cubanos que me habían estado solicitando ayuda para el JURE. Ellos iban a abrir un periódico revolucionario aquí en Dallas (...) Les dije que ayudaría en todo lo que pudiera. Ésas eran mis actividades antes de la visita de Oswald. Por supuesto, todos los cubanos conocían que yo estaba involucrada en el JURE, el que no contaba con mucha simpatía y yo era criticada por ello.
>
> (...) yo era simpatizante de Ray y su movimiento. Ray había tenido siempre la imagen de ser un izquierdista y que él era Castro sin Castro (...)
>
> Como dije, el timbre de la puerta sonó y fue a abrir Annie, mi hermana, ella llevaba una bata de casa, por lo que no estaba vestida apropiadamente y regresó y me dijo, "Silvia, hay tres hombres en la puerta, uno parece americano y los otros dos parecen cubanos" (...) Fui hasta la puerta y uno de ellos me dijo: "Tú eres Sarita Odio". Yo les dije que no, que ésa era mi hermana que estudiaba en la Universidad de Dallas. Entonces él me preguntó, ¿es ella la mayor. Y yo le contesté, "No, yo soy la mayor". Entonces él me dijo, "Eres tú la que estamos buscando... Nosotros somos miembros del JURE"... y continuó contando que el motivo de su visita consistía en obtener ayuda para confeccionar cartas a comerciantes locales, recabando fondos para la organización. Por lo menos en tres ocasiones le mencionaron que al otro día tenían que seguir viaje y parecían por su aspecto, acabar de llegar de otra parte.

Como se conoce, después del asesinato de Kennedy, Silvia Odio y su hermana Annie reconocieron a Lee Harvey Oswald como el norteamericano que las visitó en compañía de los dos cubanos o latinos.

¿Para qué fue aquella visita? ¿Qué necesidad había de mostrar a Oswald? ¿Por qué involucrar al JURE, la organización de Silvia Odio, en aquella aventura?; en fin, serían incontables las interrogantes que se derivan de este episodio, por cierto nada aclarado en las investigaciones realizadas hasta el momento.

Fue entonces que recordamos que Fermín de Goicoechea estudiaba con Sara Odio en la misma Universidad. Según el relato de Silvia Odio, los hombres que llegaron aquella noche la confundieron con "Sarita", probablemente porque no la conocían. Los visitantes refirieron ser miembros de su mismo grupo, el JURE, de Manuel Ray, una organización que al decir de Silvia Odio no era bien vista por sus compatriotas exiliados, a causa de sus tendencias izquierdistas.

Encontramos entonces que los dirigentes del DRE, educados en la guerra psicológica y la desinformación por su manipulador David Phillips, contaban con un compañero de estudios de "Sarita" y que las personas que visitaron a Silvia Odio fueron, al parecer, en busca de aquélla. Estos elementos nos indujeron a pensar que quizá los dirigentes del DRE que se encontraban en Dallas por aquellos días tenían otros motivos, que bien pudieran ser los de vincular a Oswald con el JURE, una organización enemiga a la cual podían involucrar en el magnicidio.

Si esta hipótesis fuera cierta, el "Incidente Odio" tendría varias explicaciones más que las descubiertas hasta ahora. La visita de los cubanos o latinos que acompañaron a Oswald a casa de Silvia Odio ha sido una de las pistas que varios investigadores del magnicidio han tratado de seguir, con la esperanza de esclarecer sus causas y fines. Si Oswald fue un *patsy*, tal y como él mismo declaró desesperadamente tras ser capturado por la policía de Dallas, esos cubanos o latinos podrían ayudar a desenredar la madeja del complot.

Por otra parte, tomando como punto de partida versión que nos habíamos formulado de que la organización autónoma DRE había estado relacionada con el plan para inculpar a Cuba en el asesinato de Kennedy, nos dimos a la tarea de revisar las relaciones de Manuel Salvat y sus colaboradores más cercanos, y encontramos a uno que nos llamó poderosamente la atención, en tanto que veterano agente, había sido reclutado para la CIA por David Phillips y también era miembro activo del DRE, que se movía asiduamente entre Miami, Nueva Orleans y Dallas.

Nos referimos a *Isidro Borja Simo*. De origen mexicano, se estableció en Cuba en los comienzos de la década de los años cincuenta y se graduó como ingeniero civil por la Universidad de La Habana. Allí fue un miembro activo de la Asociación Católica Universitaria. Al triunfo de la Revolución se afilió al MRR de Artime, pero después se unió al DRE.

El 15 de septiembre de 1960, Borja fue sorprendido por fuerzas de Seguridad en unión de Juan Antonio Muller, hermano de Alberto Muller, jefe del DRE en ese entonces, en una residencia de la playa de Tarará, al este de la capital, mientras celebraban una reunión conspirativa en la cual se ocupó armas y explosivos numerosos. Borja Simo logró escapar del cerco policiaco y se asiló, el 19 de ese mes, en la Embajada de Costa Rica, por medio de la cual salió definitivamente del país, el 26 de noviembre de 1960.

Durante 1962, Isidro Borja fue un activista del DRE que se destacó en el "frente" de la propaganda. Estuvo en varias ocasiones en Ciudad México para tales menesteres, donde se entrevistó[51] por lo menos en una ocasión con David Phillips. Al año siguiente, según informaciones conocidas, participó en reuniones de su organización en Miami y Nueva Orleans, y visitó a mediados del año la ciudad de Dallas.

Curiosamente, la descripción de Borja es muy parecida a la de "Angelo", uno de los "cubanos" que acompañaba aquella noche a Oswald en casa de Silvia Odio. Su estatura era pequeña, aproximadamente 5,8 pies, tez trigueña oscura, pelo lacio y facciones mexicanas, en tanto ése era su origen, sólo que por haber vivido mucho tiempo en Cuba, no tenía el acento típico de los mexicanos. También su físico es parecido al de una de las personas que se muestran en una foto tomada a Oswald, mientras repartía proclamas "procastristas" en Nueva Orleans y que desencadenó el "incidente" ya descrito con Carlos Bringuier

Es decir, que también Isidro Borja estaba en nuestro listado de sospechosos y es otra de las pistas que pueden ser seguidas.

Manuel Salvat Roque era el dirigente máximo del DRE en 1963, y estudiante, en 1959, de la Facultad de Derecho de la Universidad de La Habana, fecha en la que también fue secretario de su Asociación de Estudiantes. Miembro activo de la Asociación Católica Universitaria (ACU), participó de manera destacada en las elecciones de la Federación Estudiantil Universitaria (FEU) cuando la ACU pretendió apoderase de ésta en combinación con un vasto complot contrarrevolucionario que tenía como momentos culminantes la asonada militar de Hubert Matos[52] en la provincia de Camagüey y el bombardeo a la capital cubana por un avión tripulado por Pedro Luis Díaz Lanz y Frank Sturgis. Al año siguiente ingresó al MRR de Manuel Artime y poco después fue nombrado secretario de propaganda de la citada organización. Fundador junto con Alberto Muller del Directorio Revolucionario Estudiantil, fue uno de los organizadores de la protesta contra la visita a La Habana del primer viceprimer ministro soviético, Anastas Mikoyán.

Según informaciones de Inteligencia, Salvat fue reclutado para la CIA por el agente encubierto David Phillips, y era visita asidua en sus oficinas de relaciones públicas establecidas en la capital cubana.

Fue expulsado de la Universidad y se marchó definitivamente del país, el 8 de agosto de 1960, hacia los Estados Unidos, donde se radicó. Allí, junto con Muller y otros dirigentes del DRE, se incorporó al Frente Revolucionario Democrático y en los comienzos de 1961, en cumplimiento de orientaciones de la CIA, organizó una expedición militar a Cuba con el propósito de integrar una fuerza guerrillera en la Sierra Maestra, provincia de Oriente, como parte del plan de distracción de las fuerzas revolucionarias al momento del desembarco de la Brigada de Asalto 2506, en abril de ese año. El grupo de Muller fue capturado en cuestión de días, por no haber podido contar con apoyo campesino y Salvat, quien se había quedado en Miami, comenzó a trabajar para *Radio Swan*, una poderosa estación transmisora establecida por la CIA, bajo las órdenes de Phillips, situada en el Caribe hondureño.

A mediados de 1961, Salvat organizó una infiltración por las costas de la provincia de Matanzas, la cual fue frustrada por las tropas guardafronteras cubanas.

El DRE, cuyo nombre código en la CIA era AM/SPELL, [53] bajo la dirección de Salvat, se dedicó esencialmente a labores de propaganda, y organizó campañas contra Cuba en varios países latinoamericanos, particularmente en sus universidades y centros de estudios, bajo los auspicios de la denominada "Operación Mangosta" que, como se conoce, tenía como uno de sus objetivos principales la expulsión de Cuba de la Organización de Estados Americanos, (OEA) y el rompimiento de las relaciones diplomáticas de los países latinoamericanos con Cuba.

Salvat, siempre que pudo, unió sus actividades propagandísticas con las terroristas. Tal fue el caso del operativo, en 1962, contra la delegación cubana que participaba en el Festival Mundial de la Juventud y los Estudiantes en Helsinki, Finlandia. En esa ocasión, él y sus asociados Oscar Echevarría y Carlos Bringuier, estuvieron en Madrid, donde prepararon bombas con explosivos plásticos que debían ser colocadas más tarde en los locales que ocupaban los delegados.

Relacionado estrechamente con Manuel Antonio de Varona y Carlos

Prío, el DRE, bajo la dirección de Salvat, contaba para principios de 1963 con miembros importantes en varias localidades de los Estados Unidos. En esa fecha, se unió a la denominada Junta de Gobierno Cubana en el Exilio (JGCE), que se proponía a finales de aquel año lanzar a los hombres que Manuel Artime entrenaba en Centroamérica como parte de una nueva agresión a Cuba.

Una célula del DRE, dirigida por Carlos Bringuier, fue la que protagonizó en agosto de 1963, el *show* propagandístico montado alrededor de Lee Harvey Oswald en Nueva Orleans, cuando, supuestamente, el primero sorprendió a éste mientras repartía proclamas en favor de Cuba en una calle céntrica de esa ciudad. Días más tarde, el 21 de ese mes, Bringuier debatió con Oswald en la radio local sobre su filiación comunista y de simpatizante de la Revolución Cubana de éste, de manera tal que "casualmente" quedara grabada una cinta magnetofónica de aquel debate, que después sirviera para "probar" los antecedentes de Oswald.

También otra filial de su organización en Chicago —según los investigadores del Comité Selecto de la Cámara de Representantes— dirigida por Juan Francisco Blanco Fernández, se hizo sospechosa al Servicio Secreto al manifestar, unas semanas antes del magnicidio uno de sus asociados, Homero S. Echevarría, durante un operativo de compra de armas, "que muy pronto tendrían mucho dinero, después que se encargaran de Kennedy".

En octubre, otra información conocida, situaba a Salvat y a Joaquín Martínez Pinillos, en compañía de Fermín de Goicoechea Sánchez, en la ciudad de Dallas, en relaciones con el contrabandista de armas, John Thomas Masen, a quien le propusieron adquirir armas de todo tipo, presumiblemente robadas de los almacenes militares de Fort Hood, para una "segunda invasión a Cuba a realizarse a finales de aquel año", lo que confirma que dichos elementos, en esos precisos meses, se encontraban buscando armas en Dallas. ¿Coincidencia o casualidad?

Inmediatamente después del magnicidio, Salvat y su grupo llevaron a cabo una amplia campaña en los medios informativos, donde acusaban a Cuba del magnicidio, difundían los antecedentes "procomunistas" y "procastristas" de Oswald, y argumentaban que el crimen era una represalia de Cuba por los intentos de la CIA contra Fidel Castro.

El 4 de diciembre de 1963, según un informante, Salvat marchó a Managua, para sostener una entrevista urgente con Manuel Artime y presumimos también que con los oficiales de la CIA que lo controlaban,

Howard Hunt y James McCord,[54] de la cual no tuvimos más detalles. Pocos días después, el 8 de diciembre, la *Associated Press* en Ciudad México recibió un comunicado del DRE donde informaba que en septiembre tres de sus hombres, Carlos Roca, Julio García y Sergio Pérez, habían caído en Cuba mientras combatían a los comunistas en una agrupación armada que accionaba en las serranías de El Escambray, en el centro del país, y comandada por un tal Tartabull.

Aquella información nos llamó poderosamente la atención. ¿Por qué comunicar una información de esa naturaleza en México, que no era el centro operativo del DRE? ¿Por qué destacar sólo esas muertes, si en definitiva en aquellos años era común que casi a diario murieran hombres de ambos bandos? ¿Por qué el único medio que reportó la noticia fue el periódico *Dallas Morning News*, una noticia a todas luces intrascendente para el público de esa ciudad, consternado aún por el asesinato de su presidente? ¿Acaso se pretendía otra finalidad?

No es ocioso puntualizar que David Phillips era el jefe de una fuerza operativa de la CIA en Ciudad México, precisamente en la fecha cuando era difundido el comunicado de guerra donde se daba cuenta de la caída en Cuba de los tres miembros del DRE.

Al investigar sobre ese acontecimiento, nos percatamos de que la banda de Rigoberto Tartabull Chacón había sido aniquilada por fuerzas cubanas en agosto y no en septiembre de 1963, en la región de Manicaragua, antigua provincia de Las Villas, donde se capturó vivos a todos sus miembros, por lo que conocimos, y así obra en los archivos correspondientes, que en esa banda nunca militó alguien con los nombres citados en el comunicado. ¡Qué extraño! Parecía que algo se pretendía escamotear.

Todo aquello sonaba a falso. Por otra parte, teníamos presente el resto de los elementos ya relatados en los que Salvat aparecía involucrado en Dallas, precisamente en los días en que el crimen se planeaba.

Entonces nos concentramos en otro de sus dirigentes, *Carlos José del Sagrado Corazón Bringuier Expósito*, y encontramos informaciones interesantes y conexiones probables con toda la trama. Hermano de Juan, uno de los prisioneros de la Brigada de Asalto 2506, Carlos Bringuier se estableció en Nueva Orleans después de haber residido en Miami y Los Ángeles. Allí, además de ser el dirigente máximo de su grupo, fue también secretario de propaganda del Consejo Revolucionario que presidieron indistintamente José Luis Rabel Núñez, Sergio Arcacha Smith y Francisco Bartes, personas muy vinculadas a la organización anticomunista y de extrema derecha Amigos de la Cuba Democrática, de Guy Banister, Clay Shaw y David Ferrie, que además de "luchar" por la causa cubana, traficaban con armas para diferentes grupos derechistas en el mundo, entre éstos la OAS francesa.

Acompañó a Salvat y Echevarría, en 1962, a Madrid en el operativo terrorista contra la delegación cubana participante en el Festival Mundial de la Juventud y los Estudiantes, en Helsinki, y en otras acciones del DRE, tanto de esa índole, como publicitarias.

En 1963, era propietario de una tienda en Nueva Orleans, denominada *Casa Roca*, lugar que visitó el 5 de agosto Lee Harvey Oswald para "brindar" sus conocimientos de "experto *marine*" a la causa de los exiliados. Cuatro días más tarde, se protagonizó el "incidente" entre Bringuier y Oswald ya mencionado y el día 21 de ese mes se produjo el debate con éste en una emisora de radio de la ciudad.

El incidente del día 9 siempre ha llamado la atención a los investigadores del magnicidio de Dallas, pues hay una carta de Oswald, de 4 de agosto de 1963, al presidente de la organización Comité Pro Trato Justo para Cuba, en la cual, en su intento de documentar sus "simpatías revolucionarias", le menciona un altercado con cubanos "anticastristas" en la vía pública, cuando el incidente todavía no había tenido lugar. Después del asesinato de Kennedy, un ciudadano de Dallas informó a la policía sobre una reunión del grupo de Bringuier, el 13 de octubre de 1963, a la cual asistió un hombre "idéntico" a Oswald. ¡Otra casualidad!

Pero hay más. *Dick* Russell en su libro antes citado, expone que un terrorista francés, conocido por Gilbert Le Cavelier, miembro de la OAS, le explicó al investigador norteamericano Bernard Fensterwald que siempre había habido vínculos entre los anticastristas y la extrema derecha francesa, y que un tal Souetre, miembro de su grupo, se reunió en Madrid a principios de 1963 con Howard Hunt, por entonces jefe de operaciones clandestinas de la División de Asuntos Domésticos de la CIA, para coordinar sus actividades. Agregó que ellos contactaron a un cubano nombrado Bringuier, miembro del *Free Cuba Committee*. Para ese momento Souetre se encontraba en Nueva Orleans entrenando a grupos de exiliados pertenecientes a Alpha 66 y al Movimiento 30 de Noviembre, dos organizaciones que pertenecían a la Junta de Gobierno Cubana en el Exilio y eran manipuladas por la CIA.

Las armas utilizadas para esos fines provenían de un cargamento destinado a la base naval norteamericana en Guantánamo. El campamento donde se encontraban los exiliados estaba ubicado en una zona conocida por Manderville, cercana a Nueva Orleáns, y el cuartel general lo era una oficina de esa ciudad situada en Camp Street, 544, la oficina de Guy Banister, y donde también radicaba el Consejo Revolucionario, del cual Bringuier era su secretario de propaganda.

Debe recordarse que el 31 de julio de 1963, después que el FBI sorprendió un campamento de exiliados cubanos y mafiosos con un gran arsenal de armas en las inmediaciones del lago Pontchartrain, en una propiedad del mafioso Mike McLaney,[55] fue Bringuier el que ayudó a los cubanos detenidos y liberados misteriosamente, a marcharse de Nueva Orleans.

Fue también Bringuier quien, en 1967, dos días antes de que muriera misteriosamente David Ferrie, en los momentos en que estaba siendo entrevistado por el fiscal, *Jim* Garrison, sobre su presunta participación en el asesinato del presidente, el que se reunió posteriormente con Edgar Hoover,[56] y acusó al fiscal de hostigar a Ferrie.

Finalmente, Bringuier devino escritor y publicó un libro denominado *Red Friday*, que contó, también por pura coincidencia, con el financiamiento del millonario texano H. L. Hunt, anticubano y antikennediano, obra en la que se intentaba demostrar que el presidente había sido víctima de un complot castrista. Por último, otro detalle: la tienda propiedad de Bringuier en Nueva Orleans, precisamente la que visitó Oswald, se nombraba *Casa Roca*, el mismo nombre del amigo "caído" misteriosamente en un combate en Cuba.

Carlos Roca, la supuesta baja informada por el DRE, en septiembre de 1963, resultó ser *Carlos Valentín Roca Varela*, nacido en la ciudad de La Habana el 14 de febrero de 1932, y amigo personal durante su adolescencia de Juan Bringuier Expósito. Después del triunfo revolucionario, tras un intento fallido de robar una avioneta de fumigación, se asiló en una embajada latinoamericana, falsificó su pasaporte, se marchó del país, y se estableció, en 1962, en Nueva Orleans donde, por supuesto, se afilió a la organización que dirigía Bringuier.

Una información proveniente de las investigaciones del fiscal Garrison exponía que durante los interrogatorios a David Ferrie éste había confesado que el día del asesinato de Kennedy había viajado a Houston, Texas, a esperar a dos miembros del equipo asesino. Estaba previsto que esos sujetos llegaran en una avioneta monomotor pilotada por uno de los asesinos, un cubano, de nombre Carlos, que no estaba calificado para pilotar aviones de más envergadura. El acompañante, dijo, era otro exiliado cubano. ¿Qué sucedió con esos sujetos? ¿Habrán muerto y desaparecido sus cuerpos, como tantas otras personas involucradas o relacionadas con el magnicidio?

Si Carlos Roca no murió en Cuba, como fue anunciado por el comunicado del DRE, ¿qué fue lo que en realidad sucedió? ¿Cuál es la explicación de que la tienda de Bringuier en Nueva Orleans se nombrara *Casa Roca*, la misma a la cual se presentó Oswald a ofrecer sus servicios de experto *marine*? ¿Acaso no son también una coincidencia extraña las declaraciones de David Ferrie referidas a que después del crimen debió recibir a dos miembros del equipo asesino que pilotarían un pequeño avión monomotor, que eran cubanos y que uno de ellos se nombraba Carlos? No es ocioso recordar que Carlos Roca era piloto de fumigación.

¿Serían Carlos Roca y sus compañeros desaparecidos parte del grupo que participó en el asesinato de Kennedy y, por tanto, testigos comprometedores? ¿Qué tendrían que decir Salvat, Bringuier y todos sus colegas de esta historia inconclusa?

Víctor Hernández Espinosa, nacido en Cárdenas, provincia de Matanzas, en 1937, militó en las filas revolucionarias durante la dictadura de Batista, en las cuales conoció a muchos de los que más tarde serían sus compañeros de aventuras en el exilio futuro, entre ellos, Rolando Cubela, Alberto Blanco, José Luis González Gallarreta, Jorge Robreño, Rolando Martínez, José Braulio Alemán, y otros que traicionarían a la patria o desertarían junto con él a los pocos meses del triunfo revolucionario. En los Estados Unidos, se alistó como instructor de los Grupos de Misiones Especiales de la CIA que, entrenados en Panamá, debían organizar a la contrarrevolución interna en vísperas del ataque por Bahía de Cochinos. Por supuesto, no estuvo entre los que se infiltraron para tales menesteres, pues se quedó en la retaguardia segura, mientras sus compañeros eran capturados por las fuerzas cubanas.

En 1963, hay indicios de que estuvo relacionado con el complot AM/LASH, que pretendió en ese tiempo asesinar a Fidel Castro.

Más tarde, en julio de ese año, marchó a Nueva Orleans y fue uno de los nueve cubanos capturados por el FBI en la base, propiedad del gángster Mike McLaney, en las inmediaciones del lago Pontchartrain. Un mes antes, había participado en una compra en Collinsville, Illinois, de dos mil cuatrocientas libras de dinamita y veinte bombas, facilitadas por el traficante de armas Rich Lauchli,[57] las que fueron trasladadas a Nueva Orleans con el propósito de realizar bombardeos contra la capital cubana.

En el episodio del lago Pontchartrain estuvo vinculado el piloto Alex

Rourke, un mercenario del grupo de Frank Sturgis y Orlando Bosch, que aparentemente fue asesinado mientras volaba en una avioneta sobre México, en septiembre de 1963, cuando Oswald se encontraba en ese país, en la realización de sus gestiones para viajar a Cuba. Las causas del probable asesinato no están claras, aunque se comentó en medios del exilio que Rourke fue el informante del FBI que denunció el operativo proyectado y el campamento referido, y que por esto fue eliminado.

Una nueva coincidencia se añade a la ya larga lista de éstas: Rourke voló en pedazos tras despegar de territorio mexicano, en el mismo tiempo en que Oswald hacía alli sus gestiones de viaje...

Hernández Espinosa era asociado de Carlos Bringuier en Nueva Orleans, porque fue uno de los nueve cubanos que éste ayudó a regresar a Miami, luego de la captura por el FBI del campamento de entrenamiento en las orillas del lago Pontchartrain. Curiosamente, su descripción, 5,8 pies de estatura, trigueño y 160 libras de peso, es también semejante a la de uno de los cubanos que en unión de Oswald visitó a Silvia Odio.

Otra información que atrajo nuestra atención fue la declaración en un programa de televisión de Robert McKeown, un traficante de armas, quien manifestó que, en septiembre de 1963, fue visitado en su casa por Oswald y un cubano al cual conocía de La Habana, nombrado Hernández, con el propósito de comprar cuatro fusiles con miras telescópicas y silenciadores, a lo que supuestamente se negó por encontrarse en libertad condicional. Un dato interesante. ¿Habrá sido el mismo Hernández que nos ocupa?

En septiembre, también sucedió otro acontecimiento raro. Según el informe del inspector general de la CIA sobre la operacion AM/LASH, Hernández Espinosa se presentó a las autoridades del Servicio de Inmigración y Naturalización para informar su conocimiento del plan de Cubela para asesinar a Fidel Castro. ¿Es que acaso Hernández, con su arresto anticipado, pretendía obtener un seguro de vida que lo librara de una condena a muerte dictada *a priori*, como testigo del complot para asesinar al presidente de los Estados Unidos? Ésta es otra hipótesis que necesariamente tendrá que ser investigada. De todas formas, algo quedó claro en nuestra encuesta: Hernández era un miembro activo del DRE, subordinado de Salvat; que participó en algún momento en el complot de Cubela; que tenía vínculos con la Mafia por intermedio de José Braulio Alemán, Trafficante y Rosselli; que era un veterano agente de la CIA, entrenado en acciones comandos; que estuvo también en Nueva Orleans y fue uno de los detenidos del campamento del lago Pontchartrain; que estuvo vinculado allí a un proyecto en el cual además de la Mafia y la CIA, participaba el grupo de Frank Sturgis y Orlando Bosch, y que finalmente se relacionó con Carlos Bringuier, actor principal del *show* montado con Oswald en Nueva Orleans para hacerlo pasar como "simpatizante castrista". Demasiadas coincidencias en una historia tan cerrada.

Nueva Orleans fue, a no dudar, uno de los centros del planeamiento del asesinato de Kennedy. Allí comenzó la historia de Oswald y se "documentó" su "filiación comunista y castrista". A partir de ese momento, probablemente comenzó la cuenta regresiva para el presidente Kennedy.

Siguiendo esa idea volvimos a consultar los archivos de los contrarrevolucionarios cubanos que radicaban en esa ciudad para entonces, y uno de los primeros que descubrimos fue a *Sergio Arcacha Smith*, nacido en La Habana, en 1922, y estudiante de ingeniería civil en la Universidad Columbia, en Nueva York. En 1950, dadas sus conexiones con el gobierno de Carlos Prío, fue nombrado cónsul de Cuba en Bombay, India, y allí ejerció hasta que fue cesanteado en 1953 a causa de un escándalo por fraude continuado.

Al triunfo de la Revolución se marchó definitivamente para los Estados Unidos y allí se integró a los grupos que lideraban Carlos Prío y Manuel Antonio de Varona; fue designado como delegado del Frente Revolucionario Democrático (FRD) en Nueva Orleans, donde no sólo atendió la delegación encomendada, sino que se puso en contacto con la familia mafiosa de Carlo Marcello, quien entregaba contribuciones generosas a la "causa cubana" a cambio de ser retribuido, cuando los contrarrevolucionarios triunfaran, con la devolución de los casinos de juego incautados por la Revolución.

En vísperas del desembarco por Bahía de Cochinos, fue parte importante del proyecto de la CIA para realizar una provocación contra la base naval norteamericana en Guantánamo, encaminada a legalizar la intervención de los Estados Unidos en el conflicto. Sergio Arcacha, David Ferrie, Eladio del Valle, Orlando Piedra, José Luis Rabel, y otros, adquirieron las armas para el destacamento de ciento sesenta hombres que, al mando de Higinio Díaz Ane, debía atacar, vestidos sus integrantes con uniformes cubanos, la base naval norteamericana, operativo que fracasó por el temor de sus participantes, pero que reportó sumas de dinero importantes por concepto de ganancias.

Sus oficinas radicaban en Camp Street, 544, al lado de la oficina de Guy Banister, ex-oficial del FBI, presidente de la Liga Anticomunista Americana, con quien fundó la organización Amigos de la Cuba Democrática, una pantalla de la CIA para recaudar fondos y realizar transacciones comerciales ilegales.

En 1962, después de un nuevo escándalo por fraude, esta vez contra su propio "Consejo", se marchó para Fort Worth, Texas, desde donde continuó en contacto y negociación con sus asociados en Nueva Orleans, pero fue relevado al mando del "Consejo" por José Luis Rabel Núñez, propietario de una lavandería, con un antiguo historial contrar-revolucionario. Fue identificado en la Comisión Warren como la persona que había sido denunciada a la policía de una localidad cercana a Dallas, por haber lanzado desde un auto en marcha, el 20 de noviembre de 1963, a Rose Cheremie, una prostituta que se encontraba drogada, que había denunciado horas antes que el presidente iba a ser asesinado, y la cual murió misteriosamente, en 1965, aparentemente atropellada por un auto.

Según un informe de nuestra Inteligencia, Arcacha fue también uno de los participantes de las reuniones que durante la primavera de aquel año se efectuaron en Miami y Nueva Orleans para discutir el asesinato de Fidel Castro y el derrocamiento del gobierno cubano.

En 1963, José Luis Rabel renunció al cargo de jefe del "Consejo" y fue sustituido por un amigo de Arcacha, Francisco Bartes Clarens, quien tendría un lugar destacado en el incidente Oswald-Bringuier. Bartes fue la persona que a la salida de Oswald y Bringuier de la estación de policía a donde habían sido conducidos por el escándalo público provocado, atrajo a la prensa local y estimuló un debate radial que quedaría como prueba irrefutable de la "filiación comunista" de Oswald. Sin embargo, lo que más nos llamó la atención fue su relación con un campamento de entrenamiento de exiliados, cercano a la ciudad de Nueva Orleans.

Los esposos Lafontaine, de Dallas, en el transcurso de sus investigaciones sobre el magnicidio, nos escribieron y preguntaban si conocíamos a un tal Frank Silva, médico del hospital estatal de Jackson, quien aparentemente alojó a Oswald cuando éste visitó la ciudad de Clinton, Louisiana, en compañía de David Ferrie y Clay Shaw, a finales de agosto de 1963. También indagaban sobre una granja cerca a Jackson, Louisiana, nombrada *Marydale Farm*, propiedad de Lloyd Cobb, que usualmente empleaba a cubanos exiliados.

En nuestras pesquisas, encontramos al médico que resultó nombrarse Francisco Antonio Silva Clarens, nacido en 1929 y que abandonó Cuba el primero de enero de 1960. Así, descubrimos que Frank Bartes Clarens era primo de Frank Silva Clarens, el médico sospechoso de haber alojado a Oswald en Clinton. Otra de las coincidencias extrañas de esta historia. De la granja sólo pudimos encontrar una sola referencia. En las declaraciones del agente de la CIA, Enrique Fernández Ruíz de la Torre,[58] se denunciaba una granja cercana a la ciudad de Jackson, Louisiana, como lugar de tránsito para la concentración de los expedicionarios, que en abril de 1961 se preparaban para desembar en Cuba. ¿Podría ser la misma?

Varios norteamericanos nos llamaron también la atención, por su involucramiento personal en la guerra contra Cuba y uno de ellos fue *David Phillips*, reclutado en 1950, en Santiago de Chile, más tarde incorporado al programa PBSUCESS que tuvo a su cargo el derrocamiento en 1954 del gobierno democrático de Jacobo Árbenz, en Guatemala. En 1958 fue destinado a La Habana y bajo la cubierta de una firma de publicidad, la *David Phillips Associates*, realizó sus actividades subversivas bajo la dirección del oficial de caso David Sánchez Morales, para ese entonces agregado diplomático en la Embajada norteamericana.

Después del triunfo revolucionario, se dedicó activamente a reclutar los cuadros para organizar la contrarrevolución, entre los cuales se encontraron Antonio Veciana y Manuel Salvat. A finales de 1960, fue llamado al centro de la CIA en Langley para que se hiciera cargo del proyecto de guerra psicológica que le fue asignado como parte de la agresión en marcha, con *Radio Swan* a la cabeza. Antes de marcharse de Cuba, dejó organizado un plan para asesinar a Fidel Castro durante un acto en la terraza norte del antiguo Palacio Presidencial.

En 1961, fue designado como jefe de operaciones anticubanas en la Estación de la CIA en Ciudad México y desde allí dirigió el proyecto para inculpar a Cuba por el magnicidio de Dallas. Al año siguiente, siempre desde México, realizó varios operativos encubiertos contra el movimiento revolucionario dentro de Cuba. En 1965, fue nombrado jefe de la Estación de la CIA en la República Dominicana, y tomó parte activa en la invasión militar norteamericana contra ese país. Dos años más tarde, recibió la designación de jefe de la fuerza anticubana en escala continental, por lo que también llegó a ser responsable del operativo organizado para asesinar en Bolivia al comandante Ernesto Che Guevara. Finalmente, participó en forma activa en el golpe de Estado que derrocaría, en septiembre de 1973, al gobierno popular de Salvador Allende en Chile. Los "méritos" acumulados le valieron para que ese año fuera designado jefe de la División del Hemisferio Occidental de la Agencia, cargo al que tuvo que renunciar dos años más tarde por las implicaciones que varios de sus hombres tuvieron en el conocido escándalo de Watergate.

Otro de los sujetos, oficiales de la Agencia, cuyas huellas seguimos fue la de *Howard Hunt*, veterano oficial de la CIA, escritor de novelas de espionaje, participante también del proyecto para el derrocamiento de Jacobo Árbenz en Guatemala, desde donde marchó a Uruguay y ocupó la jefatura de la Estación de la CIA. En 1960 se incorporó al proyecto contra Cuba, como responsable del "frente político", del que fue sustituido por sus tendencias batistianas y ultraconservadoras. En 1963, era jefe de operaciones encubiertas de la recientemente creada División de Asuntos Domésticos de la CIA, encargada de realizar inteligencia dentro de su propio país, y fue uno de los responsables de la "Operación Freedom", que dentro del marco de los operativos AM/LASH y AM/TRUCK, proyectaba a finales de ese año, lanzar una nueva invasión a Cuba con tropas mercenarias desde Centroamérica. En 1972, bajo la presidencia de Richard Nixon, organizó, por indicaciones de éste, un aparato especial de Inteligencia subordinado directamente a la Casa Blanca. Fue el autor de la penetración a las oficinas del Partido Demócrata que en ese mismo año ocasionó el conocido escándalo de Watergate.

David Sánchez Morales, de origen latino, participó en el proyecto de Guatemala y más tarde fue designado en la Estación de la CIA en La Habana, desde donde realizó numerosos operativos encubiertos, primero para neutralizar el movimiento político, y más tarde, en planes de asesinato contra el propio Fidel Castro, en los que ocuparía un lugar destacado el conocido Frank Fiorini o Frank Sturgis y su compañero, Patrick Gerry Hemmings. En 1962, era jefe de operaciones de la base operativa de la CIA en Miami, la JM/WAVE, y desde allí dirigió numerosas acciones contra Cuba. Tuvo a su cargo la coordinación de esos planes con el crimen organizado. Fue uno de los oficiales de la CIA que se entrevistó, en septiembre de 1963, con el agente AM/LASH en París. Señalado como uno de los sospechosos de haber estado en Dallas en los momentos del crimen, su descripción concuerda con la persona que recogió a Lee Harvey Oswald a la salida del almacén de libros, después de los disparos fatales. Por los servicios prestados, alcanzó en la CIA un grado similar al de general de brigada. Actuó en Chile y en otros países de América Latina, también en Viet Nam en el "Programa Fénix" que, como se conoce, asesinó a miles de personas. Fue un asesino nato y murió en condiciones misteriosas, aún hoy no aclaradas.

Por último, dentro de los sospechosos principales en la CIA, nos encontramos a *Richard Helms*, quien en 1966 llegaría a ser su director. Furibundo anticubano, director intelectual de numerosos planes de asesinatos contra líderes políticos extranjeros, antikennediano, fue el jefe directo de Phillips, Sánchez Morales y Hunt.

Además, tuvieron una participación determinante cuatro de los jefes más importantes de la Mafia norteamericana: *Santo Trafficante, Jr.*, de La Florida; Jimmy *Hoffa*, del Sindicato de Camioneros; *Carlo Marcello*, de Louisiana, y Sam *Giancana*, de Chicago.

Sobre esos personajes se ha escrito numerosas historias. Incluso, el propio Comité Selecto de la Cámara de Representantes, ante el cúmulo de evidencias obtenidas, no pudo desechar la posibilidad de que elementos de la Mafia participaran en el magnicidio

En el transcurso de los años, han surgido a la luz pública nuevos elementos y versiones que probablemente nos acercan más al descubrimiento del crimen de Dallas. Uno de éstos, a nuestro juicio, lo constituye las informaciones aparecidas en un interesante libro, *Fuego Cruzado*, que resultaba el relato póstumo del asesinado jefe mafioso, *Sam* Giancana, escrito por su hermano *Chuck* y su hijo *Sam*. El libro narra las aventuras del mafioso desde su niñez, al estilo de la película *El Padrino* y otras tantas que se han dedicado a exaltar a esos asesinos. En un momento del relato, *Chuck* explica cómo su hermano le confesó en una ocasión los pormenores del asesinato del presidente Kennedy y quiénes eran los participantes principales. Imagino que la historia se encuentre edulcorada. Téngase en cuenta que, aunque no se menciona explícitamente, la finalidad probable del libro es exculpar o envolver al gángster en un halo humano. Sin embargo, en uno de los episodios narrados hay lógica, personajes archiconocidos y elementos suficientes como para pensar que algo de verdad puede haber en el relato. Por lo interesante que nos resultó, relacionamos varios de sus párrafos esenciales:

> A principios de la primavera de 1963, cuando Mooney (apodo de Giancana) y sus socios de la CIA decidieron llevar a efecto los planes de asesinato del presidente, el cabeza de turco no tuvo más remedio que ser Oswald.

Ya lo tenían todo preparado para que pareciera un chiflado comunistoide, con eso de la estancia en Rusia y toda aquella mierda procastrista... Olía como un comunista... por consiguiente, pensaron que no habría ningún problema para convencer a la gente de que era un comunista.

Tal y como había hecho cuando colaboró en los intentos de asesinato contra Castro y otras operaciones encubiertas, Mooney le dijo a Chuck que había utilizado a Rosselli como enlace suyo con la CIA... Pero sólo tras haber mantenido una reunión inicial con Guy Banister, Robert Maheu y el ex-director adjunto de la CIA, Charles Cabell, que por aquel entonces trabajaba en la agencia de investigaciones de Maheu. En la reunión habían participado también un hombre, a quien Mooney calificó de "especialista en operaciones encubiertas", y algunos altos mandos del servicio de espionaje militar en Asia.

Después de la reunión, Mooney señaló que Rosselli se había entrevistado "varias veces" con miembros del grupo inicial y también con el agente de la CIA Frank Fiorini (Sturgis). Rosselli siguió actuando también como enlace entre Mooney, Marcello, Trafficante y Hoffa, hombres todos deseosos de eliminar cuanto antes aquella pesadilla llamada Jack Kennedy.

Mooney afirmó que toda la conspiración había contado con el visto bueno "de los más altos representantes de la CIA", señalando que en ella habían estado implicados algunos de sus máximos dirigentes pasados y presentes, así como una "media docena de fanáticos derechistas tejanos", el vicepresidente Lyndon Johnson y su homólogo (bajo la administración de Eisenhower), Richard Nixon.

Cuantos más detalles averiguaba Chuck acerca de la conspiración de Mooney y sus numerosos participantes, tanto más evidente le resultaba la inexistencia de líneas de demarcación entre la organización mafiosa y la CIA. No había sombreros blancos, ni sombreros negros; todo era una farsa "para uso de tontos", tal como decía Mooney. En muchas ocasiones la organización y la Mafia eran una misma cosa.

Así ocurría, según Mooney, en el caso de Frank Fiorini (Sturgis) el lugarteniente de Mooney que trabajaba simultáneamente para la Agencia de espionaje gubernamental y más tarde se vería implicado en el escándalo de Watergate, de Richard Nixon, bajo el alias de Frank Sturgis.

Lo mismo se podía decir de Richard Cain, un agente y hombre de la organización que había trabajado como espía por cuenta de Mooney en el departamento del sheriff, Richard Ogilvie. Cain era en aquellos momentos el hombre a quien Mooney deseaba convertir en su confidente, compañero de viajes internacionales y enlace con la CIA.

Desde el punto de vista de Mooney, que Chuck no pudo menos que compartir a la vista de los hechos que le estaba revelando su hermano, la CIA y la Mafia estaban entremezcladas hasta tal punto, que decir que había existido una conspiración entre ambas, era pasar por alto el simple hecho de que ambas se habían convertido a todos los efectos prácticos en una misma cosa.

A pesar de su aparente simplicidad, Mooney explicó que el asesinato de Dallas había llevado varios meses de preparación, en los cuales participaron docenas de hombres, y que el atentado se había preparado para varias ciudades distintas: Miami, Chicago, Los Ángeles y Dallas. Al final, sin embargo, consiguieron atraer al presidente a Dallas, la ciudad que ofrecía las mejores posibilidades de que el atentado pudiera llevarse a efectos con garantías de éxito. Mooney señaló "que tanto Richard Nixon como Lyndon Johnson lo sabían todo", pues se habían reunido con él varias veces en Dallas inmediatamente antes del asesinato. Mooney no reveló lo que había tratado con ambos hombres(...)

Según Mooney, en los preparativos intervinieron algunos de los máximos funcionarios de la policía de Dallas; por si fuera poco, el alcalde Earl Cabell, hermano del ex-director adjunto de la CIA, Charles Cabell. Como responsable de la seguridad ciudadana, el alcalde facilitó la protección policial para la caravana presidencial. Mooney esbozó una sonrisa(...)

Chuck averiguaría más tarde, a través de los comentarios que circulaban por la organización que Mooney había solicitado asesinos profesionales en distintos lugares. Según "los chicos", se exigió que los asesinos fueran "tiradores con precisión". Dos de ellos, Charles Harrelson y Jack Lawrence, eran hombres de Marcello; otros dos eran unos exiliados cubanos, "amigos" de Trafficante. Se rumoraba que uno de los cubanos era un antiguo policía adscrito al Departamento de Represión al Vicio en La Habana, convertido posteriormente en gángster, y otro, un corrupto funcionario de la Aduana norteamericana de tendencias radicales.

Desde Chicago, Mooney aportó a Richard Cain, Chuckie Nicolletti y Milwaukee Phil, todos los cuales habían trabajado previamente en la operación de Bahía de Cochinos. Mooney señaló que tanto Cain como Nicolletti, actuaron como tiradores y se situaron en extremos opuestos del almacén de libros de Dallas. "Es más", aseguró, "fue Cain y no Oswald el que disparó desde la fatídica ventana del sexto piso".

Mooney explicó también que la CIA había añadido al grupo a varios de sus soldados, utilizando a Roscoe White y J. D. Tippit como tiradores, junto con Frank Fiorini y Lee Harvey Oswald, el hombre a quien, según Mooney, pretendían hacer pasar como un asesino solitario.

Durante la operación, los altos mandos de la CIA permanecieron en un hotel rodeado de equipos electrónicos. Con la ayuda de radio-transmisores, los hombres pudieron asegurar sus posiciones de tiro y averiguar la localización de Oswald inmediatamente después del atentado. Uno de los hombres de apoyo de Mooney, Milwakee Phil, montó guardia dispuesto a intervenir en caso de que los tiradores tropezaran con algún obstáculo en el último minuto.

Para eliminar a Oswald, Mooney explicó que la CIA había elegido a White y a Tippit, los cuales pertenecían a la policía de Dallas. Con la excusa de la defensa propia en acto de servicio, ambos deberían asesinar al "pistolero solitario". Sin embargo, Tippit vaciló, según Mooney, permitiendo que Oswald escapara. Entonces White se vio obligado a liquidar a su compañero. "El resto ya es historia", añadió Mooney (...)

Cuánto hay de verdad en todo esto es difícil de saber, sin embargo, compárese la historia con los hechos y los acontecimientos relatados en capítulos anteriores y sáquense las propias conclusiones.

Hasta aquí, los elementos y las informaciones conocidas en nuestras investigaciones. Como alertamos, no sólo hemos tenido en cuenta las partículas de informes encontrados o los relatos conocidos; hemos analizado también profundamente los mismos informes de las comisiones oficiosas que investigaron el magnicidio en los Estados Unidos, sólo que desde una óptica diferente.

EPÍLOGO

1963 discurrió entre conspiraciones anticubanas, planes de asesinatos contra Fidel Castro, la metamorfosis, el nacimiento y la independencia del "mecanismo cubanoamericano de la CIA y la Mafia", que devino la hoy conocida mafia cubana de Miami, y el complot que asesinó al presidente de los Estados Unidos, John F. Kennedy.

La agresión contra Cuba alcanzó su cénit y ésta tuvo que enfrentar no sólo a las estrategias de la administración, que en ningún caso pretendió borrar el pasado y con esto la campaña de terrorismo de Estado que ya entraba en su cuarto año, sino también los planes del exilio, los mafiosos y la estructura poderosa de la CIA que organizaba sus operativos subversivos desde La Florida y los principales países con los cuales Cuba sostenía relaciones.

Tres complots de dimensiones extraordinarias se pusieron en marcha en ese periodo: AM/LASH, para asesinar a Fidel Castro; el asesinato de Kennedy, y la inculpación a Cuba por ese crimen, con los fines de obtener el pretexto para agredirla y derrocar a su gobierno.

Millones de dólares de los contribuyentes fueron destinados a esa guerra, que aún perdura, cuarenta y cuatro años más tarde, probablemente con más saña y alevosía.

El asesinato de Kennedy no ha sido develado y hay versiones numerosas sobre quienes lo ultimaron y cuáles fueron sus razones. Según mi punto de vista, la CIA no ha estado ajena a la publicación de materiales, libros, artículos y entrevistas que han pretendido inundar de pistas falsas a los varios investigadores que en los Estados Unidos y en otras partes del mundo han pretendido develar ese secreto guardado en una caja, oculta con siete candados, en algún rincón de su guarida.

Los autores intelectuales y materiales están aún por descubrir. Probablemente los primeros se encuentren entre los propios círculos del poder norteamericano, opuestos a las políticas de Kennedy; los segundos, dentro del "mecanismo cubanoamericano de la CIA y la Mafia", en tanto ellos eran los que contaban con las motivaciones, los medios y los hombres entrenados para tales fines.

Será el pueblo norteamericano el que algún día, cuando la verdad se abra paso aunque se encuentre escondida en una caja oculta con siete candados, realice el juicio final y desenmascare a los criminales.

Para nosotros, lo fundamental consistía en demostrar, como pensamos se ha logrado, que Cuba fue una víctima de aquellos complots, no una víctima casual, sino premeditada. Cuba devino la última etapa del operativo que asesinó al presidente norteamericano, precisamente por haber resultado en un obstáculo para la agresión militar directa que preconizaban los terroristas. Ésa es nuestra tesis. Por esa razón, suponemos que la conspiración contra Kennedy, que después devino complot de asesinato, comenzó precisamente cuando finalizaba la confrontación más dramática entre el Este y el Oeste en toda la historia de la llamada Guerra Fría. En el momento en que los vientos de octubre de 1962 se esparcieron y el "mecanismo cubanoamericano de la CIA y la Mafia" se percató de que no habría invasión, ni ataque sorpresivo, ni guerra nuclear, se decidió que Kennedy había traicionado y con una estrategia remodelada pretendía obtener los mismos objetivos, pero apartándose de los caminos que había prometido, fundamentados en la agresión armada y directa. Fue en ese instante cuando, como hemos afirmado, la actual mafia cubana de Miami decidió volar independientemente de su progenitora, la administración estado-unidense, y concluyó que había obtenido los "méritos" suficientes para ser considerada en Washington como un mecanismo del poder y que todo aquel que osara oponerse, ya sea incluso un presidente, tendría que ser eliminado.

ANEXO I
JACK RUBY: SUS VIAJES A CUBA EN 1959

El domingo 24 de noviembre de 1963, cuando Lee Harvey Oswald era trasladado desde la cárcel municipal a la cárcel del Condado de Dallas, fue muerto a tiros ante las cámaras de la televisión por Jacob Rubinstein, más conocido como *Jack Ruby*.

La acción de Ruby impidió la realización del proceso judicial sobre el único sospechoso oficial del magnicidio. Esto desencadenó las críticas y suspicacias de la opinión pública norteamericana con respecto al suceso, y condicionó a partir de entonces las opiniones que sugerían la existencia de un complot, las que se han visto confirmadas con el tiempo.

Las circunstancias en que Ruby asesinó a Oswald, la justificación inconsistente dada por él para cometer la acción, y sus antecedentes, puestos al desnudo en las investigaciones gubernamentales y privadas llevadas a cabo sobre el crimen, permiten concluir que él fue uno de los *patsy* —chivo expiatorio— manejados desde un oculto entramado por los cerebros de la conspiración.

Jack L. Ruby, descendiente de inmigrantes polacos, nació en la ciudad de Chicago, Estados Unidos, en 1911. Su verdadero nombre era Jacob Rubinstein pero se lo cambió, en 1947, por considerarlo muy largo. En Chicago, Ruby conoció personalmente a dos matones de una pandilla de esa ciudad, nombrados David Yaras y *Lenny* Patrick; ambos tiradores expertos y vinculados estrechamente a *Sam* Giancana, líder del crimen organizado en la propia ciudad.

Entre 1937 y 1940, fue empleado por Leon Cooke, financiero del Sindicato de Manipuladores de Chatarra de Hierro y Desperdicios, para que se encargara de "negociar" con los patronos. Su empleo terminó cuando Cooke fue muerto a tiros por el presidente del Sindicato, John Martin, quien fue posteriormente absuelto sobre la base de la defensa propia. Luego, gracias a sus relaciones en el bajo mundo, Ruby se dedicó un tiempo a vender confidencias sobre carreras de caballos en las pistas de Santa Anita y Bay Meadows, en California.

Poco después de terminar su servicio militar durante la Segunda Guerra Mundial, se mudó para Dallas. Su hermana, Eva, acababa de comprar un restaurante en esa ciudad con dinero suministrado por sus otros hermanos. Según declararía Ruby a la Comisión Warren, lo convirtió en un club nocturno y le pidió a él que lo administrara.

Sin embargo, un ex-alguacil de Dallas declaró que, en julio de 1946, había recibido una propuesta de soborno de elementos criminales que deseaban mudarse para Dallas y administrar actividades ilegales allí. Aunque aquél nunca conoció a Ruby personalmente, estos criminales lo mencionaban frecuentemente y señalaban que regentearía un "fabuloso" restaurante como frente para actividades de juegos de azar.

Más tarde, se comprobó que, mientras el intermediario que habían utilizado los elementos mafiosos para el intento de soborno apelaba a su condena, éste y otros criminales visitaban frecuentemente el *Singapore Club*, que administraba Jack Ruby.

El Comité Selecto de la Cámara de Representantes, al abordar ese aspecto en su informe conclusivo, manifestaría: "aunque Ruby y su familia eran conocidos de los individuos que participaron en el incidente, incluso de los gángsters de Chicago que habían tomado posesión de Dallas... no existen pruebas sólidas que demuestren que Ruby era, de hecho, parte del grupo de Chicago".

Otras informaciones evidencian que, a partir de 1947, Ruby amplió considerablemente sus relaciones con los agentes de la ley en Dallas; incluso, fue acompañado por un agente del Departamento de Policía de la ciudad cuando tuvo que comparecer ante el Senado en Washington, para ser testigo durante las audiencias de investigación de los crímenes de la Mafia, ordenadas por el senador Estes Kefauver.

Mientras vivió en Dallas, Ruby fue arrestado ocho veces pero sin mayores consecuencias. Cada vez que surgía una acusación en su contra, ésta era retirada o Ruby salía absuelto. Sólo en tres ocasiones fue multado: una por perturbar la paz, otra por permitir bailar después de las horas legales, y la tercera, por no prestar atención a las notificaciones de violación de leyes del tránsito. En catorce años, sólo pagó setenta dólares por concepto de multas. Esto tuvo su origen, sin dudas, a sus relaciones estrechas con los agentes de la policía, a quienes facilitaba grandes cantidades de bebidas fuertes, admisiones gratuitas a los espectáculos de "desnudos progresivos" y otros "entretenimientos" costosos. Esa hospitalidad, señaló la Comisión Warren, "no era inusitada para un operador de club nocturno".

Investigaciones posteriores revelaron que Ruby era también confidente

de la oficina local del FBI. Otras evidencias lo vincularon a Lee Harvey
Oswald, su víctima, antes de los sucesos del otoño de 1963.

En el informe del Comité Selecto de la Cámara de Representantes de los
Estados Unidos que investigó el asesinato de Kennedy a fines de la década
de los años setentas, se dice:

Las pruebas de que dispuso el Comité indicaron que Ruby no era
"miembro" del crimen organizado en Dallas o cualquier otro lugar, aunque
también mostraron que tenía un número importante de asociaciones y
contactos directos e indirectos con figuras del hampa, algunas de ellas
relacionadas con las más poderosas personalidades de la Cosa Nostra.
Además, Ruby tenía numerosos vínculos con los elementos criminales de
Dallas.

Entre sus amigos en el llamado Sindicato del Juego y el Crimen
Organizado, se encontraban Lewis McWillie, vinculado a Santo Trafficante,
Jr., el jefe de la Mafia en La Florida; Irwin Weiner, fiador de Chicago; Robert
Barney Baker, lugarteniente de James R. Hoffa; Nofio J. Pecora, lugarteniente
de Carlo Marcello, el jefe de la Mafia en Louisiana; Harold Tannenbaum,
dueño de un *night club* y asociado de Pecora, y Murray *Dusty* Miller, segundo
de Hoffa. Con todos ellos se comunicó Ruby por teléfono un mes antes del
asesinato de Kennedy. También lo hizo con *Lenny* Patrick en el verano de
1963, según pudo concluir el Comité Selecto de la Cámara de Representantes,
en contradicción con las declaraciones de Patrick y Yaras al FBI en 1964, en
las que negaron haber tenido contacto con Ruby durante los últimos diez o
quince años.

Uno de los amigos más cercanos de Ruby era McWillie, quien salió de
Dallas con destino a Cuba en 1958 y trabajó en los casinos de juego de La
Habana hasta 1960. En 1959, Mc Willie llegó a ser el administrador de los
juegos de azar del casino del cabaret *Tropicana*, en La Habana. Para entonces,
ya la familia de Santo Trafficante, *Jr.*, representaba negocios de la Mafia norteamericana en la Isla. Ruby conocía a McWillie desde la década de los años
cincuentas, cuando administraba un club nocturno en Dallas.

Después de abandonar la Isla, tras las medidas tomadas por el Gobierno
Revolucionario contra los intereses del juego, McWillie se convirtió en un
luchador ferviente contra la Revolución Cubana, aliado a la CIA y a los más
connotados contrarrevolucionarios cubanos exiliados en territorio norteamericano.

Algunas de las figuras del exilio con las cuales se relacionó aparecieron
después mencionadas en las investigaciones sobre el asesinato del presidente
Kennedy. El jefe de su familia mafiosa, Santo Trafficante, *Jr.*, tendría una
participación significativa en los planes fraguados por la CIA para acabar
con la vida del líder cubano, Fidel Castro. Trafficante fue señalado por el
Comité Selecto de la Cámara de Representantes como uno de los dos jefes

mafiosos, junto con Carlo Marcello, con motivos y posibilidades mayores para atentar contra la vida del presidente Kennedy.

En 1976, surgieron informaciones que vinculaban a Ruby con el mafioso Santo Trafficante, Jr. cuando éste aún se encontraba en Cuba. El Comité Selecto de la Cámara de Representantes trató de desviar la atención sobre ese argumento, y sentenció al respecto: "La importancia de la reunión... no debe ser sobrevalorada. Lo más que demostraría sería una reunión, en aquella ocasión, breve. Nadie ha pensado que el asesinato del presidente Kennedy fuera planeado en Cuba en 1959."

Sin embargo, el hecho de que Jack Ruby estuviera vinculado estrechamente a figuras de la Mafia sobre las cuales se dispone de evidencias sólidas de que odiaban a los Kennedy, y que resultaron sospechosas de haber participado en el complot criminal, así como la acción cometida por Ruby al asesinar a Oswald y entorpecer con esto el esclarecimiento del hecho ante la opinión pública internacional, dan a la información sobre su encuentro probable con Trafficante en Cuba, una connotación no poco importante, en particular para aquellos que han insistido en la "conexión cubana" con el crimen para tratar de inculpar de una forma u otra al gobierno cubano.

Cuatro días después de que Ruby asesinara a Oswald, la CIA recibió un cablegrama del Departamento de Estado, que no fue revelado hasta 1976. En éste se manifestaba:

El 26 de noviembre de 1963, un periodista británico llamado John Wilson, conocido también como Wilson Hudson, dio una información a la Embajada americana en Londres que indicaba que "un americano con tipo de gángster llamado Ruby" visitó Cuba en 1959. El propio Wilson trabajaba en Cuba en aquel momento y fue enviado a la cárcel por Castro antes de ser deportado.

En la prisión en Cuba, Wilson dijo haber conocido a un gángster americano llamado Santos que no podía regresar a Estados Unidos. En su lugar, prefería vivir con lujos relativos en la prisión cubana. Dijo Wilson que mientras que Santos estaba en la cárcel, recibía frecuentes visitas de otro americano con tipo de gángster llamado Ruby.

Según el Comité Selecto de la Cámara de Representantes, la CIA no investigó esa información y la Comisión Warren parecía no estar enterada del cablegrama. El Comité no pudo entrevistar a Wilson, pues había muerto, según informes que recibió, ni tampoco pudo obtener confirmación independiente de su alegato.

Santo Trafficante, Jr. fue detenido en Cuba el 9 de junio de 1959, e internado en un campamento para extranjeros indeseables conocido como *Tiscornia*, el día 21, bajo la custodia de las autoridades migratorias cubanas. Fue puesto en libertad condicional el 18 de agosto de 1959 y permaneció en territorio cubano hasta enero de 1960, cuando fue expulsado del país.

El Comité Selecto de la Cámara de Representantes comprobó, tanto por el informe del Servicio de Inmigración y Naturalización (INS) de los Estados Unidos como por las tarjetas de turismo que el gobierno cubano proporcionó, que Jack Ruby viajó a Cuba el 8 de agosto de 1959, se marchó el 11 de septiembre de ese año, regresó el 12 de septiembre, y partió nuevamente al día siguiente.

Por otros informes, de los que no se especifica su origen, el Comité supo "que Ruby estuvo en Dallas en algunas ocasiones entre el 8 de agosto y el 11 de septiembre de 1959, ya que todo parece indicar que revisó su caja de seguridad el 21 de agosto, se reunió con el agente del FBI, Charles W. Flynn, el 31 de agosto y volvió a solicitar su caja de seguridad el 4 de septiembre". Por ese motivo, el Comité concluyó que los informes recibidos del INS y del gobierno cubano eran incompletos y que Ruby tuvo que hacer, al menos, tres viajes a Cuba, sin poderse determinar la línea aérea o el medio utilizado para los viajes, de los que no hay pruebas documentales.

Para determinar la posibilidad del encuentro en Cuba entre Jack Ruby y Trafficante, Jr., el Comité entrevistó a Lewis McWillie, al propio Santo Trafficante, Jr., y a José Verdecia Verdecia, quien fuera custodio de *Tiscornia* en 1959.

McWillie declaró: "que Ruby lo había visitado una sola vez, y que se trató de una visita social. Que durante este período él había visitado a otro detenido en *Tiscornia* y recordó que había visto a Trafficante allí y que sólo le había dicho 'qué tal'. Que durante la visita de Ruby, éste había estado con él la mayor parte del tiempo de su estancia y que podía haber ido con él a visitar *Tiscornia*, aunque dudaba que así hubiera sido. Que no recordaba con claridad los detalles de la visita de Ruby".

Trafficante, Jr., testimonió que "no había motivos" para que este hombre lo visitara.[59] "Nunca he estado en Dallas y nunca había tenido relaciones con él. No veo por qué él tuviera que ir a visitarme." No obstante, declaró también "que recordaba a un individuo cuya descripción se ajustaba a la del periodista británico John Wilson-Hudson, y manifestó que este hombre estaba entre los que habían sido recluidos con él en *Tiscornia*".

José Verdecia, por su parte, declaró "no recordar el nombre de John Wilson-Hudson, pero sí recordaba a un periodista británico que había trabajado en Argentina, al igual que Wilson-Hudson, que había estado detenido en *Tiscornia*". Verdecia fue interrogado por miembros del Comité Selecto de la Cámara de Representantes, en La Habana, el 26 de agosto de 1978. No recordó el nombre de Ruby, ni lo reconoció por su foto, ni tampoco a McWillie; sin embargo, recordó con posterioridad a la entrevista con los miembros del Comité, la visita de McWillie y Ruby, a los cuales describió como dos mafiosos norteamericanos que se entrevistaron con Trafficante.

El Comité también declaró en su informe que Ruby testificó a la Comisión Warren que su viaje a Cuba "fue para corresponder a una invitación de

McWillie y que había durado cerca de una semana, a finales del verano o principios del otoño de 1959". La Comisión Warren no lo interrogó sobre el contacto supuesto con Trafficante, *Jr.*, en *Tiscornia*, porque, según el asesor de la Comisión Warren que dirigió la investigación sobre el crimen organizado, "no tenía conocimiento de que la CIA había utilizado a la Mafia para tratar de asesinar a Castro en el período de 1960 a 1963, y no estaba familiarizado con el nombre de Santo Trafficante, Jr., en 1964".

En resumen, el periodista británico John Wilson-Hudson estuvo recluido en *Tiscornia* y es uno de los testigos que afirmaba categóricamente que hubo contactos entre Ruby y Trafficante, *Jr.* en esa prisión, hecho que este último niega y en el que McWillie da una respuesta imprecisa. Por su parte, José Verdecia, jefe del campamento de *Tiscornia*, recordó la estancia de Trafficante, *Jr.* y la visita que le realizaron dos gángsters vestidos elegantemente, uno de los cuales se le parecería mucho a Jack Ruby.

Acerca de los viajes a Cuba de Jack Ruby, "El Comité llegó a la conclusión de que parecía que Ruby servía de correo de los intereses de juego ilegal cuando viajó a Miami desde La Habana por un día y regresó a Cuba por un día antes de partir a New Orleans", aunque esta conclusión no menciona los viajes que efectuó entre el 8 de agosto y el 11 de septiembre, cuando se supone que haya realizado otros dos. El Comité también estimó "que era posible que Ruby se hubiera reunido al menos con varias figuras del crimen organizado en Cuba, incluyendo tal vez a algunos de los que habían sido detenidos por el gobierno cubano", lo cual se basa en que Ruby declaró ante la Comisión Warren haber recibido después en Dallas la visita de McWillie y la del dueño de un casino en La Habana, en la cual se discutió sobre el negocio del juego en Cuba.

La Comisión Warren destacó que un exportador, llamado Robert McKeown, alegó que Ruby se ofreció para comprar una carta de presentación a Fidel Castro en 1959 con la esperanza de asegurar la liberación de tres individuos que se encontraban presos en Cuba, pero el Comité Selecto de la Cámara de Representantes consideró que la versión de McKeown no era veraz, según la valoración que hizo sobre su comportamiento.

Casualmente, Robert McKeown era un ingeniero mecánico que residió en Cuba y traficó armas en favor del ex-presidente cubano, Carlos Prío, para utilizarlas contra Fulgencio Batista. McKeown puso en La Habana un negocio de café, pero Batista le exigió una mensualidad de cinco mil pesos que él se negó a pagar; entonces, le fue confiscado su negocio y se trasladó a Miami donde continuó trabajando para Carlos Prío. Mediante su relación con el ex-presidente cubano, conoció a Frank Sturgis, quien participaría en un temprano plan de envenenamiento preparado por la CIA contra el primer ministro, Fidel Castro, a principios del triunfo revolucionario en la Isla, y que escapó más tarde hacia los Estados Unidos.

McKeown declaró, en el otoño de 1975, al periodista Dan Rather, de la cadena televisiva *CBS*, que cuando residía en Bay Cliff, entre Houston y Dallas, en 1963, lo visitó Lee Harvey Oswald, en compañía de un cubano, conocido por él desde Cuba, nombrado Hernández y que le ofrecieron diez mil dólares por cuatro rifles semiautomáticos *Savage-300*, equipados con miras telescópicas, pero que él se negó a vendérselos, por encontrarse en libertad condicional en esos momentos. En conclusión, McKeown, otro vínculo de Jack Ruby, también aparece mencionado en la trama que antecedió el asesinato del presidente Kennedy. Su versión fue desestimada, pero no investigada, por lo que no puede ser rechazada categóricamente.

Investigadores norteamericanos señalan que, el 21 de diciembre de 1963, en una entrevista con el FBI, Ruby reconoció haber telefoneado a un traficante de armas en el área de Houston, que había sido sancionado, en 1958, por introducir armas en Cuba, aunque no mencionó nada acerca del interés en liberar a figuras del hampa encarceladas en la Isla. Al menos, esa declaración corrobora su vínculo posible con McKeown.

Coincidimos con la apreciación del Comité Selecto de la Cámara de Representantes en que el vínculo probable de Jack Ruby con Santo Trafficante, *Jr.*, mientras éste se encontraba detenido en Cuba, en 1959, no puede interpretarse como parte del plan de asesinato de Kennedy; no obstante, sí demostraría su conexión con el jefe mafioso más interesado en el derrocamiento del proceso revolucionario.

Un resumen de las circunstancias ya mencionadas, permite suponer la posibilidad de la conexión Ruby-Trafficante, y éstas son:

1. Su vínculo estrecho con McWillie desde que ambos tenían negocios en Dallas, mucho antes de que éste se trasladara a Cuba y se asentara allí en el negocio del juego.

2. El negocio del juego en Cuba estaba a cargo de la familia Santo Trafficante, *Jr.*, desde 1954, y por lo tanto, McWillie formaba parte de su pandilla, pues administraba el importante casino *Tropicana*.

3. La invitación de McWillie a Ruby y sus viajes a Cuba coinciden con el período en que Santo Trafficante, *Jr.* y otros mafiosos fueron detenidos en Cuba y después de haber sido puestos en libertad.

4. McWillie reconoció al Comité Selecto de la Cámara de Representantes que hizo varias visitas al centro de retención de *Tiscornia*, durante la estancia de Ruby en Cuba.

5. Ruby visitó Miami tras su estancia en Cuba. Allí se reunió dos veces con Meyer Panitz, un socio del Sindicato del Juego de Miami. La reunión parece haber sido arreglada por McWillie, quien habló con Panitz por teléfono antes de que Ruby llegara. En aquella época, Trafficante también era el jefe de la Mafia de esa ciudad floridana. Estas reuniones no fueron declaradas por Ruby a la Comisión Warren.

6. En los momentos en que Ruby visitaba Cuba, los negocios del juego estaban siendo erradicados por la Revolución. Trafficante, como responsable máximo de ese emporio, estaba obligado a tomar medidas que amortiguaran los daños económicos predecibles.

7. La forma en que se producen los viajes de Ruby, sus salidas y entradas y sus estancias cortas en territorio cubano, desechan que éstos hayan sido por placer.

ANEXO II
CRONOLOGÍA SOBRE LAS PRINCIPALES ACTIVIDADES SUBVERSIVAS DE LOS ESTADOS UNIDOS CONTRA CUBA EN 1963

Enero: La CIA reorganizó su departamento "cubano". Se sustituyó la *Fuerza Operativa W* por el denominado Servicio de Asuntos Especiales (SAS), en cuyo mando desginó a Desmond Fitzgerald.

Enero 2: Se anunció que en esa semana comenzarían los ejercicios *Springhard 63*, donde participarían cuarenta mil hombres, ciento diez barcos y más de cien aviones. Se incluiría desembarcos anfibios de la Infantería de Marina en la isla de Vieques, Puerto Rico; prácticas de artillería aire-tierra y superficie-superficie, y lanzamientos de proyectiles teleguiados en la pequeña isla de Culebra; maniobras, rastreo y control aéreo. Los ejercicios se extenderían hasta marzo.

Enero 7: El contralmirante Edward J. O'Donnell, jefe de la base naval norteamericana de Guantánamo durante la Crisis de Octubre, dijo en Boston que "ahora Cuba es más fuerte que antes de la crisis". En una entrevista publicada por el diario *The Boston Globe*, O'Donnell expresó que aunque no tuviera cohetes nucleares, la nación del Caribe "es el país más poderoso militarmente de América Latina, y continúa siendo una amenaza".

Enero 8: Adlai Stevenson declaró en la ciudad norteamericana de Jacksonville, cuando se disponía a viajar rumbo a Washington, donde participaría en el Consejo de la OEA, que los Estados Unidos, valiéndose del Tratado de Río de Janeiro, podrían tomar una acción contra Cuba en cualquier momento.

El artículo 8 del Tratado Interamericano de Asistencia Recíproca (TIAR), suscrito en la Conferencia Interamericana de Río de Janeiro, en septiembre de 1947, expresaba:

Para los efectos de este Tratado, las medidas que el Órgano de Consulta acuerde comprenderán una o más de las siguientes:

- El retiro de los jefes de misión.
- La ruptura de las relaciones diplomáticas.
- La ruptura de las relaciones consulares.
- La interrupción parcial o total de las relaciones económicas, o de las comunicaciones ferroviarias, marítimas, aéreas, postales, telegráficas, telefónicas, radiotelefónicas o radiotelegráficas, y el empleo de la fuerza armada.
- El representante permanente de Cuba ante la Organización de Naciones Unidas, Carlos Lechuga, presentó una nota al secretario general, U Thant, en relación con la Crisis del Caribe. En el documento se denunciaba nuevas acciones de Kennedy contra Cuba y se señalaba que los Estados Unidos insistían en sus planes agresivos contra la Revolución Cubana. Se reiteraba los cinco puntos planteados por el comandante Fidel Castro, el 28 de octubre de 1962.
- Una banda contrarrevolucionaria encabezada por "Macho" Cantero atacó la casa y asesinó al campesino y miliciano Ernesto Ramos Palacios en El Corojal, Trinidad, provincia de Las Villas. Ramos había sido mensajero y guía del Ejército Rebelde.

Enero 9: Se confirmó el entrenamiento de mercenarios en bases norteamericanas en Puerto Rico.

Se detuvo al contrarrevolucionario Jacinto Ortega Torres cuando salía de la base naval de Guantánamo y escapaba a la vigilancia de las tropas norteamericanas, luego de haberse internado en aquel territorio en busca de asilo junto con otro contrarrevolucionario. Ortega declaró que un oficial de Inteligencia, llamado Wilson, manifestó que para poder trabajar en la base tendría que alistarse en un ejército mercenario que venía entrenándose en Puerto Rico.

- Elementos contrarrevolucionarios penetraron en horas de la madrugada en la finca "Las Dolores" en San Antonio de las Vegas, provincia de La Habana y abrieron fuego contra la vivienda de la familia campesina González Montanaro, mientras sus moradores dormían. Resultó muerto un menor y herido de gravedad el campesino Agapito González. La vivienda fue saqueada e incendiada en presencia de la familia y algunos vecinos.

Enero 10: Una banda desconocida incendió la tienda, propiedad de Santos Escobar, en la zona de Trinidad, provincia de Las Villas.

Enero 11: Un grupo de elementos contrarrevolucionarios asesinó al campesino y miliciano Oliverio Morín Valdivia, vecino del reparto Arenal, en Casilda, provincia de Las Villas. La familia combatió con heroísmo. Al frente de los bandoleros estaban Pedro González Sánchez y José Tápanes, quienes fueron perseguidos por miembros de las Fuerzas Armadas Revolucionarias (FAR), después de haber sido capturado uno de los contrarrevolucionarios.

- Nuevo plan norteamericano de agresión económica contra Cuba. Los Estados Unidos mantienen su plan de poner obstáculos al comercio exterior de Cuba, anunció Joseph W. Reap, funcionario de prensa del Departamento de Estado. Reap dijo que su gobierno había advertido a los países cuyos barcos tocasen puertos cubanos que se expondrían a ser excluidos de la ley de ayuda al exterior. La ley entró en vigencia en octubre de 1962. En los días siguientes, según Reap, el gobierno de los Estados Unidos daría a conocer nuevas medidas encaminadas a aumentar las restricciones al comercio internacional con Cuba.

- Los jefes de la fracasada invasión a Cuba partían hacia Washington para entrevistarse con el presidente del titulado Consejo Revolucionario Cubano, José Miró Cardona, y con Sterling Contrell, por aquel entonces nombrado por el presidente Kennedy para estudiar un nuevo plan contrarrevolucionario contra Cuba.

- La Brigada de Asalto 2506 continuó como una unidad militar en licencia hasta nuevas órdenes. Sus integrantes, según un comunicado expedido, recibieron órdenes de estar donde pudieran ser localizados y mantener una "conducta honorable y digna".

Enero 15: Varios bandidos quemaron la tienda del pueblo en Charco Azul, barrio Aguacate, municipio de Trinidad, provincia de Las Villas.

Enero 16: Un grupo formado por más de dieciséis bandidos, dirigidos por Nilo Armando Saavedra Gil, alias "Mandy Florencia", asaltó y robó la tienda del poblado de Sierra Alta, municipio de Fomento, provincia de Las Villas. Los milicianos Fermín Israel Alonso Perera y José González Basso fueron apresados, torturados brutalmente y después asesinados.

Enero 19: Asesinado al campesino Luis Laya Yeras por un grupo de bandidos capitaneados por Rigoberto Tartabull Chacón en la zona de Charco Azul, barrio Aguacate, municipio de Trinidad, provincia de Las Villas.

Enero 20: Alrededor de veinticinco hombres de la banda de Tomás David Pérez Díaz, alias "Tomás San Gil", asaltaron la casa del campesino Estanislao Martínez González, situada en La Ceiba, municipio de Trinidad. Lo retuvieron, junto con su esposa y seis hijos, organizaron una emboscada e hirieron a un miliciano.

Enero 22: Fue convocada una reunión postal de América con la exclusión flagrante de Cuba. La Administración Postal de los Estados Unidos convocó, para los días 5, 6 y 7 de enero, una reunión especial para tratar asuntos de interés para los países miembros en relación con el Congreso de la Unión

Postal Universal que se celebraría en Nueva Delhi, India, durante el mes de marzo.

Enero 23: Un ex-infante de la Marina de los Estados Unidos, quien dijo haber enseñado tácticas de guerrillas a más de quinientos exiliados cubanos, proyectó reabrir un campo de adiestramiento. Steve Wilson y otros doce hombres anunciaron que regresarían a Cayo Sin Nombre para reanudar el programa de adiestramiento.

Enero 24: En Pedrero, municipio de Fomento, un *jeep* fue tiroteado por una banda no identificada. El miliciano Eladio Cartaya Aguinet, resultó muerto en la acción.

- Varios miembros de una banda asesinaron a los hermanos Yolanda y Fermín Rodríguez Díaz, de 11 y 13 años, respectivamente, en la localidad de Bolondrón, provincia de Matanzas, al asaltar durante la noche su indefensa casa en el campo y también hirieron a la madre y a dos hermanos menores. Los hechos ocurrieron en la finca "La Candelaria", en el barrio de Galeón, cuando un grupo de elementos contrarrevolucionarios irrumpió violentamente en la vivienda del campesino Gregorio Rodríguez e indagaron por la dirección del administrador de una granja.

Enero 25: Julio Emilio Carretero, al frente de unos cuarenta bandidos atacó el caserío de Palo Viejo, en el barrio Río de Ay, municipio de Trinidad. Para el operativo se dividieron en dos grupos: el primero —más numeroso— atacaría el cuartel de las milicias con el propósito de apoderarse de las armas, y el segundo liquidaría a los vecinos de la zona que simpatizasen con la Revolución. Éste último grupo asesinó a Eustaquio Calzada Ponce, miliciano y dirigente del Instituto Nacional de Reforma Agraria (INRA) y a Rubén Trujillo, herrero de la zona. Al primero lo mataron en presencia de su esposa y sus cinco hijos, el mayor de tan sólo 12 años. El grupo irrumpió en la casa de José Ramón Díaz, y al no encontrarlo, la quemaron a la vista de tres de sus hijos y su esposa.

La Armada de los Estados Unidos anunció que unos cuatrocientos cincuenta cubanos refugiados en la base naval de Guantánamo serían trasladados hacia ese país.

Enero 26: La banda de Pedro Sánchez González asesinó a varias personas en la zonas de Jagüey Grande y Agramonte, provincia de Matanzas; entre ellos se encontraban dos policías, un miliciano y un civil.

Enero 28: Una banda de espías y saboteadores que accionaban en la provincia de Oriente, dirigida por la CIA desde la base naval de Guantánamo, fue detectada y capturados todos sus elementos. Se ocupó armas y explosivos. Se capturó a Pedro Comeron Pérez, espía de la CIA infiltrado desde Miami, junto con tres jefes de centros de información y numerosos colaboradores.

Un doble operativo del Departamento de Seguridad del Estado (DSE), condujo a la destrucción de las redes de espionaje y subversión. Como resultado de las actuaciones del DSE y las FAR, se practicó numerosas detenciones y se ocupó grandes cantidades de armas, dinero y explosivos.

Enero 30: La Fuerza Aérea de los Estados Unidos anunció el envío de más aviones de combate a su base en Homestead, estado de La Florida. Agregó un corresponsal que había sido proyectado para abril sacar aviones *F-104* de dos unidades aéreas de la Guardia Nacional y transferirlos a Homestead. Al mismo tiempo, el Escuadrón de Combate 319, de la base aérea de Bunker Hill, estado de Indiana, sería enviado a Homestead para manejar los *F-104*. El objetivo de estas decisiones era fortalecer el poderío aéreo de combate en La Florida.

Enero 31: Se repiten en el Senado de los Estados Unidos los argumentos de que la Unión Soviética mantenía las instalaciones de los misiles nucleares en Cuba.

Finales de enero: Se descontinúa oficialmente la "Operación Mangosta". Se organiza un Grupo Especial dentro del Consejo Nacional de Seguridad, presidido por McGeorge Bundy. Se comienza a rediseñar la política contra Cuba. Aunque "Mangosta" había sido abolida, el arma de la CIA, *la Fuerza de Tarea W*, siguió existiendo como Estado Mayor de Asuntos Especiales.

Las operaciones encubiertas continuaron, principalmente las especiales, los intentos contra la vida de Fidel Castro y otras acciones dirigidas a entorpecer la economía cubana.

Enero-Febrero: Robert Kennedy se reunió con Manuel Artime, ex-delegado político de la Brigada de Asalto 2506 y dirigente máximo del Movimiento de Recuperación Revolucionaria (MRR), y Enrique Ruiz Williams, un ex-integrante de la Brigada y hombre de confianza de la CIA, para discutir el entrenamiento de una fuerza de exiliados cubanos destinada a invadir a Cuba. El plan estaría dirigido a lograr una sublevación dentro de la Isla, coordinada con un desembarco de exiliados por dos puntos del país, en las provincias de Matanzas y Oriente, esta última sede del enclave naval norteamericano de Guantánamo. Los oficiales designados por la CIA para el proyecto eran Howard Hunt y James McCord, futuros "plomeros" de Watergate.

Se organizó tres campamentos: uno en el norte de Costa Rica, muy cerca del río San Juan, frontera natural con Nicaragua; otro, en una zona conocida como Monkey Point, al sur del puerto de Bluefields, en Nicaragua, también cercano a la frontera costarricense, y el tercero, punto de partida de la expedición, estaría ubicado en Montecristi, una localidad al norte de la República Dominicana.

Los cuadros de mando para integrar la brigada comenzarían a formarse en las unidades del Ejército norteamericano de Fort Jackson y Fort Benning. Todo debía estar listo para noviembre o diciembre de ese año, fecha en que el "mecanismo cubanoamericano de la CIA" lo consideró el momento indicado para la nueva invasión a Cuba, la que sería apoyada por una decena de países latinoamericanos, que reconocerían inmediatamente al gobierno provisional que se establecería en los territorios ocupados.

Febrero: La CIA estableció una nueva División de Operaciones Domésticas, bajo el mando de Tracy Barnes. Desmond Fitzgerald fue designado vicejefe a cargo del SAS. En esa División trabajarían Howard Hunt, David Phillips, James McCord, James Noel, Frank Bender, David Sánchez Morales y todos los "guerreros" de Bahía de Cochinos. La JM/WAVE y todo el operativo contra Cuba estarían subordinados a Barnes. Cuba pasó a ser un "asunto de la política doméstica de Estados Unidos".

Febrero 1: El secretario de Estado, Dean Rusk, reiteró que los Estados Unidos no habían abandonado sus planes de agresión al pueblo cubano y confirmó las presiones que se ejercía sobre todos los países occidentales para aislar a Cuba.

Febrero 2: Sterling J. Contrell fue designado por el presidente Kennedy para coordinar, en el Departamento de Estado, los planes del gobierno norte-americano contra Cuba. Sus esfuerzos principales estaban consagrados a tratar de unificar las actividades conspirativas de más de cuatrocientos cincuenta grupos de contrarrevolucionarios cubanos que actuaban en los Estados Unidos.

Febrero 4: Vicente Jiménez Alonso, Renier Sarría Machado, Arnaldo Mora Milián y Giraldo Pacheco Guerra, soldados de una unidad de tanques, murieron al ser tiroteado el *jeep* donde viajaban por la banda de Pedro González Sánchez. Esta banda, que accionaba en Loma del Puerto, municipio de Trinidad, interceptó el ómnibus de *Pulpa Cuba*, y dejó un saldo de siete trabajadores heridos. Atacó, además a un ómnibus del central *FNTA*, donde murió el trabajador Alberto Águila Chaviano y resultaron heridos otros tres.

Febrero 5: El gobierno norteamericano oficializó las medidas de bloqueo contra Cuba, al anunciar que no se embarcaría mercancías financiadas por los Estados Unidos en buques de países que mantuvieran comercio con la Isla. El anuncio fue hecho por la Casa Blanca, en virtud de la fuerte oposición mantenida por armadores y navieros europeos.

Por su parte, el secretario de Defensa, Robert McNamara, indicó en una conferencia de prensa que continuaba el reconocimiento fotográfico semanal y que todos los buques soviéticos que arribaban a Cuba estaban bajo observación.

El asesinato de un supervisor viajero de la empresa comercial *American Refrigeration Products*, condujo al descubrimiento de un campamento de entrenamiento de contrarrevolucionarios cubanos en el estado mexicano de Chiapas, fronterizo con Guatemala.

Varios días atrás, había sido hallado el cadáver de Mauricio Arias Rezano, de 36 años, en un camino de tierra cerca del puente nacional, próximo a Jalapa, capital del estado de Veracruz. Como autor del hecho fue detenido el contrarrevolucionario cubano Juan Carlos Correa, quien confesó su crimen. Correa, de 50 años, ex-teniente de la Policía Secreta durante la tiranía de Fulgencio Batista y miembro de un llamado Frente Anticastrista de Nueva York, según credenciales que le fueron encontradas, declaró que le había dado muerte a Rezano para que no descubriera la existencia del campamento, donde se entrenaba a centenares de contrarrevolucionarios cubanos.

Febrero 6: Los senadores Kenneth Keating y Strom Thurmond exigieron al Congreso medidas más agresivas contra Cuba. Se produjeron varios debates en ambas cámaras. El líder demócrata Hubert Humphrey dijo que debía realizarse una investigación congresional pública en la que fuera interrogado el jefe de la CIA, John McCone. Por su parte, el representante republicano, William Minshall, sugirió otra investigación congresional respecto a todos los organismos de espionaje involucrados con Cuba. El tono de esas declaraciones impugnaba la política de Kennedy hacia ese país.

Febrero 7: René Schick, presidente electo de Nicaragua, asistiría en calidad de observador y asesor a la conferencia que el presidente Kennedy sostendría del 18 al 20 de marzo con Luis Somoza y los mandatarios de las otras cuatro repúblicas de América Central. Entre los temas centrales de la reunión se encontraba la agresión contra Cuba. Al respecto, Somoza declaró que esperaba "movilizar a los pueblos libres de Latinoamérica" para invadir a Cuba y derribar a Fidel Castro.

Febrero 8: Kennedy señaló que las unidades de adiestramiento y patrullaje y el personal técnico y de asesoramiento, que formaban parte de las tropas soviéticas que permanecían en Cuba, eran "elementos de preocupación para el Hemisferio Occidental".

Febrero 9: El Ejército norteamericano crearía en Panamá la Quinta Unidad, que actuaría como Brigada Móvil y se desplegaría a cualquier país de Centro o Sudamérica que desease reprimir revueltas internas. La Quinta Unidad formaba parte de la agitación sincronizada a la que se llevaba a la opinión pública norteamericana sobre la "liquidación de la cuestión cubana".

Febrero 11: El teniente coronel John Hung Crimmins fue nombrado para coordinar los nuevos planes contra Cuba, con la participación de los diferentes grupos de contrarrevolucionarios residentes en Miami. Crimmins era jefe del Departamento de Proyectos Especiales en el Sector Latinoamericano del Departamento de Estado y oficial del Servicio de Inteligencia Política.

Febrero 13: El secretario de Estado, Dean Rusk, reiteró la orientación de la política norteamericana de hostilidad hacia Cuba.

Atacados dos barcos pesqueros cubanos por grupos de mercenarios que tripulaban una lancha pirata procedente de los Estados Unidos. Resultaron heridos los hermanos Armando y Ramón López Ruiz, quienes declararon que entre los agresores había dos ciudadanos norteamericanos.

Febrero 14: En la zona de Sopimpa, en El Escambray, provincia de Las Villas, la banda de Francisco Pineda Cabrera, conocido por "Mumo", asesinó a un miliciano e hirió a otro, y quemó antes de retirarse el local donde se encontraban.

Febrero 15: Las agrupaciones contrarrevolucionarias cubanas Alpha 66 y Segundo Frente Nacional del Escambray anunciaron que algunas de las embarcaciones que utilizaron para ataques nocturnos a las costas de Cuba habían partido hacia la zona en que se suponía que navegaba el vapor venezolano *Anzoátegui*, para colaborar en su captura.

El Sindicato Internacional de Estibadores (ILA) reveló que el boicot decretado por los Estados Unidos al tráfico marítimo con Cuba se extendería a Polonia y Yugoslavia, a cuyos países el ILA había enviado un ultimátum con la advertencia de que a partir del 18 de febrero no serían cargados ni descargados los barcos de esos países, "a menos que suspendan los viajes de carga a Cuba".

El presidente Kennedy declaró a un periodista, acerca de los viajes a Cuba de jóvenes latinoamericanos, que "el problema está en obtener la cooperación de otros países latinoamericanos en cuanto a limitar el flujo de entradas y salidas en las escuelas, en las universidades que también incluyen adoctrinamiento político". Kennedy se refirió después al proyecto de la ONU para un plan de investigaciones en la Estación Experimental Agrícola de Cuba, y dijo que "no vamos a poner dinero alguno en el programa de Cuba. No hay dólares de Estados Unidos que estén incluidos en dicho programa".

Se activó la creación de una Organización del Tratado del Atlántico Norte (OTAN) en el Caribe. Reveló la prensa norteamericana los esfuerzos que se estaba realizando para incitar al público norteamericano contra Cuba. El diario *The Washington Post* afirmó que se trataba de "revivir los planes para constituir una pequeña OTAN mediante una alianza militar de diez países americanos que bordean el Caribe". El plan fue concebido por el ex-ministro panameño del Tesoro, Gilberto Arias, quien informó que le había enviado al presidente John F. Kennedy un resumen del citado proyecto, "por ser necesario un plan conjunto de defensa, ya que Cuba continúa siendo una amenaza para la seguridad de las naciones del Caribe".

Febrero 16: El presidente del Consejo Revolucionario Cubano (CRC), José Miró Cardona, dio a entender en una conferencia de prensa que el Departamento de Defensa de los Estados Unidos había decidido integrar el núcleo central del ejército latinoamericano que proyectaba constituir con los miembros de la Brigada de Asalto 2506 que habían sido capturados en Playa Girón.

Miró, junto con los jefes militares de la citada Brigada, José Pérez San Román y Erneido Oliva, anunció que el Departamento de Defensa norteamericano decidió que los "veteranos" de la fracasada invasión recibieran adiestramiento militar especial. Añadió que "también forman parte de este plan los tres mil cubanos que han sido reclutados recientemente".

Una subcomisión de la Cámara de Representantes comenzaría el 18 de febrero una investigación sobre la "subversión comunista" en América Latina, sumándose así a los nuevos planes de los Estados Unidos contra Cuba y de represión contra los pueblos del continente. Los primeros informantes serían el secretario auxiliar de Estado, Edwin Martin y el director de la CIA, John McCone, en sesión secreta, y el contrarrevolucionario cubano Manuel Antonio de Varona, en sesión pública.

Febrero 19: El presidente Kennedy dirigió una reunión secreta en Washington en la que participaron algunos congresistas. El eje de la reunión era el caso de Cuba. Uno de los presentes, el senador demócrata sureño John Stennis, quien encabezaba la comisión senatorial que estaba investigando la política del gobierno en relación con Cuba, demandó una actitud "más enérgica".

Una comisión especial de la Organización de Estados Américanos (OEA) planteaba nuevamente la "gran amenaza" de Cuba para la democracia representativa y recomendaba la ruptura de relaciones diplomáticas con la pequeña isla del Caribe. Con ese paso, se estaba respaldando la política del Departamento de Estado norteamericano tendente a aislar a Cuba de las demás naciones latinoamericanas.

Febrero 20: El contrarrevolucionario cubano Manuel Antonio de Varona volvió a pedir una agresión armada directa de los Estados Unidos a Cuba. Las declaraciones fueron formuladas ante una subcomisión de Asuntos Interamericanos de la Cámara de Representantes de los Estados Unidos.

Febrero 21: La Marina de Guerra Revolucionaria recuperó las dos embarcaciones pesqueras cubanas del tipo *Sigma* pertenecientes a la Cooperativa Pesquera de Cárdenas que habían sido secuestradas por agentes de la CIA en las cercanías de Cayo Roque.

- Fueron capturados ocho elementos contrarrevolucionarios cuando trataban de desembarcar en las costas cubanas. Utilizaban como base de operaciones el puerto de Santurce, Puerto Rico y otros puertos en Venezuela y Costa Rica, también Cayo Estoicarán, en La Florida, y Cayo Elbow, bajo la soberanía británica.

- El Ministerio de las Fuerzas Armadas Revolucionarias (MINFAR) desmintió y rechazó categóricamente una nota infundada del Departamento de Defensa de los Estados Unidos en la que se afirmaba que aviones cubanos habían disparado contra una embarcación camaronera norteamericana en aguas internacionales, al norte de Cuba. De esa forma el gobierno de los Estados Unidos pretendía justificar su larga y sistemática cadena de provocaciones y agresiones contra la soberanía cubana.

- La Junta de Jefes de Estados Mayores de las Fuerzas Armadas norteamericanas fue convocada para realizar un estudio de las acciones a emprender en caso de una sublevación en Cuba, con el objetivo de aprovechar a tiempo los efectos que pudiera causar sobre las fuerzas revolucionarias.

- La policía de Miami chocó con un grupo de elementos contrarrevolucionarios cubanos que promovían una riña y realizó varios arrestos. Los disturbios comenzaron cuando los contrarrevolucionarios atacaban a un grupo de personas, miembros de un llamado Comité de Acción No Violenta que se situó, portando cartelones, frente a la sede del titulado Consejo Revolucionario Cubano, que agrupaba a elementos de la contrarrevolución cubana radicada en Miami. Los manifestantes instaban al rechazo de una acción militar contra Cuba.

Febrero 22: Ruth Paine estableció contacto con el matrimonio Oswald, en Dallas, durante una visita realizada a la residencia de George De Mohrenschildt, un veterano agente de la CIA.

Febrero 23: Un destructor de la Armada norteamericana, el *Harold J. Ellison* (DD-864), protagonizó frente a La Boca de Guantánamo, en la costa sur de Oriente, un nuevo acto contra Cuba, al aproximarse provocadoramente a una embarcación de cabotaje cubana, la *Joven Amalia*, de 75 pies, la fotografió, se lanzó en forma deliberada contra ésta y le ocasionó averías serias en la banda de babor.

Febrero 26: El gobierno de Guatemala planteó ante la OEA la exigencia de una "acción colectiva" contra Cuba. El canciller de Guatemala, Jesús Unda Murillo, pidió la colaboración de todos los miembros de la OEA en los planes agresivos contra la Isla.

El senador demócrata, Hubert Humphrey, dijo que esperaba que el presidente John F. Kennedy diera a conocer detalles de la nueva campaña agresiva contra Cuba, el 18 de marzo, cuando se reuniera en San José, Costa Rica, con los representantes de las seis repúblicas centroamericanas.

Febrero 27: El presidente de Venezuela, Rómulo Betancourt, declaró que el problema inmediato en Latinoamérica era la "eliminación del gobierno revolucionario de Cuba, mientras que el subdesarrollo económico, el retraso cultural, los bajos salarios, la falta de tierras y la miseria en que la gente vive, es un problema a largo plazo y requerirá los esfuerzos coordinados de los Estados Unidos, los países europeos industrializados y de las propias naciones latinoamericanas".

Añadió que "los movimientos de liberación nacional tienen un solo centro de radiación, La Habana", aunque reconoció no disponer de pruebas concretas.

- En la toma de posesión del presidente dominicano, Juan Bosch, los presidentes de Costa Rica y Honduras propusieron la intervención de las Fuerzas Armadas norteamericanas en Cuba bajo la bandera de la OEA.

- Aproximadamente a las seis de la tarde, un soldado norteamericano que hacía posta en la frontera de la base naval de Guantánamo hizo siete disparos en dirección al territorio nacional. Uno de estos proyectiles estuvo a punto de hacer blanco en un centinela cubano y otro mató a una res.

Febrero 28: En un combate con fuerzas de Seguridad, en la región de Sumidero del río Caracusey, en el municipio de Trinidad, fue desarticulado el denominado Ejército de Liberación Nacional. Cayeron en el combate sus jefes principales, entre ellos, Tomás David Pérez Díaz ("Tomas San Gil") y Nilo Armando Saavedra Gil ("Mandy Florencia"), junto con trece bandidos más.

- Es detenido por el Departamento de Seguridad del Estado, cuando trataba de penetrar en una Embajada, el agente de la CIA, Manuel del Valle Caral, radista de la red de espionaje capturada en enero en la provincia de Oriente. Entre la documentación ocupada se encontró materiales de espionaje y correspondencia.

- A las once de la noche, dos grupos de *marines* norteamericanos, en visible estado de embriaguez, pusieron en peligro las vidas de las postas cubanas, al producir un intenso tiroteo sobre la zona que delimita la frontera con la base naval en Guantánamo,

Marzo: El grupo Rescate, de Alberto Cruz, estuvo a punto de envenenar al comandante Fidel Castro con una de las cápsulas enviadas por la CIA, cuando el dirigente acudió a la cafetería del hotel *Habana Libre* en el momento de encontrarse trabajando el dependiente Santos de la Caridad Pérez, uno de los complotados, quien tenía el encargo de colocar la cápsula en un batido de chocolate. El plan fracasó al romperse ésta dentro de la nevera donde se encontraba escondida.

- Un bloque de organizaciones contrarrevolucionarias, denominado Resistencia Cívica Anticomunista, dirigido por la CIA desde la base naval de

Guantánamo, planeó un levantamiento armado en todo el país, que sería iniciado con el asesinato de Fidel Castro en el acto que habría de efectuarse el 13 de marzo en la escalinata de la Universidad de La Habana. El proyecto fracasó al ser descubierto el complot. Fueron detenidos todos sus participantes, entre los que se encontraban sus dirigentes: Luis David Rodríguez, Ricardo Olmedo Moreno y Jorge Espino Escarlés.

■ Un grupo contrarrevolucionario denominado Ejércitos en Armas Unidos planeó disparar contra el comandante Fidel Castro desde un apartamento cercano al terreno de béisbol ubicado dentro de las instalaciones del Departamento de Seguridad del Estado. Fueron detenidos por ese hecho: Evelio Montejo Quintana, Francisco Amigó O'Farrill, y los hermanos Marcos y Delfín Martín González.

■ Silvia Odio, una exiliada cubana simpatizante del grupo Junta Revolucionaria en el Exilio (JURE), se establece en Dallas, Texas.

Marzo 1: El representante republicano por el estado de Illinois, *Don* Rumsfeld, propuso al presidente Kennedy que estudiara la posibilidad de impedir el tránsito por el Canal de Panamá a los barcos que comerciaran con Cuba.

■ El MINFAR informó que al norte de Oriente una embarcación pesquera del tipo *Omicron*, en viaje de regreso a puerto, había sido hostigada por tres destructores norteamericanos que navegaron cerca de ésta durante tres horas.

■ También en esa zona, dos embarcaciones pesqueras del tipo *Sigma* tuvieron que regresar a puerto sin poder realizar tareas de pesca, a causa del hostigamiento de dos destructores norteamericanos que amenazaban con apresarlas y que no lograron su propósito, por interponerse un mercante soviético entre éstos y los pesqueros.

■ Un destructor norteamericano trató de interrumpir la maniobra de un mercante soviético cuando éste iba a tomar práctico para entrar en el puerto de La Habana.

Marzo 4: Un grupo de *marines* norteamericanos, integrantes de las fuerzas de los Estados Unidos en la base naval en Guantánamo, ofendió a los centinelas cubanos con palabras obscenas. Uno de los *marines,* en estado de embriaguez, logró saltar la cerca del límite de la base y continuar con otras provocaciones.

Marzo 6: El presidente Kennedy confirmó que en la próxima reunión con los mandatarios centroamericanos en Costa Rica, se consideraría cuatro medidas contra Cuba.

1. Vigilancia estricta del movimiento de personas hacia y fuera del hemisferio, así como medidas a adoptar por cada uno de los países para verificar los detalles de dicho movimiento.

2. Restricciones al comercio con Cuba.

3. Rompimiento de las relaciones diplomáticas.

4. Aislamiento del comunismo en el hemisferio.

Kennedy insistió en que Cuba continuaba siendo un problema y que los Estados Unidos no permitirían que la Isla fuera una amenaza ofensiva militar.

Marzo 8: Cañoneado un buque de pesca soviético cuando laboraba en aguas internacionales, a 70 millas de la costa de los Estados Unidos. Un crucero del tipo *Boston* y un destructor del tipo *Franck* fueron los que dispararon.

Marzo 11: Juan Lucio Morales ("Juanín"), perteneciente al llamado Ejército de Liberación Nacional, fue detenido en la esquina de las calles 13 y 48, en la barriada de Almendares, La Habana.

■ Aviones y barcos de guerra norteamericanos provocaron varias veces a dos barcos soviéticos que viajaban entre Cuba y la Unión Soviética.

El buque *Almirante Nazímov* fue sobrevolado más de cincuenta veces por aviones de la Fuerza Aérea de los Estados Unidos a niveles peligrosamente bajos. Después, fue fotografiado por dos barcos de la Armada norteamericana, las unidades 779 y 400.

Otro buque soviético, el *Arjángels,* que iba hacia Cuba, experimentó un vuelo rasante de aviones norteamericanos y un helicóptero a la altura del mástil, y fue seguido luego por el destructor 779 a una distancia muy corta.

■ Cerca de un millar de miembros de la brigada mercenaria que invadió Cuba por Playa Girón, se incorporó al Ejército de los Estados Unidos.

Primer Trimestre: Otro proyecto homicida fue puesto en marcha por Desmond Fitzgerald. Éste consistía en depositar un caracol exótico preparado con una poderosa carga explosiva en la zona donde el comandante Fidel Castro acostumbraba a practicar la pesca submarina. El plan fracasó, al no poder ser colocado en el lugar previsto.

Marzo 12: El ex-vicepresidente Richard Nixon exhortó a que se estableciera "una cuarentena total y un bloqueo parcial" contra Cuba, que incluyeran la suspensión del suministro de petróleo por la Unión Soviética y demandó que el gobierno de los Estados Unidos suspendiera la ayuda extranjera a aquellos países que no estuviesen conformes con su política de agresión a Cuba.

Marzo 14: Proyectaron los Estados Unidos el establecimiento de una base de submarinos al nordeste de La Habana. La construirían cerca de Nassau, en las Islas Bahamas, a unos 300 kilómetros de las costas cubanas. El periódico *Daily Express* afirmó que los expertos militares norteamericanos deseaban realizar en la zona de Bahamas, cerca de las costas de Cuba, "experimentos de combates submarinos".

- Elementos contrarrevolucionarios provocaron un grave incidente al tratar de penetrar violentamente en la residencia del encargado de negocios de la Embajada de Uruguay en La Habana. En el tiroteo resultó muerto el contrarrevolucionario José Antonio Lazo y herido leve Obdulio Cruz Arocha, uno de sus acompañantes. Otros dos escaparon ilesos.

Marzo 15: El Ministerio de la Marina Mercante de Grecia informó que su gobierno prohibió transportar carga a Cuba a los buques que navegasen bajo su pabellón. Esta decisión fue tomada ante la presión ejercida por el gobierno de los Estados Unidos y pese a la oposición de los armadores y organizadores sindicales griegos.

Marzo 16: El general Heriberto Jara condenó la proposición del embajador norteamericano en la OEA, Delesseps Morrison, de suspender, por parte de México, el tráfico con Cuba y acusó al embajador de los Estados Unidos en Ciudad México de intervenir en los asuntos internos del país.

- La Subcomisión de Asuntos Interamericanos de la Cámara de Representantes demandó del presidente John F. Kennedy que intensificara sus presiones para lograr la ruptura de las relaciones diplomáticas con Cuba de los países latinoamericanos que las mantenían. Se trataba de México. Brasil, Uruguay, Bolivia y Chile, cuyos gobiernos habían reiterado su posición de respeto a los principios de no intervención y autodeterminación de los pueblos.

- Fueron juzgados en la Causa No. 3 de 1963, varios integrantes de la organización contrarrevolucionaria MRR, entre ellos Juan Falcón Zammar, Arturo Mugarra Pupo y otros, los que fueron acusados de delitos contra la Integridad y Estabilidad de la Nación, contra los Poderes del Estado y de Tenencia de Material Explosivo.

Marzo 17: Integrantes de las organizaciones contrarrevolucionarias Alpha 66 y Segundo Frente Nacional del Escambray dispararon sobre el carguero soviético *Lvov,* anclado en el puerto cubano de Isabela de Sagua.

Marzo 18: El senador por La Florida, George Smathers, propuso que se creara un gobierno contrarrevolucionario en el exilio que, después de ser reconocido por la OEA, podría recibir abiertamente ayuda militar y financiera, contra-bandear equipos para el clandestinaje cubano, detener barcos mercantes que llevasen artículos estratégicos a La Habana y crear una fuerza de liberación. Smathers declaró que el gobierno norteamericano "debe tratar de evitar un choque directo y llevar la lucha contra la Revolución Cubana a un conflicto entre latinos".

- El presidente norteamericano, John F. Kennedy, propuso crear un "muro" contra Cuba para impedir que el ejemplo de la Revolución Cubana cundiese en el continente americano. En un discurso que pronunció al inaugurarse una conferencia de presidentes, Kennedy confirmó que el propósito de la reunión estaba dirigido a analizar medidas contra Cuba.

Marzo 21: Dos correos diplomáticos cubanos, Juan Mulén Quirós y Enrique Valdés Morgado, perecieron cuando un avión boliviano *DC-6* de la compañía aérea *Lloyd,* se estrelló contra las faldas del volcán Tocora, en Perú. El avión fue saboteado por agentes del gobierno de los Estados Unidos, con la intención de ocupar los supuestos documentos subversivos y las armas que pensaban, llevaban los funcionarios cubanos.

El poeta chileno Pablo Neruda reveló que aviones norteamericanos en Panamá esperaban la noticia y volaron rápidamente al lugar de los sucesos, adonde llegaron antes que la patrulla de salvamento peruana e impidieron su acceso. El canciller peruano, general Luis Edgardo Llosa, declaró posteriormente que en los restos del avión no fueron encontrados documentos comprometedores ni armamento de ningún tipo.

Marzo 22: Aniquiladas simultáneamente en Matanzas tres bandas que habían cometido diversos actos contra la economía y la seguridad del Estado y algunos crímenes contra la población. Entre las bandas figuraban las de Juan José Catalá Coste, alias "Pichi", a quien la CIA había designado jefe de los contrarrevolucionarios en esa provincia, y quien resultó muerto. En el operativo combinado de las FAR y el DSE, cayeron también los cabecillas Luis León, alias "Leoncito", y Eulogio García Mirabal, alias "Roco".

Marzo 25: Un organismo especial constituido por agentes de la CIA, oficiales del Pentágono y del Departamento de Estado, se dedicaba a interferir el comercio internacional de Cuba con otros países.

Los agentes de ese organismo anticubano recorrían los puertos de los Estados Unidos, el puerto de Amberes y hasta algunos de Asia. Pertenecían a la Sección de Investigaciones del Departamento de Comercio Internacional del secretario de Comercio, Luther Hodge, y se denominaban "Detectives globales".

Los "agentes globales" ponían su mayor empeño en impedir que llegaran a Cuba piezas de repuesto para la industria y los alimentos para la población.

El escritor norteamericano Scott Nearing, autor de la conocida obra *La diplomacia del dólar,* denunció que el gobierno de los Estados Unidos proyectaba una nueva invasión al territorio de Cuba, mediante la utilización de tropas latinoamericanas. Esas declaraciones tuvieron lugar en un encuentro de solidaridad con Cuba que se celebraba en Niteroi, Brasil, y a la que también habían asistido representantes de Argentina, Chile, Perú y Uruguay.

Marzo 26: El contrarrevolucionario "Tony" Cuesta, que se había separado de Alpha 66 y fundado los Comandos L, atacó al buque soviético *Bakú,* cargado de azúcar cubana en el puerto de Caibarién. El barco recibió numerosos impactos de cañón de 20 milímetros y de ametralladoras calibres 30 y 50. Como consecuencia de la explosión de una mina magnética que le fue lanzada, se le produjo una grieta de 4 metros de largo por medio metro de ancho.

Alpha 66 continuaba realizando libremente colectas públicas, en diferentes ciudades norteamericanas, para recaudar fondos. Pese a que todas sus actividades eran conocidas, las autoridades norteamericanas no adoptaron medidas tendentes a dar por concluidas esas acciones que violaban las leyes internacionales.

- Antonio Veciana, jefe del grupo contrarrevolucionario Alpha 66, efectuó una conferencia de prensa para anunciar nuevos planes de agresión contra Cuba.

Marzo 27: El comandante Fidel Castro acusó a los Estados Unidos por el ataque pirata al buque mercante soviético *Bakú*.

Marzo 29: Fuerzas combinadas del MINFAR y el DSE capturaron a los integrantes de una banda, en la finca *Echevarría*, próxima a Santa Cruz del Norte, provincia de La Habana. Entre los detenidos se encontraba el criminal Lucas Carlos Gil Medina, alias "Barba de Oro", quien había perpetrado el asesinato del niño Leopoldo Martínez Rodríguez, el 9 de enero, de este año en la finca *Añil*, barrio de Río Blanco, en San Antonio de las Vegas, provincia de La Habana.

Abril: Fue desmantelado un grupo de la organización MRR que pretendía asesinar a Fidel Castro en un estadio de béisbol en la capital, mientras se desarrollaba el partido crucial entre los equipos locales. Los conspiradores estaban dirigidos por elementos del Servicio de Inteligencia Naval, desde la base norteamericana en Guantánamo. Fueron detenidos por ese hecho: Enrique Rodríguez Valdés, Esteban Ramos Kessell, Alfredo Egued Farah y Ricardo López Cabrera.

- Comenzó el entrenamiento de fuerzas especiales de exiliados cubanos organizadas por la CIA en Nueva Orleans. El destacamento se denominó Comandos Mambises y estaba al mando del ex-jefe de la aviación de la Brigada de Asalto 2506, Manuel Villafaña. Sus objetivos eran destruir, por medio de ataques en la profundidad del territorio cubano, industrias, refinerías de petróleo y plantas energéticas vitales del país, y también abastecer a las redes de agentes internos que preparaban una sublevación generalizada para finales de este año.

- Exfiltrado de Cuba hacia La Florida, el agente Esteban Márquez Novo, alias "Plácido", para recibir nuevas instrucciones. "Plácido" había ingresado ilegalmente por Pinar del Río, la provincia más occidental de Cuba, un año antes, y había organizado una estructura subversiva que llegó a contar con más de mil hombres, tres puntos de comunicación con la CIA y cientos de armas, así como también otros recursos. En esa ocasión, lo orientaron a apresurar los planes de sublevación con la organización Frente Unido Occidental, con la cual venía trabajando.

- McGeorge Bundy, asesor de Seguridad Nacional, entregó al grupo permanente del Consejo Nacional de Seguridad un memorándum sobre Cuba que ofrecía "posibles nuevas direcciones" para la política norteamericana, entre éstas, moverse "en dirección al desarrollo gradual de algún tipo de arreglo con Castro".

- La administración Kennedy reaccionó con la asignación de más aviones y lanchas a la Armada y la Aduana para patrullar las costas de La Florida y prevenir las incursiones continuas contra Cuba.

- El diario *The New York Times* informaba que "70 exiliados cubanos fuertemente armados que planeaban atacar un tanquero soviético fuera de Cuba, fueron capturados ayer por los británicos en un solitario islote de las Bahamas. La captura fue aparentemente el primer resultado de un acuerdo alcanzado la semana anterior entre Washington y Londres para cooperar y prevenir las incursiones por parte de los opositores al primer ministro Fidel Castro... En Miami los exiliados cubanos reaccionaron con una mezcla de cólera, desafío y tristeza..."

- Oswald escribió a V. T. Lee, *del Fair Play for Cuba Committee,* en Nueva York, y le solicitó literatura del Comité para Dallas. El FBI procedió a vigilar e interceptar la correspondencia del FPCC.

- Alpha 66 continuó expandiendo sus ramas en Miami, Nueva York, Chicago y Dallas y anunció que abriría una oficina en Los Ángeles.

- A finales del mes, Oswald se trasladó a Nueva Orleans.

- James Donovan y John Nolan, asistentes de Robert Kennedy, reanudaron sus relaciones con Cuba para obtener la liberación de veinticuatro norteamericanos detenidos por actividades de espionaje, entre ellos los que trataron de penetrar en las oficinas de la agencia de prensa china *Sinjua.* Un nuevo plan se ponía en marcha para asesinar a Fidel Castro, lucubrado por Desmond Fitzgerald, nuevo jefe de la fuerza SAS. Se trataba de utilizar a ambos funcionarios para que regalasen al líder cubano un traje de buzo embadurnado con un hongo que le produciría una enfermedad crónica en la piel, mientras que el equipo de oxígeno se regó con el bacilo de la tuberculosis. El plan fracasó, al negarse Donovan a realizar tal "regalo".

Abril 1: Raúl Ramos Ramos, conocido por "Meneno", y su banda, atacaron la unidad de la Policía en San José de los Ramos, provincia de Matanzas y les dieron muerte a dos policías.

Abril 2: Fue detenido un grupo de contrarrevolucionarios cubanos cuando desembarcaba en un cayo de la cadena de islas Exuma, a unos 300 kilómetros al norte de Cuba. La fragata británica *Londonderry* los condujo junto con la embarcación artillada que les fue ocupada, el *Violín III,* hasta la isla de Nassau, en las Bahamas. Entre los capturados se encontraba el norteamericano Jerry Buchanan, quien declaró que el barco capturado había salido de Miami.

El secretario colonial de Bahamas expresó que se impediría los ataques de contrarrevolucionarios cubanos contra Cuba desde territorios británicos.

Abril 3: El presidente Kennedy aprobó un nuevo grupo de operativos a ser efectuados por la CIA contra Cuba, a partir del 19 de junio. Los operativos atribuidos a los grupos de exiliados fueron planificados y conducidos mayoritariamente bajo la supervisión de la CIA.

Abril 4: Fueron liquidadas en Matanzas otras dos bandas contrar-revolucionarias. Resultaron muertos en la acción los cabecillas Orlando de Armas, alias "El Grande", y Felicito Martínez, alias "Sansón". Habían asesinado al campesino Vicente Santana Ortega, en la zona de Pedro Betancourt; incendiado casas y cometido atentados contra la propiedad del pueblo.

Abril 5: La televisión norteamericana transmitió un programa sobre uno de los campos de entrenamiento de contrarrevolucionarios cubanos que mantenía la Agencia Central de Inteligencia en La Florida, con el objetivo de combatir al gobierno de Cuba. Un día antes, el presidente norteamericano había afirmado que era enemigo de las acciones comando contra el gobierno cubano, pero que no podía impedir que tales acciones se realizaran, a causa de la gran longitud de las costas de la península de La Florida.

- Jerry Buchanan, uno de los tripulantes del barco *Violín III*, apresado por los británicos en aguas de las Islas Bahamas, confesó que se preparaban para atacar un barco soviético en aguas jurisdiccionales de Cuba y reconoció que su embarcación había participado en varias incursiones contra la Isla con el consentimiento de agencias del gobierno de los Estados Unidos.

- Los planes norteamericanos encaminados a tratar de aislar a Cuba continuaron desarrollándose en la Primera Conferencia Postal Panamericana, que se clausuró en Miami. Asistieron Costa Rica, Nicaragua, El Salvador, Honduras y Panamá. Estaba presente también E. F. Unruh, director de Correos de la Zona del Canal de Panamá, ocupada por los Estados Unidos. Cuba ya había denunciado ante la ONU, a principios de año, las maniobras de los Estados Unidos para lograr la exclusión de la Isla de la Organización Postal de las Américas y España.

- El Departamento de Defensa anunció que doscientos contrarrevolucionarios cubanos que habían sido reclutados por el Ejército desertaron del campamento de instrucción de Fort Benning, en los Estados Unidos. Las deserciones se registraron después de conocerse las medidas adoptadas por el presidente Kennedy, que restringían las actividades de los contrarrevolucionarios para evitar nuevos ataques piratas a buques mercantes soviéticos.

- En una reunión de ministros del Interior de América Central, se aprobó nuevas medidas agresivas contra Cuba, por medio de las cuales se trataría de impedir el movimiento de sus nacionales hacia y desde Cuba, mediante la colocación de un sello en los pasaportes en el que se hiciera constar la frase: "No es válido para viajar a Cuba". Se pidió a los gobiernos latinoamericanos que no autorizaran visados para viajar a la Isla. Otras medidas establecían la congelación de las transferencias de fondos; la persecución de supuestos contrabandos de armas; la implantación de medidas represivas "más efectivas" hacia los movimientos de liberación nacional; la mejor vigilancia de las costas, y la creación de una agencia de espionaje para intercambiar informaciones sobre las personas que integraran los movimientos de liberación antes citados.

Abril 7: Las organizaciones de elementos contrarrevolucionarios cubanos en los Estados Unidos recibieron un duro golpe al perder un importante vínculo "de abastecimiento por vía aérea" con el interior de Cuba, a causa del descubrimiento y la denuncia de una pista secreta en una pequeña isla bajo la dominación británica. Esta situación afectaba significativamente a las bandas contrarrevolucionarias que accionaban en Cuba.

- El senador norteamericano Barry Goldwater, republicano por el estado de Arizona, instó al gobierno de los Estados Unidos a hacerse cargo de una nueva invasión a Cuba con el apoyo de la OEA. Pidió además que se reconociera cuanto golpe militar se produjera en América Latina. "Los militares en esos países son en extremo anticomunistas", señaló Goldwater en aquella ocasión.

Abril 8: Oswald es despedido de la *Jaggers-Chiles-Stowall* y le anuncia a su esposa que marcha a Nueva Orleans a buscar trabajo. Se muda con su tío, Charles Murret, un corredor de apuestas vinculado a la familia mafiosa de Carlo Marcello.

Abril 18: José Miró Cardona acusó al presidente Kennedy por no cumplir con su promesa de enviar a Cuba una nueva invasión, renunció a la presidencia del Consejo Revolucionario Cubano y denunció al gobierno de los Estados Unidos por no haber cumplido con sus promesas de ayudar a la causa anticomunista y haber sido impreciso en su política hacia Cuba.

Abril 20: En un esfuerzo desesperado por lograr el favor de la Casa Blanca, el contrarrevolucionario cubano Manuel Antonio de Varona, aspirante a sustituir a José Miró Cardona en la presidencia del Consejo Revolucionario Cubano, desmintió la acusación contra Kennedy formulada por el dimitente Miró Cardona. De Varona indicó que entre sus actividades futuras figuraría la de tratar de unificar a las decenas de facciones contrarrevolucionarias, a fin de lograr "nuestro objetivo principal que es la invasión a Cuba". Dijo que en esa tarea "necesitamos la ayuda de los Estados Unidos".

- Los Estados Unidos enviarían la semana siguiente dos mil infantes de Marina a "entrenarse" en la zona del Mar Caribe, lo cual fue informado por el alto mando de esa fuerza. Según el anuncio oficial, se trasladarían hacia los mares próximos a Cuba en cinco barcos de la Flota del Atlántico y su período de entrenamiento duraría tres meses, con el objetivo de mantener su eficiencia.

Abril 21: Bundy entregó al grupo permanente del Consejo Nacional de Seguridad un memorándum titulado "Alternativas sobre Cuba", que discutía "nuevas posibles direcciones para la política norteamericana hacia Cuba".

Abril 24: El presidente Kennedy declaró que no era partidario de "un gobierno de Cuba en el exilio"; sin embargo, afirmó que se había discutido algunas medidas "más decisivas" contra la Revolución Cubana como resultado de la reunión de Costa Rica. Añadió que en breve se presentaría a la OEA una serie de proposiciones para aumentar las presiones contra Cuba.

Abril 25: Un avión que procedía de los Estados Unidos atacó la refinería "Ñico López", en la provincia de La Habana y lanzó una bomba de cien libras y varias cargas de *napalm* que no estallaron. La aeronave huyó en la misma dirección. El ataque formaba parte de una ofensiva que, con el uso de estos medios, había llevado a cabo más de diez bombardeos a objetivos industriales o sociales.

Abril 27: Un capitán de la Infantería de Marina de los Estados Unidos fue identificado como el asesino del obrero cubano Rubén López Sabariego, en la base naval de Guantánamo. Un artículo del periodista *Jack* Anderson aseguraba que el capitán Arthur J. Jackson, "condecorado con medalla de honor en la Segunda Guerra Mundial", había sido el responsable del asesinato.

Anderson dijo que el capitán Jackson actuó "en defensa propia pero fue obligado a dejar el servicio junto con otros tres oficiales de la Infantería de Marina y el asunto fue silenciado para evitar complicaciones internacionales". Anderson hizo esas revelaciones en la columna de Drew Pearson, que aparecía diariamente en varios periódicos de los Estados Unidos.

Mayo: Se constituyó en Miami la Junta de Gobierno Cubana en el Exilio, una organización patrocinada por la CIA y el Sindicato del Juego, dirigida por Carlos Prío, Paulino Sierra y Felipe Rivero. Integró a los grupos más extremistas del exilio, entre éstos al DRE, Alpha 66, Comandos L, MIRR y 30 de Noviembre. En conocimiento de los planes de invasión, se proponían realizar su propia guerra, lanzando operativos comandos contra objetivos en Cuba, y asesinar a Fidel Castro.

Sus miembros percibieron que la administración Kennedy los había traicionado y que los entrenamientos en Centroamérica no tenían el propósito de agredir realmente a Cuba. En viajes que realizaron a Nicaragua y la República Dominicana, coordinaron sus planes con Artime y Williams. Una de sus células más importantes radicó en Nueva Orleans y fue la que probablemente participó en el asesinato de Kennedy, cuando éste se convirtió en obstáculo insalvable para sus planes.

- Un grupo contrarrevolucionario denominado Frente Anticomunista Revolucionario Interno, dirigido desde los Estados Unidos, planeó atentar contra Fidel Castro en los actos por el Primero de Mayo en la Plaza de la Revolución. Paralelamente efectuaría diversas acciones de sabotaje en el acueducto de La Habana, en la subplanta eléctrica de El Naranjito, en el cine *La Rampa* y en otras instalaciones de servicios públicos. Fueron detenidos: Pedro Hernández Álvarez, Enrique González, Francisco Cepero Capiró e Indalecio Ferreiro Varela.

- Orlando Bosch, terrorista, líder del MIRR y uno de los dirigentes de la Junta de Gobierno Cubana en el Exilio, lanzó una proclama denominada "La Tragedia de Cuba", donde se acusaba al presidente Kennedy de haber traicionado la causa de la "liberación cubana".

- Fue capturada la banda de Orlando de Armas Hernández, alias "El Grande", en la zona comprendida entre Cárdenas, Carlos Rojas y Máximo Gómez, en la provincia de Matanzas. Resultaron muertos ocho bandidos.

- La Oficina de Estimados Nacionales de la CIA recibió la tarea del Grupo Permanente de calcular los posibles sucesos en Cuba "si Castro falleciera".

- Se discutió en el Grupo Permanente el estimado de la CIA titulado "Acontecimientos en Cuba y posibles acciones estadounidenses en caso de la muerte de Castro". Este documento concluyó que lo más probable sería que "(...) su hermano Raúl u otra persona del régimen se haría cargo de la situación, con el apoyo y la ayuda soviética. Si Castro falleciera por otras causas, que no fueran naturales, Estados Unidos sería acusado ampliamente de complicidad, aunque es bien conocido que Castro tiene muchos enemigos".

- El Grupo Permanente decidió que "todos los cursos de acción eran extraordinariamente poco prometedores".

- Capturado Ramón Montenegro Sánchez, alias "Monte", junto con su banda, cuando pretendían abandonar el país por la zona de Chapelín, Varadero, en la provincia de Matanzas.

- Después de hacer los arreglos por medio del coronel *Sam* Kail, uno de los contactos de Veciana con Phillips en La Habana, George De Mohrenschildt trajo a su compañero de negocios, el haitiano Clement Charles, a una reunión con un oficial del *staff* de la CIA en Washington, antes de partir para Haití.

- En *Jones Printing Company*, próxima a *Reily Coffee*, Oswald ordenó un millar de volantes que decían "Manos fuera de Cuba. Ingrese en el *Fair Play for Cuba Committee, New Orleans Charter Member Branch.*" En algunos de los volantes se encontraba estampada la dirección "544 Camp Street."

- Entraron clandestinamente al país los agentes de la CIA, Adolfo Borges y "Neno" Aday, por el desembarcadero de Mayorquín y Picadillo, en Rancho Veloz, provincia de Las Villas. El objetivo de los agentes era establecer una red de espionaje en la zona y definir lugares para infiltraciones y exfiltraciones de elementos contrarrevolucionarios y también para el enterramiento de explosivos y armas.

Mayo 4: Fueron detenidos y procesados varios elementos de la organización contrarrevolucionaria Directorio Revolucionario Estudiantil (DRE), en la Causa No. 300 de 1963. Entre ellos se encontraban Hans Gengler Ebner, Rafael Suárez González y Mario Pedraza Martí, a los que se les ocupó armas y explosivos en grandes cantidades. Los encartados, bajo la dirección de Hans Gengler Ebner, al cual la CIA le había entregado una fuerte suma de dinero, planearon un asalto para destruir la refinería "Ñico López".

■ Los muebles y los equipos de oficina del Consejo Revolucionario Cubano fueron retirados por la oficina del Departamento de Estado para la coordinación de las actividades cubanas. Al mismo tiempo, se informó que los miembros de esa agrupación contrarrevolucionaria no recibirían más la contribución económica que el gobierno de los Estados Unidos — por medio de la CIA — les tenía asignada anualmente y que ascendía a dos millones cuatrocientos mil dólares. Quedaban así suspendidas las relaciones del gobierno norteamericano con esa agrupación contrar-revolucionaria cubana.

Mayo 7: Compareció ante las cámaras de la televisión nacional el detenido contrarrevolucionario Emilio Víctor Llufrio Bofill. En esa ocasión reveló todas las acciones llevadas a cabo por su organización y los planes en proyecto. Llufrio Bofill era el coordinador nacional de la organización Triple A, dirigida por la CIA y encabezada en el exterior por Aureliano Sánchez Arango.

Explicó que pretendían crear un clima que justificara una agresión desde el exterior, y añadió que al principio recibieron ayuda suficiente, pero que en virtud de un cambio de política del gobierno norteamericano en relación con la contrarrevolución, esa ayuda había disminuido notablemente.

Mayo 10: Oswald consiguió empleo en la compañía cafetera de William B. Reily, un acaudalado defensor de los grupos anticastristas y le escribió nuevamente a V. T. Lee, del *Fair Play for Cuba Committee*, donde expresaba el deseo de abrir una oficina en Nueva Orleans.

Mayo 11: En un registro efectuado por el DSE en el domicilio de Mercedes Romero Sánchez, en la ciudad de La Habana, vínculo del cabecilla contrar-revolucionario Luis David Rodríguez, dirigente de la RCA, fueron ocupados una gran cantidad de armas y un fusil con mira telescópica, oculto tras una pared falsa que se había construido en la cocina.

Mayo 14: Los Estados Unidos lograron concluir el acuerdo para el establecimiento de una base de submarinos en la isla Andros, en el archipiélago de las Bahamas, al norte de Cuba. En las negociaciones intervinieron los gobiernos de los Estados Unidos, Gran Bretaña y Bahamas.

Mayo 15: Catorce barcos con banderas de varios países fueron incluidos en una "lista negra", en represalia por los viajes que realizaron a Cuba después del primero de enero último.

- Resultó muerto el cabecilla contrarrevolucionario Pedro Sánchez Rodríguez, alias "Perico", cuando intentaba escapar de agentes del DSE que se disponían a detenerlo en la casa donde se ocultaba, en Güira de Melena. Tres de sus colaboradores fueron capturados en la acción. Sánchez Rodríguez actuaba con su banda en la provincia de Matanzas, especialmente en Jagüey Grande y en la Ciénaga de Zapata, donde llevaron a cabo numerosos crímenes.

- Durante el mes de abril, fueron muertos o capturados otros integrantes de la banda, cuando unidades de las FAR y del DSE iniciaron su persecución.

Mayo 18: Delio Almeida Martínez, quien había asesinado a dos obreros agrícolas y milicianos, fue capturado junto a cuatro miembros de su banda por fuerzas combinadas del Departamento de Seguridad del Estado y el Ejército Rebelde, en la finca "Mercedes" en Calimete, provincia de Matanzas.

Entre sus crímenes se cuentan el de Pedro Sotolongo Noda y su hijo, cometidos el primero de febrero de ese año en la finca "Domitila", en el poblado de Amarillas.

Poco antes, el grupo de Delio Almeida había asesinado al campesino Víctor Martínez Varela, mientras sus miembros asaltaban una tienda del pueblo en la granja "Pablo de la Torriente Brau", en el municipio de Colón, de la misma provincia. A mediados de 1962, este asesino había ultimado al granjero Román Sánchez, responsable de Orden Público en la granja del pueblo "Rubén Martínez Villena", ubicada en Manguito, provincia de Matanzas.

Mayo 19: Una lancha pirata procedente de los Estados Unidos hizo fuego de ametralladora en dirección a La Boca, en el río Tarará, a unos quince kilómetros al este de La Habana. Al ser repelida la agresión, la embarcación emprendió la fuga.

Mayo 22: Tripulantes de un *jeep* norteamericano atacaron a pedradas a un camión de las tropas cubanas mientras se efectuaba el relevo de la guardia en la frontera con la base naval en Guantánamo.

Mayo 23: Carlos Lechuga denunció las ofensas de la OEA contra Cuba. Calificó de "calumnioso" y "lleno de odio" hacía la Rrevolución Cubana al informe que la Comisión de Derechos Humanos rindió ante el Consejo de la Organización, en el cual se planteaba supuestas violaciones de los derechos humanos con los prisioneros contrarrevolucionarios. Esto ocurría en los propios instantes en que los Estados Unidos habían escandalizado al mundo con los sucesos de Birmingham, Alabama, cuando prisioneros políticos habían sido golpeados brutalmente por la policía, la que se había enfrentado a los manifestantes con perros adiestrados para reprimir.

Mayo 26: El MINFAR dio a conocer un ataque criminal realizado por un avión de la Armada norteamericana que abrió fuego con ametralladoras de grueso calibre sobre Cayo Francés, Varadero, provincia de Matanzas, y puso en peligro las vidas de obreros cubanos y soviéticos que trabajaban en la búsqueda de petróleo.

Junio: Según investigadores norteamericanos, se dio comienzo a la "Operación Cruz Roja", cuya finalidad era el secuestro de dos coroneles soviéticos en Cuba, para que denunciasen la presencia de misiles en la Isla, operativo que fue planificado por los grupos Alpha 66 y Comandos L, así como por la Estación de la CIA en Miami, JM/WAVE, la revista *Life* y el ex-embajador William Pawley. Tuvo como dirigente a Eduardo Pérez, alias "Bayo", quien pereció al naufragar su grupo, cuando se dirigía hacia costas cubanas.

- Se inició la cadena de sucesos que condujo al fracaso del lago Pontchartrain, Nueva Orleans, al informar un confidente al FBI que "un grupo de exiliados cubanos tenía un plan para bombardear la refinería *Shell* en Cuba". Al día siguiente, un grupo de agentes de la Aduana llegó a un campo de aterrizaje abandonado al sur de Miami, precisamente en el momento en que se iba a cargar un avión bimotor con bombas de trescientas libras y varios galones de *napalm*.

- Un grupo contrarrevolucionario denominado Movimiento Revolucionario del Pueblo planeó atentar contra la vida de Fidel Castro y efectuar, al mismo tiempo, acciones de sabotaje y subversión. Fueron detenidos: Carlos García Vázquez, Mariano Fernández Suárez, Pedro Julio Espinoza Martínez, Julio Hernández, José A. Marrero Frank, Horacio Arquímedes Ocumares Leyva y Armando Cueto Constantino. Se ocupó barras del explosivo *C-3*, niples, una ametralladora calibre 45, granadas de fragmentación y varias pistolas.

- El Grupo Permanente del Consejo Nacional de Seguridad estuvo de acuerdo en que sería un empeño útil "tantear varias posibilidades de establecer canales de comunicación con Castro".

- Oswald fue visto en la oficina de Guy Banister por la secretaria de éste, Delphine Roberts.

- John Rosselli, el hombre de la Mafia para los asuntos cubanos, cenó con William Harvey, ex-jefe de la fuerza de la CIA contra Cuba.

- Oswald solicitó en Nueva Orleans un nuevo pasaporte, que recibiría al día siguiente.

Junio 3: Contrarrevolucionarios cubanos que recibieron entrenamiento en Fort Jackson y participantes en la invasión por Playa Girón se integraron para "convencer" a los jóvenes exiliados cubanos que se resistían a incorporarse a las actividades contra la Revolución Cubana. Un vocero de estos grupos manifestó en aquella ocasión: "actuaremos especialmente contra los jóvenes que, estando en edad militar, no se incorporen a nuestras filas o a las del Ejército norteamericano".

Junio 4: La banda de Pedro González Sánchez asesinó a Manuel Acosta Mederos, un campesino de 78 años de edad, y a su hijo adoptivo, Manuel Rodríguez Pino, en la finca "Maizal de Vila", barrio San Pedro, municipio de Trinidad. Al hijo se le encontró alrededor de cuarenta impactos de bala en el cuerpo y al anciano otros tantos.

El presidente Kennedy ordenó a los embajadores norteamericanos en Gran Bretaña, Grecia y otras naciones occidentales, que hicieran saber a sus gobiernos respectivos el "desagrado" de los Estados Unidos ante el hecho de que buques de esos países transportaran mercancías a Cuba.

Catorce buques de otros países —incluyendo uno danés— fueron incluidos en la "lista negra" de los Estados Unidos, por lo que no podrían tomar cargamentos financiados por el gobierno norteamericano. Sumaban ya noventa y siete los mercantes boicoteados.

La administración Kennedy presionó al gobierno de Chile para que rompiese relaciones con Cuba. Lo amenazaba con represalias económicas para que apoyara sus planes contra la Isla, que incluían -entre otras- las medidas siguientes:

> 1. Colocar en los pasaportes diplomáticos un cuño con la inscripción de "No es válido para visitar a Cuba".
>
> 2. Obligación de todo pasajero con interés en visitar a Cuba, de obtener un permiso oficial.

Junio 11: En referencia al cerco político contra la Revolución Cubana el fiscal general, Robert Kennedy, declaró: "Vamos a esforzarnos por aislar a Cuba económica y políticamente."

Junio 17: En un operativo, en la zona de Cuyují, en Palmarito, Trinidad, contra la banda de Pedro González Sánchez, resultó muerto su segundo jefe, Efraín Peña Peña.

Junio 19: Después de una reunión del Grupo Especial, el presidente Kennedy aprobó un nuevo programa de sabotajes contra Cuba que tenía el objetivo de "nutrir un espíritu de resistencia y desafección que pudiera conducir a significativas defecciones y otros desórdenes".

Junio 21: El gobierno norteamericano objetó al de Gran Bretaña en el uso de los tanques del campamento Atkinson, para almacenar el petróleo enviado para Cuba. En círculos oficiales de la Guayana Británica fue considerada la objeción norteamericana como una excusa para interferir en los asuntos internos del país. Las empresas norteamericanas se negaron a suministrar petróleo a la Guayana Británica, con el fin de agravar su situación.

■ El embajador norteamericano ante la OEA, Delesseps Morrison, amenazó con una intervención armada en Cuba, por parte de la Organización de Estados Americanos, en caso de producirse una supuesta "provocación cubana". Morrison dijo que sería necesario contar con "algún caso concreto de provocación" para "invocar el Tratado de Río de Janeiro y usar las armas contra Cuba".

Junio 24: Los Estados Unidos intentaron boicotear el Séptimo Congreso Internacional de Arquitectos, que se celebraría en La Habana del 29 de septiembre al 3 de octubre.

El gobierno norteamericano trató de frustrar el evento más importante a celebrarse en Cuba después del triunfo de la Revolución, y presionó al Comité Mundial de la Unión Internacional de Arquitectos (UIA) para que Cuba no fuera sede del cónclave.

Junio 26: Cincuenta y nueve estudiantes norteamericanos que decidieron viajar a Cuba, fueron amenazados por el Departamento de Estado de los Estados Unidos con ser encarcelados a su regreso. Las autoridades norte-americanas anunciaron que se les podría imponer una multa de cinco mil dólares y cinco años de prisión.

Junio-Julio: Operativos realizados por fuerzas de Seguridad propinaron fuertes golpes a las estructuras clandestinas de la CIA dentro de Cuba. Varias de las organizaciones contrarrevolucionarias más importantes, tales como MRR, RCA, AAA, ELN, Agrupación Montecristi y otras, fueron práctica-mente aniquiladas, así como también varias de las formaciones armadas que se mantenían en las montañas de El Escambray, en el centro del país, fueron desmanteladas por acciones de las Fuerzas Armadas Revolucionarias.

Junio-Julio: El grupo terrorista Alpha 66 organizó una base de entrena-mientos en la República Dominicana con el propósito de preparar una expedición e infiltrar a sus hombres en las montañas de la provincia de Oriente. Sus planes estaban enfocados a organizar la lucha de guerrillas en esa localidad para contar con un territorio bajo control, cuando los invasores que se preparaban en Nicaragua desembarcasen en la Isla.

■ Un proyecto para desestabilizar la economía cubana había sido puesto en marcha. Mario García Kohly, un dirigente contrarrevolucionario, y un agente de la CIA, Robert Morrow, se proponían falsificar grandes cantidades de dinero cubano e introducirlas en la Isla, para lo cual recibieron trescientos veinte mil dólares de la CIA.

Julio: El bandido conocido por "La Pitiblanca" asesinó al miliciano Argelio Rodríguez Castellón en la finca "Carolina".

■ Oswald fue despedido de su empleo en la *Reily Coffee*.

- "Nano Pérez", junto con doce miembros de su banda, fue capturado en la zona de Santo Domingo, provincia de Las Villas.

- Un grupo contrarrevolucionario del denominado Movimiento de Liberación Nacional preparó una emboscada para asesinar a Fidel Castro en ocasión de visitar el dirigente una residencia capitalina, lugar donde lo esperaban numerosos combatientes del asalto al cuartel Moncada para un pequeño acto por esa efemérides. Fueron detenidos: Enrique Falcón Beltrán, Ramón Soria Licea, Eliecer Senra Ramírez y Antonio Senra Lugueira.

- Se lleva cabo la "Operación Rafael", un proyecto auspiciado por la CIA para asesinar a Fidel Castro en el acto de conmemoración del 26 de Julio en la Plaza de la Revolución. A esos efectos, la CIA envió a los complotados un fusil con mira telescópica y silenciador. Participaron Mario Salabarría y los agentes de la Inteligencia norteamericana Alberto Cruz Caso y Arturo Varona. El plan se frustró a causa de las medidas de seguridad tomadas en el lugar.

- Un grupo del denominado Movimiento de Recuperación Revolucionaria planeó asesinar al primer ministro cubano en ocasión de las festividades por el 26 de Julio en la Plaza de la Revolución. El plan consistía en disparar con un mortero de 81 milímetros contra la tribuna presidencial desde el patio de una casa colindante. Fueron detenidos Luis Montes de Oca y Braulio Roque Arosamena.

- En un despacho de prensa se daba a conocer que "oficiales de Estados Unidos entrenan exiliados cubanos para una invasión a Cuba. En Nicaragua se crean bases para tropas y fuerzas blindadas. Las tropas y blindados norteamericanos están llegando procedentes de las bases en Panamá, cuyo jefe, el general O'Meara, arribará el 2 de agosto a Nicaragua".

- Un grupo de cubanos exiliados llegó a Nueva Orleans desde Miami e ingresó en un campo de entrenamiento en las inmediaciones del lago Pontchartrain. Eran miembros de la Brigada Anticomunista, de Frank Sturgis y Patrick Gerry Hemmings. El informe de la Comisión Church diría años más tarde: " 'A', amigo de toda la vida de AM/LASH, había ayudado a obtener explosivos para el campamento..." "A" fue el criptónimo utilizado por la Comisión Church para ocultar el nombre del cubano Víctor Hernández Espinosa, quien obtuvo los explosivos de Rich Lauchli. Durante la investigación del juez Jim Garrison fueron recibidos informes de que Oswald y David Ferrie fueron vistos en ese campamento.

- Un grupo de contrarrevolucionarios cubanos intentó dinamitar a los mercantes cubanos *Oriente, Las Villas* y *Bahía de Siguanea*, anclados en Veracruz, México. Los buques cargaban mercancías con destino a Cuba. Fueron detenidos: Carlos Fernández Trujillo, representante en México del Consejo Revolucionario Cubano, José María Toral, Agustín Santana González, Carlos Samá Rabelo y Alejandro del Valle Suero, de la propia organización.

- Funcionarios del Departamento de Estado indicaron que se cancelaría los pasaportes a los estudiantes norteamericanos que viajaron a Cuba pese a las amenazas oficiales de que a su regreso serían condenados.

Julio 3: El periodista Robert Taber, ex-secretario del Comité Pro Trato Justo para Cuba, declaró que los senadores Thomas J. Dodd y James O. Eastland, del Subcomité de Seguridad Interna del Senado, continuaban la persecución contra su persona y trataban de atemorizar a los miembros y simpatizantes del Comité, una organización integrada por intelectuales, profesionales, sacerdotes y otros ciudadanos norteamericanos y personalidades distinguidas, como Jean-Paul Sartre, Simone de Beauvoir y Kenneth Tyning.

Julio 4: La crisis dentro del Consejo Revolucionario Cubano alcanzó el clímax cuando otros dieciséis "dirigentes" determinaron separarse de esa organización. Estos individuos formaban parte de la organización Rescate Democrático Revolucionario.

Julio 6: Capturado el bandido Pedro León Hernández, alias "Perico", en la zona de Manacal. Se había alzado desde 1960 y era el guía de la banda de Osvaldo Ramírez.

Julio 8: Los Estados Unidos prohibieron todas las operaciones financieras con Cuba y congelaron sus activos en los bancos norteamericanos por una suma de varios millones de dólares, con el fin de intensificar el aislamiento económico de los cubanos.

■ Sumaban en esta fecha ciento veinteiocho los barcos de países occidentales incluidos en la "lista negra" norteamericana.

Julio 12: El Ministerio de Relaciones Exteriores de Cuba desmintió categóricamente que los pasajeros transportados por la Compañía Cubana de Aviación hacia la Isla Gran Caimán, posesión británica, fueran agentes subversivos, como había difundido el gobierno de los Estados Unidos.

Julio 17: Fueron ocupados armas, materiales de escritura secreta, dinero, etc., así como instrucciones de la Agencia Central de Inteligencia dirigidas a organizar redes de espionaje militar y sabotajes contra la economía cubana.

Julio 18: Se anunció en Miami que cuatrocientos cubanos enrolados en el Ejército norteamericano iniciarían una agresión militar contra Cuba desde una base en Nicaragua. Carlos Alberto Montaner dijo haberse entrevistado con el ex-presidente Luis Somoza para precisar el plan. Manuel Artime, por su parte, manifestó que Nicaragua tendría un lugar importante en el nuevo programa de invasión a Cuba.

Julio 19: Una subcomisión republicana de la Cámara de Representantes demandó del gobierno de Kennedy medidas represivas mayores en el bloqueo ilegal a Cuba. Argumentó que Kennedy "ignora" las restricciones que establece la ley sobre la ayuda al extranjero. Según la ley, los Estados Unidos deben "suspender toda ayuda a los países cuyos barcos transporten petróleo y cualquier otro material estratégico o militar a Cuba".

Julio 21: Una fuente no identificada indicó que el contrarrevolucionario cubano Manuel Artime estaba alojado en la residencia del ex-presidente Luis Somoza en las afueras de Managua, donde se estaba celebrando reuniones de consulta, a las que asistía el presidente de la República, René Schick, el jefe de la Guardia Nacional, Anastasio Somoza, hijo, y el cónsul de Nicaragua en Miami, Allegrett.

Julio 22: Es capturado un *team* cuando trataba de infiltrarse por costas cubanas. Entre los involucrados estaban Rolando Matheu Paz, y los hermanos Manuel y Francisco Marrero Castillo.

Julio 25: El gobierno de los Estados Unidos intentó una nueva medida ilegal de hostigamiento, provocación y agresión contra Cuba. Ésta consistió en la aplicación de un cuño especial de identificación a los billetes norteamericanos de curso legal en la base baval de Guantánamo, a fin de que éstos sólo tuvieran validez dentro de la propia base o en los Estados Unidos.

Con esto, trataban de crear un nuevo foco de tensión con los ciudadanos cubanos que trabajaban en dicha base y eran remunerados en dólares, con los cuales satisfacían sus gastos dentro del territorio nacional de Cuba.

Julio 30: Cuatro miembros de una red de espionaje fueron sancionados: Ángel Paleo Nieto, jefe de la red, José Manuel Rodríguez Suárez, Raciel Royer Sarriegui y Enrique García Palomino, quienes se dedicaban a enviar informaciones militares, políticas y económicas a la CIA.

Asimismo, fueron condenados a veinte años de prisión Manuel Álvarez Fanego, Luis Prieto Fernández e Ignacio Madruga Alonso, y a doce años, Manuel Álvarez Pita.

Julio 31: El FBI ocupó más de una tonelada de dinamita, cajas de bombas y *napalm* en una casa situada en los alrededores del lago Pontchartrain, próximo a Nueva Orleans, muy cerca del campamento de Frank Sturgis. El inmueble era propiedad de William McLaney, un ex-operador de juego en La Habana y conocido "anticastrista".

Julio-Septiembre: Un proyecto homicida fue fraguado en territorio de los Estados Unidos por el terrorista cubano Orlando Bosch y el mafioso *Mike* McLaney, el cual consistía en bombardear la residencia del comandante Fidel Castro en la localidad de Cojímar, al este de la capital. El plan fracasó al ser ocupadas las bombas en un operativo realizado por el FBI, que detuvo a los sospechosos. Por gestiones de la CIA, los detenidos fueron puestos en libertad posteriormente.

Agosto: Un plan de alzamiento de grupos contrarrevolucionarios pertenecientes al denominado Bloque de Resistencia Cívica fue abortado. El proyecto incluía un atentado contra el primer ministro Fidel Castro, para el cual contaban con varias armas de precisión que fueron ocupadas. Se detuvo por esos hechos a Palmiro Bartolomé Santiago, Miguel Argueo Gallastegui Zayas, Gilberto Amat Rodríguez, Héctor Ballester Fernández, Honorio Torres Perdomo y otros.

- Lee Harvey Oswald fue registrado por el *House Unamerican Activities Committee* como secretario del *Fair Play for Cuba Committee* en Nueva Orleans.

- Oswald se presentó en la tienda de Carlos Bringuier y le expresó su disposición de entrenar a los exiliados cubanos de su grupo.

- Oswald emite señales de querer regresar a la Unión Soviética. Marina, su esposa, escribió a la Embajada de ese país en Washington e indagó por su solicitud de permiso para regresar, enviada desde febrero. Ella ya había escrito y planteaba que Oswald expresaba un deseo sincero de regresar.

- Rolando Cubela, el agente AM/LASH, viajó a Brasil primeramente y después a Francia, donde fue entrevistado por la CIA, ocasión en la que se ultimó detalles para un proyecto de asesinato a Fidel Castro y un golpe militar dentro de Cuba. Este plan estaba en la línea que dirigía el SAS (Servicio de Asuntos Especiales de la CIA), para lograr un clima interno dentro de Cuba que facilitara la invasión que se preparaba. Al año siguiente, la CIA enlazaría a Cubela con Artime para que ambos conjugaran sus planes.

Fines de agosto: Seis personas declararon posteriormente haber visto a Oswald en la ciudad de Clinton, Louisiana, en compañía de David Ferrie y Clay Shaw, en una actividad del Congreso por la Igualdad Racial.

Agosto 1: Kennedy amenazó a los estudiantes que viajaron a Cuba. Dijo que debían ser castigados para que tuvieran alguna preocupación por la "seguridad y los intereses de la política exterior de Estados Unidos". Alegó que "algunos de los dirigentes del grupo parecen ser definitivamente comunistas".

- Miner de la Torre Martínez, alias "Gallego", fue capturado con su banda en la zona de Loma Blanca, Cascajal, provincia de Las Villas, tras un operativo llevado a cabo por las fuerzas de Seguridad.

Agosto 3: Se denunció planes de la CIA para atacar a Cuba. Según el diario *The Washington Post*, el gobierno norteamericano "ahora, cuando prácticamente no se puede hablar ya de invasión, encauza todos los esfuerzos hacia las operaciones clandestinas que consisten en enviar de contrabando a Cuba dinero, armas y otros pertrechos".

- En Miami, más de mil cubanos y norteamericanos estaban recibiendo abiertamente instrucción militar —ejercicios de tiro, caminatas entre la jungla subtropical y sobrevivencia— con vistas a una agresión a Cuba. Habían sido agrupados en un batallón llamado "Antonio Maceo". Para los entrenamientos disponían del polígono del Club de Tiro de la Dirección de Policía de Miami.

Las maniobras de combate se realizaban a campo abierto, en las afueras de la ciudad. El batallón estaba al mando del oficial norteamericano Donald Miller y contaba con la protección de la CIA, el FBI y el Departamento de Estado de los Estados Unidos.

Agosto 9: Oswald sostuvo un altercado público con Carlos Bringuier y varios exiliados más, cuando fue sorprendido mientras repartía propaganda del *Fair Play for Cuba Committee*, muy cerca de la tienda de aquél. La policía intervino y los detuvo a todos.

Agosto 14: El MINFAR informó que "unidades de la Marina de Guerra Revolucionaria dieron alcance y recuperaron dos barcos pesqueros cubanos en las proximidades de Cayo Anguila, que habían sido sustraídos por elementos contrarrevolucionarios. Los asaltantes fueron capturados. Entre ellos se encontraban cuatro miembros de organizaciones contrarrevolucionarias radicadas en Miami, que habían sido introducidos clandestinamente en Cuba por la CIA para llevar a cabo actividades de carácter subversivo".

Agosto 15: Según un informe elaborado por *The Truth About Cuba Committee*, organización dedicada "al estudio de la situación cubana", la política seguida por el gobierno de los Estados Unidos con respecto a Cuba costaba a los contribuyentes norteamericanos más de dos mil millones de dólares anuales.

Entre los factores que habían contribuido a aumentar las cargas de la población de los Estados Unidos estaban el alto precio del azúcar; la manutención de los contrarrevolucionarios cubanos; el costo de la fracasada invasión por Playa Girón; la suma pagada como indemnización por los daños causados a la Revolución Cubana, y las pérdidas en los impuestos sobre el comercio con Cuba, suprimido totalmente por el gobierno de Washington.

■ Una aeronave no identificada bombardeó el central *Bolivia* (antes *Cunagua*), en la provincia de Camagüey. El ataque fue dirigido contra el batey del central y puso en peligro la vida de personas indefensas mientras dormían en sus casas.

Agosto 16: Oswald fue visto nuevamente mientras repartía propaganda en favor de Cuba en las calles de Nueva Orleans.

■ Según anuncio de la Secretaría de Comercio de los Estados Unidos, otros once buques mercantes habían sido incluidos en la "Lista Negra". Sumaban ya ciento cincuenta y siete las naves afectadas por esas medidas.

Agosto 18: Un avión pirata lanzó *rockets* sobre el puerto de Casilda, en la provincia de Las Villas. Una de las bombas incendió un vagón de ferrocarril y otra destruyó una vivienda. El avión escapó con rumbo norte.

Agosto 19: Fue atacada la planta de sulfometales "Patricio Lumumba", en el estero de Santa Lucía, en la costa norte de la provincia de Pinar del Río, cuando desde dos lanchas de desembarco, procedentes de un "buque madre", tomó tierra un grupo de individuos pertenecientes a Comandos Mambises. Se abrió fuego de *bazukas* y ametralladoras contra ese centro de producción, al cual le causaron daños de consideración.

La agresión fue repelida por los milicianos de la Defensa Popular. En su huida, los malhechores fueron apoyados por fuego de ametralladoras de grueso calibre, procedente del "buque madre".

Fueron ocupados una lancha de desembarco, un motor fuera de borda, una *bazuka* de 88,9 milímetros, dos ametralladoras calibre 30, siete vainas de proyectiles, un tanque de gasolina, siete fulminantes detonadores, un proyectil de *bazuka* y cuatro boyas lumínicas.

Agosto 20: La revista *Selecciones del Reader's Digest* proclamó que al pueblo cubano había que aplastarlo "mediante la intimidación o mediante promesas de bienes materiales, conquista de mujeres, alcohol, narcóticos, igualdad, exención de trabajo o de contribuciones, y en algunos casos hasta recompensas celestiales por matar a los infieles".

Selecciones había tomado estas propuestas de las declaraciones publicadas en *The American Legion Magazine* por Frank Howley, general de brigada retirado, vicepresidente de la Universidad de Nueva York y ex-comandante militar de Berlín. Howley proponía encabezar la contrarrevolución con "líderes fuertes, decididos, implacables", que dispusieran de una base "desde la cual puedan hostilizar al enemigo y regresar (...) un lugar donde se pueda armar y adiestrar, organizar y difundir la propaganda al mundo".

- El bandido Rigoberto Tartabull Chacón, conocido por "Berto", cayó en combate en Manacal de Paula, barrio Seibabo, municipio Manicaragua,

Agosto 21: En un debate radial sostenido con Carlos Bringuier en la emisora *WDSU* de Nueva Orleans, Oswald se declaró marxista y simpatizante de la Revolución Cubana. En esa comparecencia quedaría descubierta públicamente su condición de desertor hacia la Unión Soviética.

Agosto 22: La *John Birch Society*, organización fascista que encabezaba la lucha contra la integración racial en los Estados Unidos, entregó "importante financiamiento" para que los hermanos Somoza, que contaban con la ayuda de la CIA, llevaran adelante la llamada "Fórmula Centroamericana" contra Cuba.

Entre los grupos contrarrevolucionarios se comenzaba a fomentar un clima como el que precedió al fracaso de la invasión de abril de 1961 por Playa Girón. Había comenzado, desde hacía más de un mes, una etapa de sabotajes e infiltración de agentes y el tráfico de contrarrevolucionarios entre los Estados Unidos y Nicaragua se había intensificado notablemente. Mientras, en Nueva York se había abierto un centro de reclutamiento y propaganda a la vez que varios centros de adiestramiento estaban funcionando en La Florida, Nueva Jersey y Tampa.

Agosto 26: El semanario *Libertad*, de San José, Costa Rica, denunció que Luis Somoza construía una base para agredir a Cuba. El aeródromo estaría instalado en la frontera con Nicaragua, en la finca "El Murciélago", de unas treinta mil hectáreas, un latifundio enorme que había sido adquirido recientemente en Costa Rica por los hermanos Somoza.

- El ministro de Seguridad Pública, el jefe de Inteligencia Militar y otros funcionarios costarricenses partieron hacia Managua, para asistir a la Conferencia de Jefes Militares de los Países de América Central y Estados Unidos. La reunión estudiaría el perfeccionamiento de los medios de control de la supuesta actividad comunista y medidas para impedir los viajes a Cuba y demás países socialistas.

Septiembre: Un grupo contrarrevolucionario planeó atacar con granadas de mano a Fidel Castro durante el acto público a celebrarse el 28 de ese mes en la Plaza de la Revolución, con motivo del aniversario de la fundación de los Comités de Defensa de la Revolución (CDR). El proyecto fue frustrado y fueron detenidos los complotados, entre los que se encontraban Ángel Mesa Puentes, Dositeo Fernández Fariñas y Roberto Porto Infanzón.

- Manuel Díaz Isalgué, agente de la CIA, se infiltró en Cuba para reclutar a Ramón Guín Díaz, un ex-comandante del Ejército Rebelde, del grupo de Rolando Cubela, como parte de la Operación AM/TRUNK, la cual tenía como objetivo captar a un grupo importante de oficiales cubanos para apoyar un golpe interno en función de los planes agresivos que se tenía en marcha.

- En un despacho de prensa, el corresponsal de la agencia *Associated Press*, Daniel Harker, manipuló declaraciones del comandante Fidel Castro sobre los planes de la CIA contra los líderes cubanos, hechas por el líder cubano en una conversación accidental sostenida con aquél en la Embajada de Brasil en La Habana.

- La Estación de la CIA en Brasil informó de la reunión secreta sostenida con el agente AM/LASH, Rolando Cubela, en Sao Paulo, Brasil, donde éste explicó que estaba preparado para intentar "un trabajo desde adentro contra la vida de Castro".

- Se reunieron en Dallas, Oswald, David Phillips y Antonio Veciana.

- Oswald obtuvo, en el Consulado de México en Nueva Orleans, una visa de turista para viajar a ese país.

- Oswald se presentó en los consulados cubano y soviético en Ciudad México, con el propósito de obtener visas para viajar a la Unión Soviética, las cuales le fueron negadas.

- Perry Russo, un testigo del juez *Jim* Garrison, declaró que había estado presente en la casa de David Ferrie en unión de Oswald y Clay Shaw, cuando éste propuso la idea de matar a Kennedy e inculpar a Fidel Castro.

■ Marita Lorenz dijo haber estado en una reunión en Miami, en la residencia de Orlando Bosch, donde estaban presentes Oswald, Sturgis, Pedro Luis Díaz Lanz y Alex Rourke.

■ William Atwood, embajador de los Estados Unidos ante la ONU, contactó en la residencia de la periodista Lisa Howard, en Nueva York, al embajador cubano Carlos Lechuga y conversaron sobre una posible agenda entre Cuba y los Estados Unidos. Atwood declaró posteriormente que McGeorge Bundy le había dicho que Kennedy estaba en favor de "inclinarse a abrir una brecha con Cuba, a sacar a Castro del abrazo con los soviéticos y quizás olvidarse de Bahía de Cochinos y hacer volver todo a su estado normal".

■ Robert McKeown, traficante de armas, recibió la visita de dos sujetos a quienes identificó como Oswald y un cubano de apellido Hernández, quienes le propusieron una compra de fusiles con miras telescópicas.

Septiembre 1: Fue capturado el bandido conocido como "El Marinero", cerca de la laguna del Taje, barrio San Pedro, municipio de Trinidad, provincia de Las Villas.

Septiembre 3: Cayó en combate el conocido criminal y cabecilla contrarrevolucionario Pedro González Sánchez, en un choque con fuerzas del Ejército Rebelde y las Milicias Nacionales Revolucionarias, en la zona de La Barca, municipio de Trinidad. Junto con González fue muerto también Mario Soler, conocido como "El Matancero". Ambos eran tristemente célebres por sus asesinatos numerosos entre las familias campesinas de la ciudad de Trinidad, en la provincia villareña.

El secretariado de la Unión Internacional de Estudiantes (UIE), con sede en Praga, aprobó un llamamiento en el que se alertaba al estudiantado mundial sobre un posible ataque a Cuba. La UIE observaba que los informes llegados de la zona del Caribe, especialmente de Guatemala, Costa Rica, Panamá, Nicaragua y Honduras y que se referían a la movilización de tropas, preparación acelerada de campos de aterrizaje, salida de grupos de saboteadores organizados, así como los últimos ataques contra el territorio cubano perpetrados por unidades aéreas y navales, mostraban que la paz en el Caribe seguía siendo amenazada a pesar de las promesas del gobierno norteamericano.

Septiembre 4: Dos aviones de origen desconocido sobrevolaron el territorio de la provincia de Las Villas. Al aproximarse a la base aérea de aquella localidad, fueron rechazados por la artillería y lograron huir.

Septiembre 6: La revista *Siempre* publicó una protesta del periodista mexicano Víctor Rigo Galán, en la que expresaba: "La Cámara de Representantes de Estados Unidos ha puesto precio a nuestra soberanía". Más adelante señalaba que la soberanía de México había sido lesionada porque "la Cámara de Diputados de Estados Unidos tomó el acuerdo de que se suspenderá toda ayuda económica a aquellos países que, en un plazo de setenta días, no cesen sus transacciones comerciales con Cuba. La decisión no va dirigida propiamente contra Cuba, sino contra nosotros, porque tiende a reducir el ejercicio de la soberanía."

Septiembre 7: Aviones procedentes de los Estados Unidos sobrevolaron la provincia de Las Villas. Al ser repelidos por el fuego de la artillería, dejaron caer los explosivos que portaban y se dieron a la fuga. Una de las cargas cayó sobre el hogar del maestro de las FAR, Fabric Aguilar Noriega, quien resultó muerto y heridos tres de sus hijos.

Momentos después, en la misma zona, fueron descubiertos dos objetivos aéreos a gran altura, los que se dieron a la fuga al verse perseguidos por aviones interceptores de la Fuerza Aérea cubana. Estos vuelos actuaban como cobertura a los primeros.

Septiembre 8: Varios aviones, procedentes de los Estados Unidos, atacaron el central *Brasil* (antes *Jaronú*), en la costa norte de la provincia de Camagüey.

Otros dos ataques aéreos contra las ciudades de Santa Clara y Santiago de Cuba fueron frustrados. No hubo desgracias personales, y horas después, un grupo de exiliados cubanos en Miami declaró que "sus aviones bombardearon y destruyeron completamente un ingenio azucarero en Cuba".

Junto a la falsedad de tal información se ponía de manifiesto la protección oficial del gobierno norteamericano a los contrarrevolucionarios, que no se conformaban con utilizar el territorio de los Estados Unidos como base de partida, sino que también se servían de la prensa para divulgar los actos perpetrados.

Septiembre 11: El contrarrevolucionario y ex-presidente cubano, Carlos Prío Socarrás, anunció sus propósitos de entrevistarse con los principales gobernantes de América Central y Venezuela con el fin de desarrollar los planes norteamericanos de agresión a Cuba.

- Aterrizó en Cienfuegos una avioneta relacionada con el suministro de armas a los contrarrevolucionarios que accionaban en territorios de América Central. Teodoro Picado Lara, el piloto, era un agente de los Somoza e hijo del ex-presidente de Costa Rica, Teodoro Picado. Había sido capitán ayudante del general Anastasio Somoza, hijo, jefe del Ejército nicaragüense, y además era el administrador de la finca "El Murciélago", propiedad del ex-dictador nicaragüense, Luis Somoza, devenida base de operaciones de los aviones que hacían incursiones piratas sobre Cuba.

Puerto Cabezas y las Islas del Maíz, en territorio nicaragüense, también formaban parte de esta red de bases de operativos contra Cuba, la que incluía el campamento "Tortuguero", en la costa del Caribe costarricense y otras fincas de millonarios contrarrevolucionarios cubanos en la frontera con Nicaragua.

El aterrizaje se produjo porque las baterías antiaéreas cubanas le efectuaron varios disparos y el piloto decidió bajar antes de que lo derribaran.

Septiembre 12: El semanario *Libertad*, de San José, Costa Rica, denunció un vasto plan de provocaciones y de ataques vandálicos contra Cuba, desde el territorio fronterizo de Nicaragua y Costa Rica, con el propósito de originar un conflicto entre la isla del Caribe y Centroamérica.

En esa misma fecha se entrevistaron Luis Somoza, el sanguinario ex-dictador nicaragüense, y el canciller norteamericano, Dean Rusk, en un intento del Departamento de Estado y la CIA de eludir su responsabilidad directa. El presidente Kennedy dijo que una invasión militar a Cuba no respondería a los intereses de los Estados Unidos, pues era una cuestión peligrosa e incendiaria en el sentido de que englobaría a muchos países del mundo.

Septiembre 13: Se reveló en el Jurado Federal que el piloto del avión que se estrelló en Carolina del Norte, después de una explosión misteriosa, el 6 de enero de 1960, transportaba armas y municiones para ser entregadas a contrarrevolucionarios cubanos. En el accidente perecieron treinta y cuatro personas; entre éstas el piloto, Dale Southard.

Septiembre 14: Fue sancionado el espía Benjamín Acosta Valdés, agente del Servicio de Inteligencia Militar del Pentágono, quien dirigía en Cuba una red de espionaje dedicada a transmitir informaciones sobre las defensas y los recursos militares. Acosta Valdés había salido de Cuba clandestinamente en mayo, y fue reclutado y entrenado en métodos de espionaje, transmisión y recepción. El 21 de julio se infiltró por las costas de Matanzas. Posteriormente, se estableció en una casa en La Habana, desde donde actuaba y en la que fue detenido por miembros del Departamento de Seguridad del Estado, cuando transmitía para un centro de espionaje en Miami.

Le fue ocupado equipamiento especializado de comunicaciones, un contador *Geiger* para detectar radioactividad, una brújula miniatura, dos *pads* de cifras, un plan de trabajo, una lupa, rollos fotográficos de *microfilm*, una pistola *Browning* con dos cargadores y cien cartuchos.

Septiembre 20: Trascendió que un grupo de cien elementos contrar-revolucionarios cubanos realizaba entrenamiento de comandos en el Parque Central de Nueva York desde hacía tres meses.

Las pruebas de municiones con pólvora se llevaban a cabo en las montañas de Nueva Jersey. Los entrenadores del grupo eran Gaspar Vilate y Enrique Abascal.

"Preferimos ir a beber un poco de café antes que escuchar las falsedades que el presidente Kennedy diría sobre la Revolución Cubana", dijo a la prensa Carlos Lechuga, embajador de Cuba ante las Naciones Unidas. El texto del discurso de Kennedy había sido circulado previamente entre las delegaciones.

En su única referencia a Cuba, Kennedy, después de decir que "el pueblo norteamericano tiene fe en el principio de la libre determinación de todos los pueblos", atacó, sin embargo, al Gobierno Revolucionario de Cuba.

Septiembre 22: Dean Rusk anunció que pediría a los cancilleres de los llamados "Estados Bananeros", informes sobre los pasos que se había dado hacia una mayor limitación de las actividades de los sectores progresistas en esa zona, y de la cooperación que cada uno de esos países brindaba a los nuevos planes puestos en marcha contra Cuba.

Septiembre 26: Fue desarticulado un proyecto de atentado que pretendía eliminar a Fidel Castro junto con otros dirigentes de la Revolución. El plan sería llevado a cabo por los agentes de la CIA, Federico Hernández González y Pierre Quang Diez de Ure, así como por otros elementos del Frente Insurreccional Unidad Revolucionaria (FIUR) y Triple A. La acción consistiría en colocar sesenta libras del explosivo C4 en un alcantarillado, debajo de la tribuna desde donde se presidiría el acto por el tercer aniversario de los Comités de Defensa de la Revolución. Fueron detenidos, además de los mencionados, Francisco Blanco de los Cuetos, Jesús Rodríguez Mosquera, Orlando de la Cruz y Luis Arencibia Pérez.

Septiembre 27: El canciller de Costa Rica, Daniel Oduber, confirmó desde Nueva York que los planes de agresión contra Cuba figuraban como punto principal de las reuniones que se estaban realizando con el secretario de Estado norteamericano, Dean Rusk, a las que asistían los cancilleres de América Central.

Fines de septiembre: Oswald visitó, en compañía de dos latinos, la residencia de Silvia Odio, en Dallas, para recabar su ayuda a nombre del grupo "anticastrista" JURE. Al día siguiente, uno de los latinos le expresó telefónicamente a Silvia Odio que Oswald, un excelente tirador, había dicho que los cubanos tenían que matar a Kennedy para resolver la caída de Castro.

Octubre: David Phillips, al frente de la Estación de la CIA en Ciudad México, fue promovido a jefe de operaciones cubanas. Viajó a Washington en labores de consulta.

- Oswald regresó a Dallas, después de fracasar su intento de viajar a Cuba desde México. Diez días más tarde, Ruth Paine le consiguió trabajo en el almacén de libros de texto de la ciudad.

- Entrevista entre Kennedy y el periodista Jean Daniel, donde se conversó sobre la posibilidad de mejorar las relaciones entre los Estados Unidos y Cuba. Kennedy, quien conocía que Daniel viajaría a la Isla, le pidió que cuando regresara le informara de sus impresiones sobre Fidel Castro.

- El Grupo Permanente aprobó trece operativos de sabotajes de la CIA contra objetivos en Cuba, a realizarse entre noviembre y enero.

- Rolando Cubela se entrevistó en París con un oficial de la CIA de habla hispana, al que reconoció años más tarde como David Sánchez Morales, jefe de operaciones de JM/WAVE en aquel momento. Según Cubela, la conversación giró sobre el asesinato de Fidel Castro.

Octubre 1: Al amparo de la oscuridad un barco pirata atacó Cayo Guín, en la costa norte de la provincia de Oriente, y destruyó un aserrío. Varias personas resultaron heridas.

Octubre 3: El Grupo Permanente aprobó nueve operativos encubiertos en Cuba, que incluían algunos sabotajes.

- Se promulgó la Segunda Ley de Reforma Agraria. Con esto se erradicaba la burguesía rural, soporte económico importante del bandidismo. El máximo de tenencia de tierras era de cinco caballerías.

Octubre 7: Cuba denunció en la ONU los actos agresivos constantes contra el pueblo cubano instigados por los Estados Unidos y los preparativos que se realizaba en Centroamérica para desatar una nueva agresión a la Isla, bajo el financiamiento y la dirección del Pentágono, la CIA y el Departamento de Estado norteamericano. Esta acusación fue formulada en la Asamblea General de la organización por el representante permanente de Cuba, Carlos Lechuga.

Octubre 18: El almirante Arleigh E. Burke, ex-jefe de la Armada norte-americana, ligado íntimamente al Pentágono y a los círculos gobernantes en Washington, insistió en una invasión a Cuba por los Estados Unidos. "No toleraremos un gobierno comunista en el hemisferio occidental y proyectamos destruirlo", expresó el ultrarreaccionario militar norteamericano.

Octubre 20: Fue asesinado el obrero miliciano Pascual González Muñoz cuando custodiaba su centro de trabajo, la carpintería Unidad 207-8 en la calle San Elías, reparto Rosalía, Guanabacoa, en la ciudad de La Habana.

Octubre 22: En horas de la noche, aviones de la Fuerza Aérea Revolucionaria interceptaron y atacaron dos lanchas piratas *V-20* cuando trataban de realizar un desembarco de armas e infiltrar saboteadores en Cuba, por la costa sur de la provincia de Pinar del Río. Los aviones cubanos localizaron también al "buque madre" que había transportado las lanchas piratas y lo atacaron. La acción enemiga fue frustrada por la coordinación entre la Fuerza Aérea y la Defensa Costera. En el operativo fueron capturados los agentes de la CIA, Clemente Inclán Werner, jefe de Seguridad de la CIA en las actividades desarrolladas contra Cuba desde el barco *Rex*, y los tripulantes, Luis Montero Carrazana y Roberto Lizano Rodríguez.

- Los grupos contrarrevolucionarios cubanos que "se someten a la CIA tienen todas las facilidades en sus acciones de hostigamiento contra Cuba", declararon en Miami voceros de Comandos L. Citaron como ejemplo el caso de los Comandos Mambises que habían realizado ataques a Cuba desde puntos de partida en territorio estado-unidense.

- El periódico nicaragüense *La Prensa* denunció los campos de entrenamiento de exiliados cubanos en las regiones de Prinzapolca y Bluefields, donde los hermanos Somoza eran dueños de varias fincas. En Costa Rica se situó otras bases en la desembocadura del río San Juan y en Sarapiqui, así como también en la hacienda de Vico Schtarke.

- Por su parte, en Costa Rica, el semanario *Libertad* denunció que los exiliados cubanos estaban siendo entrenados en una zona conocida por "Tortuguero" y que habían comprado dos aviones *P-51* para realizar ataques en Costa Rica e inculpar a Cuba. Uno de los campamentos principales se encontraba en la isla Cocal, en la desembocadura del río San Juan; también había una red de centros militares mercenarios, como el de Sarapiqui, y en la hacienda de Vico Schtarke, dirigente nazi que comandaba un ejército fascista particular.

Hacía varias semanas, *Libertad* había señalado que dos aviones *Mustang (P-51)* de corto radio de acción habían sido "comprados" por los contrar-revolucionarios cubanos, para realizar un ataque a territorio costarricense y acusar por esto a Cuba. Destacó que la compra se hizo por intermedio de la CIA. *Libertad* dijo, finalmente, que los contrarrevolucionarios también estaban recibiendo entrenamiento en El Salvador, donde se encontraba una legión de paracaidistas entrenados por los Estados Unidos como núcleo de las fuerzas.

Octubre 24: Aterrizó en el aeropuerto internacional José Martí, en La Habana, una avioneta bimotor modelo *Piper*, procedente de Canadá, la cual había hecho escala en Miami y estaba tripulada por Ronald Patrick Lee y William David Mean, ambos canadienses. Al pasar por la Aduana se descubrió que dentro de supuestos galones de dulces en conserva y detergente traían granadas, detonadores, minas imantadas, etcétera. Durante los interro-gatorios se pudo comprobar que Lee y Mean eran agentes de la CIA.

- El obrero portuario Orlando de Armas encontró una bomba oculta en el barco *Las Villas*, procedente de Génova, Italia, en los momentos en que se procedía a estibar el cargamento que traía para Cuba.

Octubre 25: El ministro de Comunicaciones comandante Faure Chomón, mostró a la Asamblea General de ese Ministerio los explosivos, detonantes, propagandas, etc., enviados a Cuba en bultos postales procedentes de los Estados Unidos y otros países.

Octubre 30: El comandante Fidel Castro compareció ante las cámaras de la televisión para informar al pueblo sobre las agresiones imperialistas contra la economía de nuestro país y también habló sobre la captura de un grupo de mercenarios que trató de penetrar por las playas, procedentes del "buque madre" *Rex*, accionado por la CIA.

■ La CIA continuaba entrenando contrarrevolucionarios. Cerca de mil éstos estaban siendo adiestrados por un coronel guatemalteco de apellido Blanco y un oficial norteamericano apodado "Wili", al norte de Guatemala, en el Departamento de El Petén. Se encontraban instalados campamentos similares cerca del puerto de San José, en la costa guatemalteca del Océano Pacífico; tres más lo estaban en territorio hondureño, en el Valle de Zamorano, Paraíso y cerca de Juticalpa, mientras que otras cuatro bases más habían sido instaladas en Nicaragua.

Octubre 31: Enrique Rodríguez Valdés, Carmelo Cuadra Hernández y Esteban Ramos Kessell, todos integrantes de la organización contrarrevolucionaria RCA, fueron juzgados en la Causa No. 391 de 1963. Habían planeado un atentado al comandante Fidel Castro en la escalinata de la Universidad de La Habana, con motivo de conmemorarse, el 13 de marzo, el aniversario del ataque al Palacio Presidencial, y donde debía comparecer el dirigente cubano.

Fines de octubre: Desmond Fitzgerald, jefe del SAS, se reunió en París con Rolando Cubela para coordinar un proyecto de golpe de Estado en Cuba y el asesinato de Fidel Castro.

Noviembre: El embajador William Atwood, con la aprobación del presidente Kennedy, telefoneó al comandante René Vallejo, ayudante de Fidel Castro, para proponer la elaboración de una agenda preliminar para una conversación eventual entre Cuba y los Estados Unidos.

En un memorándum, la CIA se refirió a Paulino Sierra, dirigente de la denominada Junta de Gobierno Cubana en el Exilio (JGCE), en estos términos: "aunque desde marzo de 1963 ha sido algo ubicuo entre los dirigentes exiliados de Miami, continúa siendo una especie de hombre misterioso en cuanto a sus medios y también objetivos".

■ Por informaciones de Thomas Mosley, agente especial del Servicio Secreto, se conoció que "Homero", dirigente del grupo anticastrista Movimiento 30 de Noviembre, afiliado a la JGCE, había dicho que su grupo tenía ahora suficiente dinero y realizaría una compra de armas, "en cuanto nos hayamos ocupado de Kennedy".

■ McGeorge Bundy le informó al embajador William Atwood que el presidente Kennedy quería reunirse con él a su regreso del viaje a Dallas, para conversar sobre posibles negociaciones con Cuba.

Noviembre 2: Comparecieron ante las cámaras de la televisión cubana y la prensa nacional y extranjera tres agentes de la CIA capturados al sur de la provincia de Pinar del Río. Durante su intervención, revelaron toda la entraña de los siniestros planes de agresión contra Cuba que inspiraba, alentaba, protegía y pagaba el gobierno de los Estados Unidos.

Noviembre 3: El gobierno británico autorizó a los Estados Unidos el "libre uso", durante veinte años, prorrogables, de las aguas alrededor de las Islas Bahamas, al norte de Cuba, para efectuar "experimentos" submarinos.

El Gobierno Revolucionario cubano denunció que los islotes británicos habían servido de base para ataques piratas contra Cuba.

Noviembre 5: El jefe de banda Nicolás Viera Gutiérrez, alias "Yumba", fue localizado junto con otro bandido en la finca "Los Cerros", municipio de Fomento, provincia de Las Villas. Ambos resultaron muertos al ofrecer gran resistencia al arresto.

Noviembre 6: Se dio a conocer en Cuba la muerte del agente de la CIA, Juan Armestoy Domínguez, producida en un encuentro accidental con la policía. Fueron detenidos los dos colaboradores que lo acompañaban y ocupadas grandes cantidades de armas y pertrechos bélicos. Armestoy acababa de infiltrarse por la provincia de Matanzas.

Noviembre 7: Fueron sancionados cinco contrarrevolucionarios que, en el poblado de Ceiba del Agua, habían asesinado al miliciano Vicente Pérez Noa, militante del Partido Unido de la Revolución Socialista, y quien, junto con Juan Pérez Moreno, había sido asaltado cuando se dirigía a realizar sus guardias en una zona rural. Los asesinos, Roberto Echevarría y Enrique González Cepero, fueron capturados apenas setenta y dos horas después del crimen. Omar Prieto Vera, Ismael Marchante Hernández, alias "Yiyi", y Enrique Cruz Abreu, quien organizó la banda, la abasteció y participó en la reunión en la que se acordó el plan, fueron detenidos posteriormente.

Noviembre 8: El Tribunal Revolucionario de La Habana sancionó a la pena máxima a los agentes de la CIA, Antonio Cobelas Rodríguez, Orlando Sánchez Saraza, Juan M. Milián Rodríguez y José S. Bolaños Morales, quienes fueron detenidos por unidades de las FAR cuando intentaban desembarcar en Cuba. Les fue ocupado todo el material bélico que traían y confesaron sus misiones de subversión y espionaje.

Noviembre 12: Fue encontrado el cadáver de Néstor David Torres Cabrera, ahorcado y con huellas de tortura. Torres, quien fungía como administrador de la finca "Chafarina", en la zona de Guasimal, municipio de Sancti-Spíritus, había sido secuestrado el 18 de octubre por la banda de "Maro" Borges.

Noviembre 13: Fueron capturados y sancionados Argimiro Fonseca Fernández, Wilfredo Alfonso Ibáñez, Israel Rodríguez Lima y Erasmo Machín García, cuatro agentes de la CIA, infiltrados en Cuba para desarrollar actividades de subversión y espionaje. Se les ocupó fusiles, pistolas, parque, cartas escritas con tinta invisible, etcétera. La CIA les había encomendado la tarea, entre otras, de localizar zonas costeras propicias para desembarcar armas.

Noviembre 14: Los Estados Unidos instalaron una poderosa emisora anticubana de mil kilovatios en Paraíso, provincia de Cartago, en Costa Rica, con el objetivo de realizar la guerra psicológica contra Cuba. La planta radial estaba controlada por la CIA y además estaría encargada de interferir los programas de *Radio Habana Cuba* y *Radio Moscú*. Sería inaugurada en enero del año entrante, a un costo inicial de cuatro millones y medio de dólares.

Noviembre 15: Fue desarticulada la banda de Máximo Álvarez Concepción, alias "El Pinto", tras una emboscada llevada a cabo por fuerzas de Seguridad. Durante el enfrentamiento resultaron muertos tres de sus integrantes.

Noviembre 19: Fue encontrado el cadáver del miliciano Luis Cardoso Miranda, en el barrio de Caracusey, municipio de Trinidad, provincia de Las Villas. Cardoso había sido secuestrado el día 7 por la banda de Máximo Álvarez Concepción.

Noviembre 20: El Departamento de Defensa de los Estados Unidos anunció que los restos de un avión *U-2* que había desaparecido fueron hallados en aguas a cuarenta millas al noroeste de Key West y a unos treinta metros de profundidad. Esta aeronave había sido derribada por las defensas antiaéreas cubanas, después de haber cumplido misiones de espionaje sobre el espacio aéreo de la República de Cuba.

Noviembre 22: John Fitzgerald Kennedy, presidente de los Estados Unidos, fue asesinado en Dallas, Texas.

- Un oficial de la CIA se entrevistó en París con Rolando Cubela y trató de entregarle un bolígrafo armado con una aguja para envenenar a Fidel Castro. Cuando le informaron telefónicamente del asesinato de Kennedy, el oficial suspendió la entrevista y orientó a su agente aguardar en esa ciudad en espera de instrucciones, mientras él viajaba a Washington.
- Lee Harvey Oswald fue detenido en Dallas, acusado inicialmente de la muerte del oficial de la policía J. Tippit.

Noviembre 23: El comandante Fidel Castro intervino durante un programa de la televisión nacional y ofreció su análisis de las causas y los responsables propables del asesinato del presidente Kennedy.

Noviembre 24: Lee Harvey Oswald resultó asesinado por Jack Ruby en una unidad de policía de Dallas, mientras era conducido a la cárcel del Condado.

Noviembre 25: El Ministerio de Relaciones Exteriores de Cuba formuló una declaración de rechazo ante la provocadora acusación que intentaba involucrar al Gobierno Revolucionario en el asesinato del presidente Kennedy.

Noviembre 27: Se comenzó a recibir cartas, en los Estados Unidos, dirigidas a Oswald, procedentes de Cuba, en las que se trataba de evidenciar una relación de éste con los servicios de Seguridad cubanos.

Noviembre 28: El presidente de Venezuela, Rómulo Betancourt, llevaría al Consejo de la OEA el caso de una supuesta "intervención en la política interna" y de "agresión" por parte de Cuba, según declaraciones formuladas por el ministro de Relaciones Exteriores, Marcos Falcón Briceño.

- La Cancillería instruyó al representante venezolano ante la ONU, Pedro Zuloaga, para que informara al Consejo de Seguridad sobre la presunta "intervención cubana" en Venezuela.

- Un grupo de contrarrevolucionarios trató de realizar un asalto a la Casa Cuba, organización que simpatizaba con la Revolución Cubana, situada en la Avenida Columbus, en Nueva York. Unos quince atacantes armados que llegaron en tres automóviles, aproximadamente a las 5:30 de la madrugada, lograron abrir la puerta principal y una de las ventanas y, mediante una barra de hierro, penetraron en el edificio y realizaron algunos destrozos en la planta baja. Decidieron retirarse del lugar cuando comprobaron que había algunas personas en el piso superior y que éstas habían llamado a la policía.

Noviembre 28: Seis miembros del Partido Nazi norteamericano, con uniformes pardos y brazaletes con la svástica hitleriana, y otros seis contrarrevolucionarios cubanos de un llamado Comité de Emergencia Para Contener a Castro, desfilaron frente a la Casa Blanca donde exigieron la "invasión de Cuba ahora". Ambos grupos habían realizado últimamente minúsculas manifestaciones conjuntas similares y atacado duramente al asesinado presidente Kennedy "por no haber acabado con Castro y la Revolución Cubana". Ninguno de los manifestantes fue molestado por la policía.

Diciembre: Una red de la CIA, integrada por Bernardo Lucas Milanés, Roberto Caíñas Milanés, Adela Nagle, Loreto Llanes García y otros, planeaba efectuar un atentado a Fidel Castro cuando éste visitara la cafetería *Potín*, situada en las avenidas Línea y Paseo, en El Vedado, en la ciudad de La Habana. El proyecto consistía en interceptar los autos del dirigente en el momento en que se detuvieran y dispararles con varias armas automáticas. El operativo fracasó; después de varias semanas de vigilancia, los complotados abandonaron la idea al no concurrir al lugar el primer ministro cubano.

La organización contrarrevolucionaria Ejército de Liberación Nacional proyectó un atentado contra Fidel Castro en ocasión de un acto público en la

Universidad de La Habana. La idea era concentrar a un grupo de sus hombres desde horas tempranas, para ocupar las posiciones cercanas a la tribuna y, cuando el dirigente llegara, lanzarle varias granadas de mano. Fueron detenidos Roberto Ortega, Ciro Rey y José Águila.

Diciembre 1: Nueve contrarrevolucionarios cubanos armados fueron capturados por una fragata británica frente a Cayo Sal, un islote de las Islas Bahamas, cerca de Cuba. Les fue ocupada la embarcación y un depósito de armas que tenían oculto en la costa de dicho cayo. En la embarcación llevaban armas ligeras y gran cantidad de municiones.

Diciembre 2: El ministro de Relaciones Exteriores de Cuba, doctor Raúl Roa García, emitió una declaración en la que rechazaba imputaciones falaces que intentaban involucrar a Cuba en un supuesto envío de armas a los guerrilleros venezolanos que combatían al régimen corrompido de Rómulo Betancourt.

Al mismo tiempo, señalaba categóricamente que dichas armas eran de la CIA, la que en complicidad con el presidente venezolano trataba de buscar un pretexto para atacar a la Revolución Cubana. En vísperas de efectuarse la sesión solicitada al Consejo de la OEA, el representante de Rómulo Betancourt, Enrique Tejera París, volvió a pedir una agresión armada contra Cuba, antecedida por la ruptura de las relaciones diplomáticas y comerciales.

Diciembre 3: La OEA aprobó una maniobra inicial contra Cuba: convocar al Órgano de Consulta, de acuerdo con lo establecido en el Tratado Interamericano de Asistencia Recíproca (TIAR), así como designar una comisión que "investigue" la maniobra anticubana iniciada en Venezuela con el anuncio de una ocupación de armas supuestamente procedentes de Cuba.

Diciembre 4: Se reunió en sesión secreta la comisión designada por el Consejo de la OEA para tratar la denuncia del régimen de Rómulo Betancourt contra Cuba sobre un supuesto envío de armas al territorio venezolano. La comisión estaba integrada por Colombia, Argentina, Uruguay, Costa Rica y los Estados Unidos.

Diciembre 5: La organización brasileña Frente Parlamentario Nacionalista (FPN) alertó a todo el país sobre las maniobras emprendidas por los círculos derechistas para lograr la ruptura de las relaciones diplomáticas entre Brasil y Cuba, aprovechando la acusación anticubana presentada por Venezuela ante la OEA.

Diciembre 12: El Departamento de Seguridad del Estado capturó al cabecilla contrarrevolucionario Pedro C. Sánchez Figueredo, y desarticuló su banda.

Diciembre 13: El Grupo Permanente del Consejo Nacional de Seguridad de los Estados Unidos se reunió para discutir las medidas que incrementaran la presión sobre Cuba. Se incluyó los vuelos de reconocimiento a baja altura y las maniobras militares para mantener a las defensas cubanas en estado de alerta.

Diciembre 16: Murieron los milicianos Antonio García Olivera y Lino Salabarría Díaz en enfrentamiento con bandidos en la zona de El Escambray, provincia de Las Villas.

- Se produjo un enfrentamiento entre las fuerzas revolucionarias y la banda de Ramón del Sol Sorí, alias "Ramoncito", integrada por más de veinte bandidos. En el combate murieron los alzados Narciso del Sol y Felipe Silva, mientras que otros resultaron heridos.

Diciembre 22: El MINFAR informó que agentes de la CIA hundieron una lancha torpedera de la Marina de Guerra Revolucionaria, atracada en un muelle de la Bahía de Siguanea, al sur de Isla de Pinos. Murieron tres jóvenes marineros y dieciocho fueron heridos. También fue descubierta otra mina cautiva, a unos 300 metros de la dársena donde se encontraba la lancha saboteada, a la entrada y en medio del canal de acceso, a tres pies de la superficie del agua, sostenida con cables desde el fondo.

Diciembre 25: La banda que lideraba Pedro González Sánchez quemó varias naves en Tropezón, municipio de Trinidad, provincia de Las Villas.

ANEXO III
EXILIADOS CUBANOS INVESTIGADOS EN RELACIÓN CON EL ASESINATO DEL PRESIDENTE JOHN F. KENNEDY

Aguado, Miguel
Aguilar, Manuel
Aguilera, Leopoldo (hijo)
Alba, Adrián
Alba, Celio
Alemán, José
Alonso Pujol, Guillermo
Álvarez, Secundino
Ángel
Arcacha Smith, Sergio
Artime Buesa, Manuel
Balbuena Calzadilla, Luis
Bermúdez, Mario
Bartes, Frank
Basalto, José
Benavides, Domingo
Blanco, César
Blanco Fernández, Juan Francisco
Borja Simo, Isidro ("Chilo")
Bosch Ávila, Orlando
Bosch, José ("Pepín")
Bringuier, Carlos
Calderón Corralero, Luisa
Canette de Céspedes, Ricardo
Cantín, Luis
Carballo, Roberto

Carrillo, Justo
Castellanos, Néstor o Ernesto
Castro, Celio Sergio
Cisneros, Rogelio ("Eugenio")
Cobos, Arturo
Cruz, Miguel
Cubela Secades, Rolando
Cuesta Valle, Antonio
Díaz García, Herminio
Díaz, Higinio ("Nino")
Díaz Lanz, Marcos
Díaz Lanz, Pedro Luis
Diego, Felipe
Duque, Evelio
Echevarría, Homero
Espinosa Hernández, Víctor
Estrada, Pedro
Felaifel, Anis
Fernández, Alberto
Fernández, Fernando
Fernández, Julio
Font, Ramón
García Cárdenas, Juan
García, Inés
García, Julio
García Kohly, Mario

Goicoechea Sánchez, Fermín de
González, Alonso
González, Antonio
González, Hirán
González, Pedro
González, Reynold
González, Virgilio
González Gallarreta, José Luis
Guitart, Agustín
Gutiérrez, Pedro
Gutiérrez Luján, Daniel
Gutiérrez Menoyo, Eloy
Hernández, Celso
Hernández, Pablo
Iglesias, Antonio
Iglesias, Guillermo
Insua, Marcela
Juárez, José
Lanuza, José A.
Lazo, Mario
Lines García
López, Gilberto Policarpo
López, Humberto
López Estrada, Armando
Lozano Pino, Manuel
Maceo, Antonio
María del Carmen
Masferrer Rojas, Rolando
Martínez, Jorge
Martínez, Rolando
Martínez Pinillos, Joaquín
Martínez Pupo, Rafael
Mas Canosa, Jorge
Mir, Alfredo
Miró Cardona, José
Montero Carrazana, Luis
Morales Navarrete, Ricardo
Nazario Sargén, Andrés
Novo Sampol, Guillermo

Novo Sampol, Ignacio
Núñez Portuondo, Emilio
Odio, Amador
Odio, Annie
Odio, Sara
Odio, Silvia
Orizondo, Ciro
Ortiz, Oscar
Osanto
Otero, Rolando
Paneque, Víctor Manuel
Paz, Virgilio
Peláez, Rolando
Pena, Orestes
Penabaz, Fernando
Peña, Lucilo
Pérez, Eduardo
Pérez, Sergio
Pérez San Román, José
Piedra Negueruela, Orlando
Pino, Rafael del
Posada Carriles, Luis
Postal, Julia
Prío Socarrás, Antonio
Prío Socarrás, Carlos
Prío Socarrás, Francisco
Quintero, Rafael
Quiroga, Carlos
Rabel Núñez, Luis
Ramírez Ortiz, Antulio
Ray Rivero, Manuel o "Manolo"
Restoy, Juan
Rivero, Felipe
Rivero Caro, Adolfo Emilio
Roca, Carlos
Rodríguez, Ernesto o Arnesto
Rodríguez, Evaristo
Rodríguez Mendigutía, Félix
Rodríguez, Miguel

Rodríguez Molina, Rafael Anselmo
Rodríguez Oscarberro, Manuel
Ross Díaz, Alvin
Ruiz, William o Guillermo
Salazar, Jorge
Salvat, Juan Manuel
San Román, Roberto
Sanjenís, Joaquín
Sanjenís, Sergio
Serrano, Héctor
Sierra Martínez, Paulino
Silva Clarens, Francisco
Suárez, José Dionisio
Torres, Miguel
Valdés, René
Vale, Roberto
Valle Gutiérrez, Eladio del
Varona, Manuel Antonio de
Veciana Blanch, Antonio L. Carlos
Velázquez, Víctor
Vidal Santiago, Felipe
Villafaña, Manuel
Villaverde, Rafael
Villaverde, Raúl
Yanes Pelletier, Jesús

NOTAS

1. Kennedy había ordenado la invasión por Playa Girón, autorizó la *Operación Mangosta*, decretó el bloqueo económico aún vigente y fue responsable de miles de actos subversivos y de guerras de todo tipo, cuyas secuelas aún perduran.
2. Oficial de caso, investigador especializado.
3. En total, en ese momento, la sección operativa en la que nuestra unidad se encontraba encuadrada, la constituían cinco burós investigativos en los que no trabajaban más de sesenta oficiales de caso.
4. Coronel (r) Alberto Santana Martín.
5. Coronel (r) Giraldo Díaz.
6. Teniente coronel (r) Rafael Soto Vázquez.
7. Ex-militar del Ejercito Rebelde que había participado en la lucha contra a dictadura de Fulgencio Batista, en la que alcanzó los grados de comandante.
8. Juan Felaifel Canahan.
9. El senador Frank Church presidió en esa fecha una Comisión del Senado de los Estados Unidos que investigó los numerosos planes de la CIA para asesinar a líderes políticos extranjeros hostiles a las políticas de Washington.
10. Manuel Urrutia Lleó: magistrado del Tribunal Supremo de Justicia, quien por sus condiciones morales y éticas es, designado por la revolución triunfante como su primer presidente.
11. Rolando Masferrer Rojas: político de la epoca prerrevolucionaria. Organizó escuadrones de la muerte bajo la égida de Fulgencio Batista, fue responsable de centenares de asesinatos entre la población civil, principalmente en las provincias del Oriente cubano.
12. Miguel A. Orozco Crespo, al ser detenido, en diciembre de 1962, era el jefe de los Grupos de Misiones Especiales de la CIA.

13. William Turner y Warren Hinckle: *El pez es rojo*. Editora Harper and Row, Nueva York, 1981, p.128.

14. Frente Revolucionario Democrático: organización pantalla que antecedió al Consejo Revolucionario Cubano, creada especialmente para los preparativos invasores.

15. *Manual de normas para las operaciones autónomas*: documento desclasificado por el gobierno de los Estados Unidos y entregado por el Archivo Nacional de Seguridad a la delegación cubana que participó en la conferencia "Girón, 40 años después".

16. Felipe Vidal Santiago: ex-oficial de la Marina de Guerra de la dictadura de Fulgencio Batista. Se asiló en los Estados Unidos a los pocos meses del triunfo revolucionario. Detenido en Cuba años más tarde como agente de la CIA, realizó las denuncias citadas.

17. *Bandido*, denominación dada por la población rural cubana a los alzados en armas.

18. Comisión Church, que en 1975 investigó los planes de los Estados Unidos para asesinar a líderes políticos extranjeros.

19. James Donovan: abogado norteamericano que en 1962 negoció en nombre del gobierno de los Estados Unidos el canje de los mercenarios capturados en Playa Girón por alimentos para niños.

20. Felipe Vidal Santiago fue capturado en 1964, durante una infiltración por las costas cubanas.

21. Robert Plumlee es calificado como un piloto experimentado de la CIA en *El pez es rojo* por los autores citados.

22. Rafael Leónidas Trujillo, entonces dictador de la República Dominicana y Ngo Dinh Diem, presidente títere en Viet Nam del Sur.

23. Se refiere al informe de la Fuerza Operativa de la CIA.

24. Partido Revolucionario Cubano (Auténtico), del que fueron sus líderes los ex-presidentes Ramón Grau y Carlos Prío.

25. Erasmo Terrero: Ex-oficial de la Inteligencia cubana y conocido periodista revolucionario.

26. José Braulio Alemán Gutiérrez, alias "Neneíto", hijo del ex-ministro de Educación cubano del mismo nombre, famoso por haberse robado del denominado "desayuno escolar" veinte millones de dólares.

27. Cada vez que aparece la palabra CENSURADO, es que el dato fue tachado del informe citado.

28. JM/WAVE: nombre código de la Estación de la CIA en Miami y la base desde donde se dirigía las principales actividades subversivas contra Cuba.

29. Carlos Rafael Rodríguez: veterano luchador comunista e intelectual cubano, quien ocupó diferentes cargos en el Gobierno Revolucionario.

30. "Bichi" Bernal fue agregado militar de Cuba en Japón y luego desertó al ser reclutado por la CIA.
31. Jacob Rubinstein, alias *Jack Ruby*, Ver Anexo 1.
32. Nota del autor: se refiere al presunto asesino.
33. Jim Garrison: *"Tras las huellas de los asesinos"*, en Gaeton Funzi y otros en *La última investigación.*
34. Nota del autor: después del asesinato de John F. Kennedy.
35. Nota del autor: se refiere a las que hacía el personal de la CIA.
36. Nota del autor: se refiere a un campo de entrenamiento para agentes, situado en Camp Peary.
37. Marita Lorenz: agente de la CIA a las órdenes de Frank Sturgis, accionó en la ciudad de La Habana durante 1959 y, posteriormente, desde la base de la Agencia que radicó varios años en la ciudad de Miami. Las referencias aludidas aparecen en una entrevista de prensa en los años setentas.
38. Nota del autor: nombre en idioma inglés del antes mencionado Comité Pro Trato Justo para Cuba.
39. Rolando Masferrer Rojas: jefe de escuadrones de la muerte, denominados "Tigres", durante la dictadura de Fulgencio Batista.
40. J.C.King: coronel, jefe de la División del Hemisferio Occidental en la CIA
41. Carlos Prío Socarras: presidente de Cuba entre 1948 y 1952, dirigente del Partido Revolucionario Cubano (Auténtico).
42. Manuel Antonio de Varona Loredo: vicepresidente en el gobierno de Prío y lider de una organización contrarrevolucionaria denominada Rescate". Uno de los dirigentes de la Brigada de Asalto 2506.
43. DRE: siglas del Directorio Revolucionario Estudiantil, organización de las conocidas como autónomas, controladas por la CIA, cuyo dirigente en ese momento era Manuel Salvat.
44. Triple A: Agrupación Armada Auténtica, un desprendimiento de los grupos gangsteriles pertenecientes al Partido Auténtico.
45. *Sam* Giancana: *capo* de la Mafia en Chicago.
46. Antonio Cuesta Valle: terrorista y dirigente de los denominados Comandos L. Fue miembro de la Junta de Gobierno Cubana en el Exilio y veterano agente de la CIA.
47. Manuel Ray Rivero: miembro activo de la resistencia contra la dictadura de Batista. Fue ministro de Obras Públicas en el primer gabinete del Gobierno Revolucionario. Posteriormente, se distanció de la Revolución y a finales de 1959 fundó la organización contrarrevolucionaria MRP. Expulsado más tarde de ésta, por sus ideas socialdemócratas, fundó en 1963 la Junta Revolucionaria en el Exterior (JURE), que estableció lazos sólidos con la administración Kennedy.

48. Gaeton Fonzi: uno de los investigadores del Comité Selecto de la Cámara de Representantes y autor de un libro importante, *La última investigación*, que refiere sus experiencias en la investigación del magnicidio.

49. Rogelio Cisneros Díaz: fue nombrado coordinador nacional del MRP después del exilio de Manuel Ray y marchó posteriormente a Miami, donde fue un enemigo incisivo de éste. Fue uno de los misteriosos visitantes en la ciudad de Dallas en los días previos al crimen, involucrado en un contrabando de armas y "casualmente" tenía relaciones de amistad con Silvia Odio.

50. Ricardo Morales Navarrete: alias "El Mono Morales", radicado en Venezuela, fue uno de los compinches de Luis Posada Carriles en la policía secreta de ese país, la DISIP.

51. Informaciones de Inteligencia así lo revelan.

52. Hubert Matos: ex-comandante del Ejército Rebelde y jefe de la plaza militar de la provincia de Camaguey, y quien en 1959, en coordinación con otros elementos dirigidos desde la Embajada de los Estados Unidos en La Habana, pretendió propiciar un golpe militar contra la Revolución.

53. AM/SPELL, según documentos desclasificados por la CIA, era el código del DRE.

54. Howard Hunt y James McCord: oficiales de la CIA capturados en las oficinas del Partido Demócrata en Watergate, lo que originó el escándalo político que costó la renuncia del presidente Richard Nixon. Veteranos de la guerra subversiva contra Cuba, estuvieron en sus principales episodios.

55. Ex-operador de juego en La Habana prerrevolucionaria, perteneciente a una de las familias mafiosas que controlaban el juego y la prostitución en la capital cubana.

56. Jefe del FBI.

57. Rich Lauchli: mercenario y contrabandista, uno de los capturados en el campamento del lago Pontchartrain.

58. Enrique Fernández Ruiz de la Torre: capturado en Cuba, en 1963, fue el segundo jefe de la expedición que se organizó por la CIA en abril de 1961, con el propósito de atacar, simulando tropas cubanas, la base naval norteamericana de Guantánamo.

59. Nota del autor: refiréndose a Jack Ruby.

BIBLIOGRAFÍA CONSULTADA

Acta de la entrevista sostenida durante su visita a Cuba por miembros del Comité Especial de la Cámara de Representantes de los Estados Unidos con el compañero Eusebio Azcue López, abril 1, 1978.

Acta de la entrevista sostenida por el Comandante en Jefe, Fidel Castro Ruz, con los miembros de la delegación que visitó Cuba del Comité Especial de la Cámara de Representantes de los Estados Unidos que investigaba el asesinato de Kennedy. Palacio de la Revolución, abril 3, 1978.

Acta de la entrevista sostenida durante su visita a Cuba por miembros del Comité Especial de la Cámara de Representantes de los Estados Unidos con el compañero Guillermo Ruiz Pérez, agosto, 1978.

Acta de la entrevista sostenida durante su visita a Cuba por miembros del Comité Especial de la Cámara de Representantes de los Estados Unidos con el convicto Rolando Cubela Secades, agosto, 1978.

Acta de la entrevista sostenida en Cuba por Robert Blakey, Richard Preyer y Edwin López, miembros del Comité Especial de la Cámara de Representantes de los Estados Unidos, con el compañero Eusebio Azcue López, agosto 25, 1978.

Affidavit from Richard C. Nagell, State of California, Los Angeles County, November 21, 1975.

Agent Report on Richard Case, May 2, 1969. Approved for release 1993, CIA Historical Review Program.

Alleged Assassination Plots Involving Foreign Leaders. Select Committee to Study Governmental Operations with Respect to Intelligence Activities, United States Senate, U.S. Government Printing Office, Washington, 1975.

Allen, Robert S. y Paul Scott: "Vinculan cubana desaparecida a la investigación del asesinato". *Jackson Daily News*, Jackson, Mississippi, March, 1967.

Artículo de la agencia ANSA, septiembre 19, 1978, sobre declaraciones de Fidel Castro donde niega conocer que iban a asesinar a Kennedy.

Artículo titulado "Fidel Castro dice que no conspiró contra Kennedy". Periódico *El Día*, México, septiembre 20, 1978.

Blakey, G. Robert and Richard N. Billing: *Fatal Hour. The Assassination of President Kennedy by Organized Crime*. Berkley Books, 1981.

Callahan, Bob: *Who Shot JFK?* A Fireside Book. Simon & Schuster, New York, 1993.

Cirules, Enrique: *El Imperio de La Habana. La mafia norteamericana en Cuba*, partes 1-4 y otros artículos. Revista *Bohemia*, 1991-1992.

Classified Message to Director, Subject QJWIN, November 11, 1960. Approved for release 1993, CIA Historical Review Program.

Colectivo de Autores: *De Eisenhower a Reagan*. Editorial de Ciencias Sociales, La Habana, 1987.

Comparecencia del Comandante Fidel Castro, Primer Ministro del Gobierno Revolucionario y Primer Secretario del PURSC, ante el pueblo de Cuba sobre los sucesos relacionados con el asesinato del presidente Kennedy. Departamento de Versiones Taquigráficas. Revista *Obra Revolucionaria*, 25 de noviembre de 1963.

Corn, David: *Blond The Ghost. Ted Shackley and the CIA's Crusades*. Simon & Schuster, New York, 1994.

Corn, David: "Cuba, Kennedy and the Cold War". *The Nation*, v. 257, n. 18, p. 649, November 29, 1993.

Corn, David: "The Case of Diego Rivera's Housekeeper". *The Nation* v. 257, n. 18, p. 656, November 29, 1993.

Crile, George: "La CIA, la Mafia y Castro". *L' Express*, mayo 31 a junio 6 de 1976 y *The Washington Post*.

Davis, John H.: *The Kennedy Contract, The Mafia Plot to Assassinate the President*. Harper Paperback, 1993.

Documentos del Ministerio de Relaciones Exteriores, del Archivo Nacional de Identificación y de la Seguridad del Estado de la República de Cuba.

Earman, J. S., Inspector General CIA: *Report on Plots to Assassinate Fidel Castro*. May 23, 1967. Approved for release 1993, CIA Historical Review Program.

Eisenhower, Dwight D. : *Los años en la Casa Blanca*. Doubleday and Co., New York, 1996, p. 404.

Epstien, Edward Jay: *Inquest. The Warren Commission and the Establishment of Truth*. The Viking Press, 1966.

Epstien, Edward Jay: *Legend. The Secret World of Lee Harvey Oswald*. McGraw-Hill Book Company, 1978.

Fernández, Juan Carlos: "La muerte de JFK", enero de 1976; "Marina Oswald rompe su silencio", junio de 1989; "Algunos secretos del Servicio Secreto", agosto de 1989; "Conspiración contra Cuba: el asesinato de Kennedy", I y II partes, junio de 1979. Artículos publicados en la revista *Moncada*.

Fonzi, Gaeton: *The Last Investigation*. Thunder's Mouth Press, 1993.

For Official Use Only Memorandum for General Counsel, Attention Edmund Cohen, from Sidney D. Stembridge, Acting Director of Security, Subject Dade County Police Request for Assistance in the Investigation of the Rosselli Murder (U), Jun. 15, 1977. Approved for release 1993, CIA Historical Review Program.

Garrison Jim: *On the Trail of the Assassins*. Sheridan Square Press, 1988.

Gliegesi, Piero: *Buques en la noche*. Cambridge University Press, 1995.

Groden, Robert J.: *The Killing of a President*. R. R. Donnelly & Sons Company, 1993.

Halperin, Morton, Jerry J. Bernan, Robert L. Basage, and Christine Marwich: *The Lawless State*. Penguin Books, 1976.

Hamilton, Nigel: *JFK. Reckless Youth*. Random House, New York, 1992.

Harker, Daniel: *Times Picayune*, New Orleans. September 9, 1963.

Hearing Before the President's Commission on the Assassination of President Kennedy. U.S. Government Printing Office, Washington, 1964.

Hinckle, Warren and William Turner: *Deadly Secrets. The CIA-Mafia War Against Castro and the Assassination of Kennedy*. Thunder's Mouth Press, 1992.

Hinckle, Warren and William Turner: *The Fish is Red. The Story of The Secret War Against Castro*. Harper & Row Publishers, New York, 1981.

Hunt, Howard E.: *Give Us This Day*. Popular Library Edition, 1983.

Informe de la Comisión Warren. Editorial Seix Barral, S.A., Barcelona, 1964.

Investigation of the Assassination of President John F. Kennedy. Select Committee on Assassinations, U.S. Government Printing Office, Washington, 1979.

James, Hepburn: *Arde América*. Ibérico Europea Ediciones, S.A., Madrid, 1968.

La Fontaine, Ray and Mary: "The Fourth Tramp". *The Washington Post*, Sunday, August 7, 1994.

Lane, Mark: *Plausible Denial. Was the CIA Involved in the Assassination of JFK?* Thunder's Mouth Press, 1991.

Lansdale, E. G., Brig. Gen. Chief Operations: *The Cuban Project*; January 18, 1962. Unclassified Documents.

Lardner, Jr., George: "Castro On Tape Denies Complicity In JFK's Murder". *The Washington Post*, Wednesday, September 20, 1978.

Lardner, Jr., George: "Assassinations Committee Turns to Tantalizing Leads". *The Washington Post*, Wednesday, September 27, 1978.

Lardner, Jr., George: "Ex-Diplomat Denies Oswald Told Cubans He Might Kill JFK". *The Washington Post,* Tuesday, September 19, 1978.

Lee Harvey Oswald: la CIA y Ciudad México. Serie de documentos desclasificados del Comité Especial de la Cámara de Representantes, publicados por el Archivo Nacional de los Estados Unidos, con la aprobación de la CIA, agosto de 1993.

Letter for Hon. Richard B. Russell, United States Senate, Washington, D.C., from Richard C. Nagell, January 3, 1967.

Letter for Mr. Bernard Fensterwald, Jr., 910 Sixteenth Street, N.W., Washington, D.C., 20006, from R. C. Nagell. August 12, 1974.

Mader, Julius: *Who's Who in CIA*. Berlin, 1968.

Magistry, Charles: "Mi marido no fue. Habla la viuda de Lee Harvey Oswald". *Noticias*, Argentina, noviembre 21, 1993.

Marchetti, Victor and John D. Marks: *The CIA and the Cult of the Intelligence*. Dell Publishing Co., New York, 1974.

Marss, Jim: *Crossfire. The Plot That Killed Kennedy*. Carroll & Graf Publishers, Inc., 1989.

Newman, Albert H.: *The Assassination of John F. Kennedy. The Reason Why*. Clarkson and Patter, Inc. Publishers, 1970.

Note of William Harvey on ZR/RIFLE Project. No date. Approved for release 1993, CIA Historical Review Program.

Oswald Talked: The New Evidence in the Kennedy Assassination, Ixtlan Productions, Santa Monica, California, 1994.

Paterson, Thomas G.: *Contesting Castro*. Oxford University Press Inc., New York, 1984.

Phillips, David A.: *The Night Watch*. Ballantine Books, New York, 1977.

Posner, Gerald: *Case Close. Lee Harvey Oswald and the Assassination of JFK*. Random House, 1993.

Report. The President Commission on the Assassination of President Kennedy. U.S. Government Printing Office, Washington, D.C., 1964.

Revista *Time*. Edición latinoamericana; todos los números entre 1960 y 1964.

Revista *Time*. Edición norteamericana; todos los números entre 1960 y 1964.

Revista *U.S. News & World Report*; todos los números entre 1960 y 1964.

Russell, Dick: *The Man Who Knew Too Much. Hired to Kill Oswald and Prevent the Assassination of JFK.* Carroll & Graf Publishers, 1992.

Schwarz, Ted : *With Marita Lorenz.* Thunder's Mouth Press, 1993.

Scott, Peter Dale: *Crime and Cover-Up. The CIA, the Mafia, and the Dallas-Watergate Connection.* Open Archive Press, 1993.

Scott, Peter Dale: *"I'm Going to Kill Kennedy for This". Did Oswald Say This in the Cuban Embassy? If so, When Did The CIA Knew It?* COPA Conference, October 7-10, 1994.

Scott, Peter Dale: *Learning from Suppression. The Altered Statements of Silvia Durán.* COPA Conference, October 1995.

Secret Dispatch to Chief Subject QJWIN Termination, April 24, 1964. Approved for release 1993, CIA Historical Review Program.

Secret Eyes Only Memorandum for Deputy Director for Support, from Howard J. Osborn, Director of Security, Subject Claim of Agency Affiliation by Conspiracy Case Figures, May 1, 1967. Approved for release 1993, CIA Historical Review Program.

Secret Eyes Only Memorandum for William K. Harvey, from Richard Helms, Director (Plans), Subject Authorization of ZR/RIFLE Agent Activities, February 19, 1962. Approved for release 1993, CIA Historical Review Program.

Secret Eyes Only Memorandum for Mr. William K. Harvey, from Richard Helms, Deputy Director (Plans), Subject Extension of Authorization of ZR/RIFLE Agent Activities, Reference Memorandum Date February 1962, same subject, March 6, 1963. Approved for release 1993, CIA Historical Review Program.

Secret Memorandum for Chief, Foreign Intelligence, from William K. Harvey, Subject QJWIN, June 27, 1963. Approved for release 1993, CIA Historical Review Program.

Secret Memorandum for Director of Security, from Curtis R. Rivers, Subject Dade County Request for Agency Assistance Regarding the Death of Johnny Roselli, October 8, 1976. Approved for release 1993, CIA Historical Review Program.

Secret Memorandum for Edward Marelius, UDC/WH/SA, from WH/SA/INTEL, Subject Gerald Patrick Hemming, Jr., Roy Emory Hargraves, February 10, 1965. Approved for release 1993, CIA Historical Review Program.

Secret Memorandum to Director FBI (62-109060), from SAC, New Orleans (89-60) (p), Subject Assassination of President John Fitzgerald Kennedy, November 22, 1963, Dallas, Texas. Miscellaneous Information

Concerning, Jul. 3, 1967. No signature. Approved for release 1993, CIA Historical Review Program.

Secret Sensitive Memorandum for Director of Central Intelligence, via Deputy Director of Central Intelligence and Deputy Director for Operations, from George L. Cary, Legislative Counsel, Subject Recent Activities in Dallas, Texas, Concerning the Domestic Contact Division (DCD). May 6, 1977. Approved for release 1993, CIA Historical Review Program.

Secret Sensitive Memorandum for the Record from Gary M. Breneman, Assistant General Counsel, Subject Request for Agency Assistance in the Death of John Rosselli, August 25, 1976. Approved for release 1993, CIA Historical Review Program.

Summers, Anthony: *Conspiracy.* McGraw-Hill Book Company, 1980.

Summers, Anthony: *Interview with Silvia Odio.* BBC, 1978.

Testimonio de Eusebio Azcue López ante el Tribunal que analizó las agresiones de los Estados Unidos contra Cuba durante el XI Festival Mundial de la Juventud y los Estudiantes que tuvo lugar en Cuba. Julio 29, 1978.

The CIA and The Media: *Hearings before the Subcommittee on Oversight of the Permanent Select Committee on Intelligence.* House of Representantives. Ninety-fifth Congress, First and Second Sessions, December 27, 28, 29, 1977, January 4, 5, and April 20, 1978., U.S. Government Printing Office, Washington, 1978.

Top Secret Note to be Used by DCI in Meeting with the President at 10:30 on 29 November 1963 with Secretary McNamara and Bundy, Subject Late Developments on the Mexico City Investigation of Oswald's Activities. November 29, 1963. Approved for release 1993, CIA Historical Review Program.

U.S. Intelligence and the Ultra Right Wing. The Search for Lee Harvey Oswald. Ixtlan Productions, Santa Monica, California, 1995, pp. 230-234.

Vignier, E. y G. Alonso: *La corrupción política y administrativa en Cuba. 1944-1952.* Editorial de Ciencias Sociales, La Habana, 1973.

Wescht, Cyril: *Cause of Death.* A Dutton Book, 1993.

Wise, David y Thomas B. Ross: *El gobieno invisible.* Ediciones Venceremos, La Habana, 1965.

CHE GUEVARA PRESENTE
Una antología mínima
Por Ernesto Che Guevara
Editado por María del Carmen Ariet García y David Deutschmann

Una antología de escritos y discursos que recorre la vida y obra de una de las más importantes personalidades contemporáneas: Ernesto Che Guevara. *Che Guevara Presente* nos muestra al Che por el Che, recoge trabajos cumbres de su pensamiento y obra, y permite al lector acercarse a un Che culto e incisivo, irónico y apasionado, terrenal y teórico revolucionario, es decir, vivo.

460 páginas, ISBN 1-876175-93-1

FIDEL EN LA MEMORIA DEL JOVEN QUE ES
Por Fidel Castro
Editado por Deborah Shnookal y Pedro Alvarez Tabio

Este libro recoge, por primera vez en un solo volumen, los excepcionales testimonios que en contadas ocasiones el propio Fidel ha dado sobre su niñez y juventud.

183 páginas, ISBN 1-920888-19-5

GUERRA FRIA
Por Fidel Castro

¿Quién ganó la Guerra Fría? En una entrevista de una franqueza asombrosa, Fidel Castro revela unos hechos increíbles acerca del conflicto que llevó el mundo al borde de aniquilación.

96 páginas, ISBN 1-876175-91-5

oceanpress

e-mail info@oceanbooks.com.au
www.oceanbooks.com.au